LET'S GO 야고보서

깊게 읽고 쉽게 풀어쓴

LET'S GO
야고보서

강학종 지음

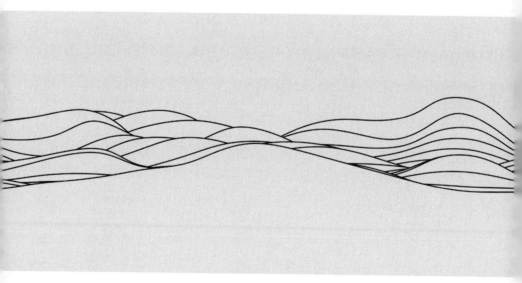

베드로서원

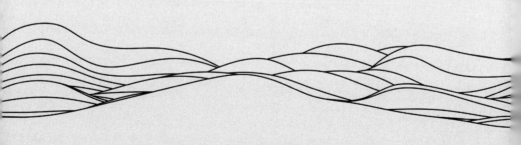

머리말

한 나라의 언어를 다른 나라의 언어로 옮기면 의미가 손상되게 마련입니다. 오죽하면 "번역은 반역이다"라는 말까지 있습니다. 사극에서 흔히 들을 수 있는 "성은이 망극하옵나이다"를 영어로 옮기면 "Thank you"입니다. "황공무지로소이다"는 "I am sorry"입니다. 도무지 같은 뜻으로 느껴지지 않지만 그것이 언어 현실입니다.

저는 데모가 끊이지 않던 시절에 대학에 다녔습니다. 대학가에는 반미 감정도 상당했습니다. 당시 워커 주한 미국 대사가 "지나친 내셔널리즘은 양국 관계에 도움이 되지 않는다"라는 말을 했습니다. 그 말 때문에 반미 데모가 더 격화되었습니다. 대체 무슨 정신으로 그런 말을 했을까요?

한 재미동포 작가가 워커 대사가 말한 내셔널리즘과 한국인이 생각하는 내셔널리즘은 같은 뜻이 아니라는 칼럼을 썼습니다. 내셔널리즘에 해당하는 우리나라 말이 없다는 것입니다. 우리는 그 말을 민족주의로 번역하는데 내셔널리즘과 민족주의는 뜻이 다르다고 했습니다.

미국은 다른 나라의 지배를 받아본 적이 없습니다. 오히려 다른 나라를 지배하는 쪽이었습니다. 그들이 생각하는 내셔널리즘은 큰 나라가 작은 나라에 영향력을 행사하는 것입니다. 우리는 반대입니다. 우리나라가 이민족의 공격을 받은 횟수가 931회라고 합니다. 다른 나라를 지배한 적은 없고 지배를 받기만 했습니다. 우리는 다른 나라의 간섭을 배격하는 쪽으로 민족주의를 말합니다.

한쪽에서는 다른 나라를 지배하려는 것을 내셔널리즘이라고 하는데 그 단어를 민족주의로 번역해서 자기 나라를 보호하려는 것으로 얘기하면 대화가 제대로 될 리 없습니다. 역사적인 배경이 다른 때문입니다.

야고보서는 흔히 행위를 강조한 책이라고 합니다. 교회에서는 늘 이신칭의를 말하는데 무슨 영문일까요? 오죽하면 루터가 야고보서를 지푸라기 서신이라고 했습니다. 믿음이 아닌 행위를 말하는 것이 상당히 마음에 안 들었던 모양입니다.

믿음은 히브리어 '에무나'를 번역한 말입니다. 〈70인역〉에서는 '피스티스'로 번역했습니다. 히브리어로는 에무나가 믿음이고 헬라어로는 피스티스가 믿음입니다. 그런데 둘의 뜻이 일치하지 않습니다.

헬라는 철학이 발달한 나라입니다. 사유와 성찰을 중시하는 풍조가 있으니 언어도 다분히 사변적입니다. 피스티스도 지적 동의를 뜻합니다. 어떤 사실에 대해서 고개를 끄덕이는 것이 피스티스입니다. 우리말 '믿음'도 다분히 그렇게 쓰입니다. 반면에 에무나는 그렇지 않습니다. 지적 동의에 그치는 것이 아니라 꾸준한 행동을 수반합니다. 전인격적인 반응을 말합니다.

출애굽한 이스라엘이 르비딤에서 아말렉과 싸운 적이 있습니다. 모세가 기도를 하면 이스라엘이 이기고 기도를 쉬면 이스라엘이 지다가 아론과 훌이 모세 양옆에서 모세의 손을 붙들어 올려서 그 손이 해가 지도록 내려오지 않게 하는 것으로 결국 이긴 전투입니다. 그런데 "모세의 손이 해가 지도록 내려오지 않았다"라고 할 때 우리말 '꾸준하게'로 번역할 수 있는 단어가 번역이 안 되었습니다. 바로 '에무나'입니다. 모세의 손이 꾸준하게 내려오지 않았습니다. 요컨대 히브리 사람들이 생각하는 믿음은 꾸준한 순종을 포함하는 개념입니다.

그런데 초대교회에서도 믿음을 피스티스의 의미로 생각하는 풍조가 있었던 모양입니다. 급기야 야고보가 행함이 없는 믿음은 죽은 믿음이라고 일갈하기에 이르렀습니다. 그리고 그런 야고보가 쓴 서신을 가리켜서 행위를 강조한 책이라고 하는데 차라리 왜곡된 믿음을 바로 설명한 책이라고 하는 것이 어떨까 싶습니다. 야고보가 이해한 믿음이라고 해서 바울이 이해한 믿음과 다를 수 없습니다.

문제는 우리입니다. 우리는 믿음을 바로 이해하고 있을까요? 선뜻 그렇다고 답하기 어려울 것입니다. 모쪼록 이 책이 믿음을 바로 이해하는 데 한 조각 보탬이 되었으면 좋겠습니다. 책을 읽는 모든 분들께 제가 야고보서를 통해서 받은 은혜가 그대로 전이되기를 소망하며 아울러 이 책이 나오도록 수고해주신 방주석 장로님과 베드로서원 가족들에게 고마움의 뜻을 전합니다.

주후 2023년 7월
하늘교회 목사 강 학 종

1장 야고보의 당부

1:1〉 하나님과 주 예수 그리스도의 종 야고보는 흩어져 있는 열두 지파에게 문안하노라

우리가 편지를 쓸 때는 받는 사람을 쓰고 내용을 쓴 다음에 보내는 사람을 쓴다. 헬라 문화권에서는 누가 누구한테 쓰는 편지인지 먼저 밝히고 내용을 쓴다. 〈야고보서〉도 그런 형식으로 시작한다. 편지를 쓰는 사람은 "하나님과 주 예수 그리스도의 종 야고보"이고 받는 사람은 "흩어져 있는 열두 지파"다.

야고보를 영어식으로 표기하면 James다. James가 흔한 이름인 것처럼 야고보도 흔한 이름이다. 성경에는 모두 네 명의 야고보가 나온다. 우선 예수님 제자 중에 야고보가 두 명 있었다. 세베대의 아들 야고보와 알패오의 아들 야고보다. 세베대의 아들 야고보는 요한과 형제이고 알패오의 아들 야고보는 흔히 작은 야고보라고 한다. 예수님 제자 중에 유다도 두 명 있었는데 예수님을 판 유다 말고 다른 유다의 아버지 이름이 야고보다. 또 예수님 형제 중에도 야고보가 있었다. 이중에 어느 야고보가 〈야고보서〉를 썼을까?

복음서에 가장 많이 나오는 야고보는 세베대의 아들 야고보다. 베드로, 요한과 더불어 항상 예수님과 같이 다녔다. 그런데 일찍 죽는다. 행 12:1-2에 "그때에 헤롯왕이 손을 들어 교회 중에서 몇 사람을 해하려 하여 요한의 형제 야고보를 칼로 죽이니"라고 되어 있다. 사도 중에 가장 먼저 순교한 것이다. 주후 44년경이다. 야고보를 죽인 헤롯은 예수님이 태어날 적에 두 살 이하의 사내아이를 다 죽인 헤롯의 손자이고 세례 요한을 죽인 헤롯 안디바의 조카다. 세베대의 아들 야고보는 워낙 일찍 죽었기 때문에 〈야고보서〉의 저자 후보에서 탈락이다.

알패오의 아들인 작은 야고보에 대해서는 우리가 알 수 있는 것이 거의 없다. 예수님에게 알패오의 아들인 야고보라는 제자가 있었다는 정도뿐이다. 만일 작은 야고보가 〈야고보서〉의 저자라면 자기가 예수님의 제자였다는 사실을 밝혔을 것이다. 예컨대 〈베드로전서〉는 "예수 그리스도의 사도 베드로는…"으로 시작하고 〈베드로후서〉는 "예수 그리스도의 종이며 사도인 시몬 베드로는…"으로 시작한다. 자기를 소개할 때는 자기의 가장 큰 특징을 말하는 법인데 예수님의 제자한테 예수님의 제자라는 사실보다 더 큰 특징이 있을까? 작은 야고보 역시 〈야고보서〉의 저자일 가능성이 없다.

유다의 아버지인 야고보는 더욱 그렇다. 예수님의 열두 제자를 소개하면서 딱 한 번 나온 이름이다. 가룟 유다와 구별하기 위해서 야고보의 아들 유다라고 한 것이다.

남은 사람은 예수님의 동생 야고보다. 야고보가 그의 인생 어느 시점에 예수님을 영접했는지는 모른다. 예수님의 공생애 사역 기간 동안은 아니었을 것이다. 하지만 나중에 초대교회의 지도자가 된다.

기독교는 유대교를 배경으로 한다. 예수님도 유대인으로 태어났다. 유대인들은 난 지 팔 일이면 할례를 받는다. 율법도 지킨다. 그런 사람들이 그리스도인이 되었다. 그런데 바울의 활동으로 이방인들 중에서도 그리스도인이 생겨나고 그로 인해서 논쟁이 벌어진다. 이방인이 그리스도인이 되려면 먼저 할례를 받고 율법을 지켜야 하는 것 아니냐는 것이다.

이 일 때문에 예루살렘에서 회의가 열린다. 한참 옥신각신한 끝에 야고보가 결론을 내린다. 이방인이 그리스도인이 되려면 할례를 받거나 율법을 지킬 필요 없이 우상과 음행과 피를 멀리하면 족하다는 것이다. 예수님의 수제자는 베드로지만 초대교회의 리더십은 야고보한테 있었다..

이런 야고보의 죽음에 대해서는 역사가 요세푸스와 유세비우스가 전하는 이야기가 있다. 정확하게 일치하지는 않지만 둘을 조화하면 이렇게 된다. 바울이 예루살렘에서 잡혔을 때의 일이다. 유대인들이 바울을 해치려고 하자, 바울은 가이사한테 재판을 받겠다고 한다. 바울은 로마 시민권자였고 로마 시민권이 있으면 황제한테 재판을 받을 수 있었다. 총독인 베스도가 바울을 로마로 보내자, 분이 안 풀린 유대인들이 야고보한테 화살을 돌린다. 야고보를 성전 꼭대기에 세우고는 예수님의 부활을 부인하지 않으면 떨어뜨려서 죽이겠다고 협박한 것이다.

야고보가 오히려 복음을 전할 기회로 삼는다. 모인 사람들을 향해서 목청을 높였다. "모두 귀를 기울이시오. 예수님은 약속된 메시야입니다. 하나님의 아들이고 우리의 구세주입니다. 그분은 하나님 우편에 앉아 계시며, 살아 있는 자와 죽은 자를 심판하기 위해서 다시 오실 것입니다." 사람들의 반응이 제각각이었다. 어떤 사람은 하나님을 찬양하며 그리스도의 이름을 높였고, 어떤 사람은 야고보의 담대함과 확신을 의아하게 여겼다. 또 바득바득 이를 가는 사람도 있었다.

누군가 뒤에서 야고보를 떠밀었다. 야고보는 성전 꼭대기에서 떨어졌고, 한순간 정적이 감돌았다. 한 사람이 소리친다. "보시오! 살아 있소!" 야고보가 살아 있었다. 힘들게 몸을 일으키더니 무릎을 꿇고 기도를 한다. 사람들이 돌을 들어 치려 하는데, 제사장 중 한 명이 급히 가로막았다. "무슨 짓이오? 이 사람은 의로운 사람이오. 당신들을 위해 기도하는데 돌로 칠 셈이요?" 그가 그렇게 말하는 중에 무리 가운데 있던 한 사람이 곤봉으로 야고보의 머리를 내려쳤다. 그것이 야고보의 마지막이다.

야고보는 별명이 '낙타 무릎'이었다. 늘 무릎을 꿇고 기도를 했기 때문에 마치 낙타처럼 무릎에 딱딱한 굳은살이 생겨서 붙은 별명이다. 이 야고보가 〈야고보서〉의 저자로 알려져 있다.

야고보는 자신을 하나님과 주 예수 그리스도의 종이라고 소개한다. 이런 표현이 어떻게 가능할까? 본래 한 사람이 두 주인을 섬기지 못하는 법이다.

그런데 야고보는 하나님의 종이면서 동시에 예수 그리스도의 종이라고 한다. 그게 뭐 어떠냐 싶을지 몰라도 그렇지 않다. 학생 시절에 집에 치와와가 있었다. 이름이 샤니였다. 내가 부르면 나한테 오고 누이동생이 부르면 누이동생한테 갔다. 가끔 장난을 치기도 했다. 나와 누이동생이 맞은편에서 동시에 부르는 것이다. 나한테 오려면 누이동생한테 못 가고 누이동생한테 가려면 나한테 못 온다.

　분명히 우리 가족 전부가 샤니의 주인이다. 그런데도 샤니가 나와 누이동생을 동시에 주인으로 섬기는 것이 불가능했다. 그것이 가능하려면 나와 누이동생이 모든 면에서 똑같아야 했다. 나를 따르는 것이 누이동생을 따르는 것이어야 하고 누이동생을 따르는 것이 나를 따르는 것이어야 했다. 나와 누이동생은 엄연히 다른 사람이지만 둘 사이에 아무런 차이가 없어야 했다.

　야고보가 하나님의 종이면서 예수님의 종이려면 이런 문제가 해결되어야 한다. 하나님을 섬기는 것이 예수님을 섬기는 것이어야 하고 예수님을 섬기는 것이 하나님을 섬기는 것이어야 한다. 당연한 얘기 아니냐 싶을 수 있지만 그렇지 않다. 샤니가 나와 누이동생을 동시에 따르는 것은 불가능해도 야고보가 자신을 하나님의 종이면서 동시에 예수님의 종이라고 소개하는 것에는 특이한 점을 느끼지 못할 수 있다. 우리한테는 하나님을 섬기는 것과 예수님을 섬기는 것이 다를 수 있다는 발상 자체가 없기 때문이다. 예수님은 인간의 몸을 입고 이 땅에 오신 하나님의 아들이라는 얘기를 한두 번 들은 것이 아니다.

하지만 그런 고백을 하는 당사자가 야고보라는 사실에 주목해야 한다. 바울이 그런 고백을 하는 것과 야고보가 그런 고백을 하는 것은 다르다. 바울은 이 땅에 오신 예수님을 뵌 적이 없다. 하지만 야고보는 예수님께서 공생애 사역을 하기 전까지 같은 집에서 살았다.

마리아가 동정의 몸으로 잉태를 한다. 요셉은 마리아가 아기 예수를 낳을 때까지는 동침하지 않았다. 하지만 그다음부터는 다른 부부와 마찬가지로 지냈다. 예수님께는 야고보, 요셉, 유다, 시몬이라는 동생이 있었다. 이름이 전해지지 않는 누이동생들도 있었다. 성경에 예수님 동생들 이름이 두 번 나오는데 두 번 다 야고보가 제일 앞에 나온다. 아마 가장 먼저 낳은 아이가 야고보였을 것이다. 그러면 예수님과 몇 살 터울이었을까? 어쩌면 연년생이었을 수도 있다. 여느 집 형제들처럼 티격태격 싸우기도 했을 것이다. 그런 야고보가 예수님은 하나님과 똑같은 분이라며 자기를 예수님의 종으로 고백한 것이다.

로마법에 따르면 종은 신분인 동시에 소속 개념이다. 소유권만 주인한테 있는 것이 아니라 생존권도 주인한테 있다. 종한테는 자신의 것이 없다. 주인을 위해서 살아야 하는 책임이 있을 뿐이다. 이런 점에서 종은 주인과 완전히 대조를 이루는 말이다. 야고보가 자기를 예수 그리스도의 종이라고 한 것은 자기가 예수 그리스도께 속했으며 동시에 예수 그리스도를 주인으로 섬긴다는 사실을 말한 것이다. 야고보한테 자신을 나타내려는 욕구가 조금이라도 있었으면 "성육신하신 하나님의 아들 예수 그리스도의 동생 야고보"라고 했을 것도 같다. 하지만 야고보한테는 그런 마음이 없었다. 예수님의 종이면 그것으로 족했다.

구약성경에서는 하나님의 종이 상당히 명예로운 이름이었다. 아브라함이 하나님의 종이었고 모세, 여호수아, 다윗도 하나님의 종이었다. 신약성경에도 하나님의 종이라는 얘기가 나오지만 예수 그리스도의 종이 훨씬 자주 나온다. 구약시대의 하나님의 종을 계승한 사람이 신약시대의 예수 그리스도의 종인 셈이다. 그러면 종은 상당히 영광스러운 직분이 된다. 하나님의 선택에 따라 예수 그리스도를 섬기는 사람이다.

결국 종은 겸손과 권위의 양면성을 갖는다. 하나님과 그리스도에 대해서는 철저하게 자신을 부인하는 표현인 동시에 사람들한테는 하나님과 그리스도의 권위를 위임받았음을 나타낸다. 하나님과 예수님 앞에서 자기는 더 이상 존재하지 않는다. 하나님과 예수님을 받들면 그것으로 충분하다. 사람들 앞에서도 마찬가지다. 자기는 존재하지 않는다. 하나님과 예수님을 나타낼 뿐이다.

야고보가 자신을 하나님과 주 예수 그리스도의 종이라고 한 것은 그런 정체성을 나타낸다. 자기는 하나님과 예수 그리스도만을 섬기는 종이다. 그것이 자기의 존재 이유다. 자기가 기록할 내용도 하나님과 그리스도의 통치에 대한 것이다. 자기 생각이나 사상이 아니라 하나님과 예수 그리스도의 뜻을 드러낼 것이다. "그러니까 명심해라"라는 말이 자연스럽게 떠오른다. 야고보가 하나님과 그리스도의 종인 한, 〈야고보서〉의 수신자들은 당연히 그 내용에 귀를 기울여야 한다. 그렇지 않으면 자기들이 하나님과 그리스도와 무관하다는 사실을 실토하는 격이다.

〈야고보서〉의 수신자는 흩어져 있는 열두 지파다. 지파는 구약 개념이다. 본래 이스라엘이 열두 지파로 이루어져 있었다. 하지만 솔로몬이 죽고 나라가 둘로 갈라질 때 북 왕국에 열 지파가 속하고 남 왕국에 두 지파가 속하게 된다. 주전 722년에는 북 왕국이 앗수르한테 망한다. 열두 지파 중에 열 지파가 없어진 것이다. 남 왕국은 주전 586년에 바벨론에 망한다. 백성들은 다 포로 신세가 되었는데, 나중에 바벨론이 바사한테 망한다. 바사 왕 고레스가 칙령을 반포한다. 이스라엘 백성은 고국에 돌아가서 본래 섬기던 신을 섬겨도 좋다는 것이다. 그 칙령에 따라 많은 사람들이 돌아온다.

바사에 이어 헬라가 등장하고 헬라에 이어 로마가 등장한다. 물론 북 왕국이 망할 때 남 왕국으로 피신한 사람들도 있었을 것이다. 하지만 이스라엘을 열두 지파로 얘기할 수 있는 상황은 아니다. 그런데도 열두 지파를 얘기한다.

구약성경에도 그런 예가 있다. 성전의 성소에는 떡상, 금촛대, 분향단이 있었다. 떡상에는 항상 열두 개의 진설병을 놓아둔다. 대제사장이 입는 에봇에도 열두 가지 보석이 있었다. 전부 이스라엘 열두 지파를 나타낸다. 이스라엘이 남북으로 갈라진 다음에도 마찬가지였고, 북 왕국이 망해서 없어진 다음에도 마찬가지였다. "이제는 두 지파만 남았으니 진설병은 두 개만 올리자. 에봇에 있는 보석도 두 개로 줄이자."라는 얘기는 없다. 이 땅에 있는 이스라엘 열두 지파는 훼손되었지만 하늘에 속한 이스라엘 열두 지파는 훼손된 적이 없다. 성경에서는 12를 충만한 수라고 한다. 이스라엘 열두 지파로 하나님의 백성 전체를 예표한 것이다.

또 "흩어져 있다"는 얘기는 '디아스포라'를 번역한 말이다. 남 왕국이 바벨론에 망해서 포로로 끌려간 것이 디아스포라의 시작이다. 나중에 고레스 칙령으로 돌아오기는 했지만 전부 다 돌아온 것이 아니다. 알렉산더가 애굽을 정복한 다음에 자기 이름을 따서 만든 도시가 알렉산드리아인데 인구의 40%가 유대인이었다. 주후 1세기 무렵에는 팔레스타인을 떠나서 사는 유대인이 대략 500만 명에 이르렀다고 한다. 그들이 전부 디아스포라다. 그렇다고 해서 흩어져 있는 열두 지파가 그들을 말하는 것은 아니다. 야고보가 모든 유대인을 대상으로 편지를 쓰는 것이 아니라 기독교인을 대상으로 편지를 쓰고 있다. 유대인들이 흩어져 있는 것처럼 그리스도인들도 흩어져 있다.

바울이 잡혔을 적에 대제사장 아나니아가 변호사 더둘로와 함께 바울을 고발하면서 "우리가 보니 이 사람은 전염병 같은 자라 천하에 흩어진 유대인을 다 소요하게 하는 자요 나사렛 이단의 우두머리라"라고 했다. 초대교회는 유대인들로부터 이단 취급을 받았다. 그런 분위기에서 〈야고보서〉가 쓰였다. 야고보가 "흩어져 있는 성도들"이라고 하지 않고 "흩어져 있는 열두 지파"라고 한 이유가 여기에 있다. "그들이 진짜가 아니다. 우리가 바로 하나님의 언약을 계승한 진짜 이스라엘이다."라는 뜻이다.

어떤 책에서 덴마크 수상 취임식에 있었던 해프닝을 읽은 기억이 있다. 덴마크는 입헌군주제 국가로 인구의 98%가 기독교인이다. 왕이 수상한테 성경에 손을 얹으라고 하자, 수상이 말했다. "저는 하나님을 믿지 않습니다. 성경에 손을 얹는 것이 저한테는 아무 의미가 없습니다." 그 말을 들은 왕이 대답한다. "하나님도 자네를 안 믿으니 너무 걱정 마시게." 책에서는 그 덴마크 수상과 왕이 누구인지 밝히지 않았다. 어쩌면 누군가 지어낸 얘기일 수도 있고 실제로 있었던 일이 과장되어서 전해지는 것일 수도 있다.

〈야고보서〉는 그런 사람을 위한 책이 아니다. 하나님과 예수님의 종이 하나님의 언약을 계승한 진짜 이스라엘한테 전하는 내용이다. 그러면 그들은 〈야고보서〉에 기록된 내용을 통해서 자기들이 진짜인 것을 확증할 수 있어야 한다. "우리가 진짜이기는 하지만 이 편지 내용에는 무리가 있다. 현실과 맞지 않는다."라고 하면 안 된다. 자기들이 처한 현실이 기준이 아니고 〈야고보서〉를 통해서 주어진 말씀이 기준이다.

'내다'라는 보조동사가 있다. 앞말이 뜻하는 행동이 스스로의 힘으로 끝내 이루어지는 것을 나타내는 말이다. "지켜 내다", "살아 내다", "이겨 내다", "막아 내다", "견뎌 내다"처럼 주로 그 과정이 힘들었음을 말할 때 쓴다. 신앙은 지켜 내는 것이고, 살아 내는 것이고, 이겨 내는 것이고, 막아 내는 것이고, 견뎌 내는 것이다. 그런데 언제부터인지 이런 모습이 보이지 않는다. 자기가 왜 신앙을 지킬 수 없는지 설명하면 신앙을 지킨 것으로 인정되는 줄 아는 모양이다. 죄다 변명하기 바쁘다. 자기가 하나님과 예수님의 종인 것을 모르는 탓이다. 종한테는 발언권이 없다. "주님 말씀하옵소서. 종이 듣겠나이다."가 전부다. 자기의 존재 목적이 주인의 뜻에 있다.

우리는 하나님께서 말씀하시면 반드시 지켜 내야 하는 사람들이다. 예수님께서 세상을 살아가신 방식 그대로 살아 내야 하는 사람들이다. 세상 풍조가 아무리 거세도 그것을 이겨 내야 하는 사람들이고, 우리를 신자로 살지 못하게 하려는 공격이 아무리 집요해도 그것을 막아 내야 하는 사람들이고, 흔들리며 요동하는 세상에서 신앙 원칙을 지키는 것이 아무리 힘들어도 끝까지 견뎌 내야 하는 사람들이다. 그것이 우리가 하나님의 언약을 계승한 사람들이라는 유일한 증거다. 우리야말로 진짜 하나님의 백성이다.

1:2〉 내 형제들아 너희가 여러 가지 시험을 당하거든 온전히 기쁘게 여기라

하나님과 주 예수 그리스도의 종인 야고보가 흩어져 있는 열두 지파에게 편지를 쓴다. 그들이 어떤 메시지를 듣고 싶어 할까? 그들은 타향살이를 하고 있다. 게다가 유대인들 틈바구니에서 신앙을 지키고 있다. 그들이 듣고 싶어 할 내용은 뻔하다. "얼마나 힘드십니까? 하지만 걱정하지 마십시오. 하나님께서 도우십니다. 하나님을 믿고 기도하면 모든 문제가 다 해결될 것입니다."라는 메시지를 기대할 것이다.

괜히 남의 말 할 것 없다. 우리도 불신자들 틈바구니에서 예수를 믿고 있다. 세상 사는 것이 곤고하기는 마찬가지다. 그런 우리가 신앙의 이름으로 기대하는 것이 어떤 것일까?

야고보가 자기를 하나님과 주 예수 그리스도의 종이라고 했다. 종한테는 의사 결정권이 없다. 주인이 시키는 대로 할뿐이다. 사람들이 어떤 내용을 듣고 싶어 하는지 신경 쓸 이유가 없다. 하나님의 뜻을 전하면 그만이다.

그런 야고보가 편지를 시작하는 말이 본문이다. 살다 보면 시험은 늘 있다. 시험이 오는 경로도 다양하다. 그 모든 시험을 기쁘게 여기라는 것이다. "이런 시험, 저런 시험은 괜찮지만 그런 시험은 안 된다."라고 할 수 있는 것이 아니다. 어떤 시험이든지 다 기뻐해야 한다. 이런 말도 안 되는 요구가 어떻게 가능할까?

소설가 박완서 씨한테는 네 딸과 외동아들이 있었다. 그런데 아들이 스물여섯에 교통사고로 죽고 만다. 그의 일기를 묶은 〈한 말씀만 하소서〉에는 그때의 아픔이 그대로 담겨 있다. 아들을 데려간 하나님에 대한 원망과 분노가 가득하다. 통곡 속에서 하나님께 구한 것이 "한 말씀"이었다. 자기 아들이 왜 죽어야 하고, 자기가 왜 이런 일을 겪어야 하는지 딱 한 말씀만 해달라는 것이다.

그런데 하나님은 마냥 침묵하신다. 자기가 어떤 일을 당했는지 관심이 없으신 모양이다. 이해인 수녀의 권유로 수녀원에 들어갔는데, 거기에서 어떤 수녀를 통해 실낱같은 답을 얻는다. 그 수녀는 동생과 사이가 상당히 안 좋았다고 한다. 늘 "쟤는 왜 저럴까?"라는 생각으로 골똘했다. 그러던 어느 날 문득 다른 생각이 들었다. "왜 내 동생이 저러면 안 되는데?"라는 생각이 든 것이다. 그렇게 생각이 바뀌자, 관계가 호전되었다고 한다. 그 말을 듣고는 "왜 하필 내 아들인가?"에서 "내 아들이라고 해서 안 될 이유가 있을까?"로 생각을 바꾼 것이다.

살다 보면 어려운 일을 만날 수 있다. 신자라고 해서 예외가 아니다. 그런 경우에 가장 큰 의문은 "하나님이 왜 하필 나한테?"이다. 어려움 중에 있는 사람을 보면서 안타까워하는 것과 자기가 직접 감당하는 것은 별개의 문제다.

생각하기에 따라서는 고약한 발상일 수 있다. "왜 하필 내가 이런 고난을 겪어야 하는가?"라는 의문이 정당하다면 그런 일을 겪어도 괜찮은 사람은 누구일까? 결국 "왜 하필 내가?"라는 질문은 고난의 부당함 때문에 나온 질문이 아니다. 하나님이 자기 뜻대로 움직이지 않는다는 불만에서 나온 질문이다.

본문은 그런 질문이 나올 여지를 인정하지 않는다. 혹시 시험을 만나게 되더라도 낙심하거나 분노하지 말라고 하는 정도가 아니다. 시험을 만날 때마다 기뻐하라고 한다. 그것도 특정의 시험이 아니라 여러 가지 시험을 당하거든 온전히 기쁘게 여기라고 한다. 시험의 종류가 아무리 다양해도 보여야 할 반응은 한 가지뿐이다. 모든 종류의 시험에는 다 기뻐할 이유가 있다는 것이다.

사람한테는 희로애락의 정서가 있다. 하나님이 우리를 그렇게 만드셨다. 기쁜 일이 있을 때 기뻐하고 화낼 일이 있을 때 화내고 슬픈 일이 있을 때 슬퍼하고 즐거운 일이 있을 때 즐거워하는 것이 정상이다. 그런데 시험을 만났을 때 기뻐하는 일이 어떻게 가능할까?

신자는 항상 감사해야 한다는 말을 들은 적이 있다. 예를 들어 넘어져서 왼팔을 다쳤다고 하자. 그러면 오른팔을 다치지 않은 것을 감사하라고 한다. 오른팔을 다쳤으면 양팔을 다치지 않은 것을 감사하고, 양팔을 다쳤으면 다리를 다치지 않은 것을 감사하고, 양팔과 양다리를 다쳤으면 생명이 있는 것을 감사하라는 것이다. 범사에 감사하라고 하신 말씀을 그렇게 실천하는 것이다.

감사하는 마음을 갖는 것은 참 좋은 일이다. 걸핏하면 불평불만을 늘어놓는 것과는 비교가 안 된다. 아무리 그래도 뭔가 옹색해 보인다. 정말로 감사하는 마음이 우러나와서 그런 말을 한다면 참 대단한 사람이다. 하지만 무조건 감사하기로 작정하고 감사를 갖다 붙이는 것 같은 느낌이 더 강하다. 설마 하나님이 우리한테 그런 억지 감사를 원하실까? 우리가 하나님께 드려야 할 감사가 그처럼 더 나쁜 상황을 모면한 상대적인 감사에 불과할까?

본문의 경우를 생각해 보자. 대체 왜 기뻐해야 할까? 기쁨은 고사하고 억울함과 분통만 있다. 그래도 성경이 기뻐하라고 했으니까 무조건 기뻐해야 할까? 왼팔이 부러져도 오른팔이 아니라서 감사하다는 사람처럼 그런 식으로 기뻐할 수도 있다. 하지만 앙금은 남는다. 자기가 당하고 있는 시험이 어떻게 해서 오게 되었고, 자기가 그 시험 속에서 무엇을 해야 하며, 자기가 고난을 당하는 동안 하나님은 무엇을 하고 계신지 전혀 알 수 없는데 무작정 기뻐한다면 그 사람은 신앙이 좋은 사람일까, 맹목적인 사람일까? 신앙이 있는 것과 히로뽕 맞은 것의 차이가 무엇일까?

예전에 철학, 형이상학, 신학을 비교하는 말을 들은 적이 있다. 철학은 캄캄한 방에서 까만 천으로 눈을 가리고 검은 고양이를 잡는 학문이라고 한다. 형이상학은 캄캄한 방에서 까만 천으로 눈을 가리고 있지도 않은 검은 고양이를 잡는 학문이라고 한다. 신학은 캄캄한 방에서 까만 천으로 눈을 가리고 있지도 않은 검은 고양이를 잡으려고 하는데, 누군가 갑자기 "잡았다!" 하고 외치는 학문이라고 한다.

그런 말을 누가 지어냈을까? 어쨌든 신학을 허무맹랑한 학문으로 여기는 풍조가 있는 모양이다. 아닌 게 아니라 불신자들은 신앙을 맹목적인 것으로 얘기한다. 아무런 근거도 없는데 무조건 맹신한다는 것이다.

불신자들이 그런 생각을 하는 것은 상관없다. 그런데 신자 중에도 그런 사람이 있다. "뭘 따져? 그냥 '믿습니다'하면 되지."라는 말을 한두 번 들은 것이 아니다. 무조건 믿으라는 것이다. 신앙 없는 사람이나 의문을 품지, 신앙 좋은 사람은 의문을 품지 않는다고 한다.

하나님이 이해의 대상이 아니라 순종의 대상인 것은 맞다. 하나님의 뜻을 꼭 이해해야만 순종할 책임이 생기는 것도 아니다. 하나님의 뜻을 이해하지 못해도 순종만 하면 그 끝은 기쁨이고 복락일 것이다. 하지만 하나님은 우리의 순종을 위해서 항상 우리의 이해를 도우신다. 그래야 신앙 성장을 이룰 수 있기 때문이다.

1:3) 이는 너희 믿음의 시련이 인내를 만들어 내는 줄 너희가 앎이라

중고등부를 지도하던 시절, 시험 때마다 하던 농담이 있다.

"다음 주부터 시험이야? 와! 좋겠네."

"뭐가 좋아요?"

"수업 안 하고 집에 일찍 올 거 아냐?"

"그게 뭐가 좋아요? 나중에 성적은요?"

"그래, 성적표 나오면 칭찬도 듣고 용돈도 받겠지."

"말이 되는 얘기를 하세요."

내 말에 동의하는 학생은 아무도 없었다. 시험이라면 다 질색을 했다. 그런데도 시험을 보는 이유는, 그래야 공부를 하기 때문이다. 시험을 안 보면 누가 공부를 하겠는가?

시험을 당하거든 온전히 기쁘게 여기라고 한 다음에 본문으로 이어지는 이유가 바로 그렇다. 학생들한테 하는 말로 바꾸면 "학교에서 시험을 보거든 온전히 기쁘게 여기라. 그래야 공부를 해서 실력이 느는 것을 너희가 알지 않느냐?"가 되는 셈이다.

믿음의 시련이 인내를 만들어 내는 줄은 안다. 그래도 시련은 싫은 것이 인지상정이다. 할 수만 있으면 피하고 싶다. 그래서 "이는 너희 믿음의 시련이 인내를 만들어 내는 줄 너희가 앎이라"라고, 이미 알고 있다는 사실을 상기시킨다. 자고로 좋은 약은 입에 쓴 법이다. 쓴 약이 몸에 좋은 것을 뻔히 알면서 먹을 때마다 쓰다고 난리칠 이유는 없지 않을까?

'이해하다'를 영어로 understand(under+stand)라고 한다. 어떤 사람을 이해하려면 그 사람 밑에 서봐야 하는 법이다. 인내도 그렇다. 헬라어로 '휘포모네'인데 '휘포'는 '아래에'라는 뜻이고 '모네'는 '머물다'라는 뜻이다. 어떤 문제 밑에 머물면 그 문제에 대해 인내하게 된다.

국어사전에서 인내를 찾으면 "괴로움이나 어려움 따위를 참고 견딤"이라고 설명되어 있다. 다분히 수동적이다. '휘포모네'는 다르다. 자기가 그런 상황으로 찾아 들어가는 것이다. 헬스장에 가면 역기를 드는 사람들이 있다. 별수 없이 그 무게를 견디는 것이 아니라 적극적으로 그 무게를 감당한다. 그렇게 하는 동안에 그 사람의 팔과 가슴 근육에 어떤 일이 일어나고 있을까?

특히 "믿음의 시련이 인내를 만들어 낸다"라고 할 때의 '시련'은 '도키미온'을 번역한 말인데 '검증'이라는 뜻도 있다. 올림픽에서 금메달을 딴 선수가 단골로 취하는 포즈가 있다. 금메달을 깨물어보는 것이다. 정말로 힘껏 깨무는 것은 아니겠지만 순금은 깨물면 티가 난다. 그처럼 어떤 계기를 통해서 평소에 잘 드러나지 않는 특정 본질이 드러나는 것이 '도키미온'하는 것이다.

하나님이 우리 한 사람, 한 사람한테 특별한 시험을 줘서 믿음의 참 모습을 드러내게 하신다. 하나님은 우리를 골병들게 만드는 정신 나간 트레이너가 아니다. 최선의 결과를 만들기 위해서 어떤 음식을 먹어야 하고 어떤 근육을 키워야 하는지 훤히 알고 있는 전문 트레이너다. 하나님의 목적은 우리 믿음의 근육을 끊어버리는 것이 아니라 그것을 강화하는 것이다. 그래서 '휘포모네'하게 하신다.

학생 시절, 아버지가 제일 좋아하시던 것은 내가 밤늦도록 공부하는 것이었다. 새벽 1시까지 공부를 하고 있으면 방에 들어오셔서는 "아직도 안 자냐?" 하고 묻곤 하셨다. 하지만 학생 시절 얘기다. 내가 나이 서른이 넘고 마흔이 넘도록 그렇게 하고 있어도 좋아하실까? 학생한테 공부가 아무리 중요해도 공부하는 것 자체가 목적일 수 없다. 인내도 그렇다. 아무리 인내가 중요해도 인내 자체가 목적은 아니다.

1:4) 인내를 온전히 이루라 이는 너희로 온전하고 구비하여 조금도 부족함이 없게 하려 함이라

"인내를 온전히 이루라"라는 얘기는 "인내로 하여금 자기 할 일을 다하게 하라"라는 뜻이다. 인내가 자기 할 일을 다하게 하려면 충분히 오랫동안 인내해야 한다. 역기를 드는 이유는 근육을 키우기 위한 것인데, 근육을 키우려면 충분히 오랫동안 역기를 들어야 하는 것과 같다. 잠깐 들었다 놓는 것으로는 아무 일도 생기지 않는다. 그처럼 충분히 인내해야 우리가 온전하고 구비해서 조금도 부족하지 않게 된다.

어떤 사람이 길을 가다가 나뭇가지에 매달린 나비 유충을 발견했다. 유충을 손바닥에 올려놓고 가만히 들여다보았다. 투명한 꺼풀 속에서 생명이 꿈틀거리고 있었다. 생명이 깨어나는 신비한 과정이 거의 막바지에 이른 것 같았다. 그는 고치 속에 갇힌 미래의 나비가 세상에 나올 성스러운 시간을 기다렸다. 그런데 너무 더뎠다. 얼른 시원스럽게 나왔으면 좋겠는데 고치 속에서 마냥 꿈틀거리기만 하는 것이었다. 그래서 도와줄 마음을 먹었다. 자리에 웅크리고 앉아서 유충에 따뜻한 입김을 불어넣기 시작했다. 어느 순간 유충의 등이 찢어지더니 연둣빛 나비가 나왔다. 이제 힘 있게 날개를 펼쳐서 우아하게 날아갈 차례다. 그런데 이상했다. 날개가 반쯤 펴지다 말았다. 조바심을 내며 지켜봤지만 그게 전부였다. 나비가 날개를 펴지 못한 채 죽고 말았다. 자기 딴에는 도와준답시고 한 일이었는데 그만 나비를 죽이고 만 것이다. 니코스 카잔차키스의 〈그리스인 조르바〉에 나오는 내용이다.

니코스 카잔차키스가 이런 말을 덧붙인다. "인간은 서두르지만 신은 그렇지 않다. 그렇기 때문에 인간의 작품은 불확실하고 불완전하지만 신의 작품은 결점이 없고 확실하다. 나는 눈물을 글썽이며 영원한 법칙을 다시는 어기지 않으리라고 다짐했다. 나무처럼 바람에 시달리고 햇빛과 비를 맞으며 마음 놓고 기다릴지니, 오랫동안 기다리던 꽃과 열매의 시간이 오리라."

충분한 인내를 거치지 않으면 나비 유충조차 제대로 성충이 되지 못한다. 우리는 충분한 인내의 시간을 통해서 온전하고 구비하여 조금도 부족함이 없게 다듬어져야 하는 사람들이다. 그렇게 해서 주님을 만나야 한다. 온전하고 구비하여 조금도 부족함이 없는 모습이 마지막 심판 날 우리가 하나님께 보여야 할 모습이다.

전철이 들어올 때 안내 방송이 나온다. 요즘은 그렇지 않지만 예전에는 "열차가 곧 도착하오니 승객 여러분께서는 안전선 밖으로 한 걸음 물러나 주시기 바랍니다"라고 했다. 들을 때마다 속으로 웃었던 기억이 있다. 승객들한테 안전선 밖으로 물러나 달라고 했으니 안전선 안으로는 열차가 다니는 셈이다. 안전선 안이 안전한 곳일까, 안전선 밖이 안전한 곳일까? 왜 이런 실수를 하는가 하면, 사람들이 자기를 기준으로 생각하기 때문이다.

그럴 수 있다. 추운지 더운지, 배가 부른지 고픈지는 자기가 기준이다. 남들이 다 춥다고 해도 자기가 더우면 더운 것이다. 남들이 다 배가 부르다고 해도 자기가 고프면 고픈 것이다. 대학생 시절에 사촌 형이 짬뽕 곱빼기 두 그릇을 먹고 다시 국물에 밥을 말아서 먹는 것을 본 적이 있다. 그 형 같은 경우는 "짬뽕 곱빼기 한 그릇밖에 안 먹어서 배가 고프다"라고 해도 얼마든지 맞는 말이다.

신앙은 어떨까? 신앙도 자기가 기준일까? 본회퍼 목사가 한 말이 있다. "하나님이 어디 계실지 결정하는 사람이 나라면, 나는 어느 장소에서든지 내게 맞고 내 생각에 어울리는 하나님을 찾아낼 것이다. 하지만 당신이 어디 있어야 하는지 결정하는 분이 하나님이라면, 그분이 정한 장소는 항상 십자가다."

신앙은 "하나님, 이건 이렇게 해주십시오. 저건 저렇게 해주십시오."라고 하는 것이 아니다. "하나님, 제가 무엇을 할까요?"라고 하는 것이다. 하나님의 행보를 우리가 정하지 않고 우리 행보를 하나님이 정하신다. 하나님은 우리가 온전하고 구비하여 조금도 부족함이 없게 되기를 원하신다. 그 일을 위해서 우리로 인내하게 하신다.

사람은 늘 환경을 문제 삼지만 하나님은 사람을 문제 삼는다. 환경을 문제 삼는다는 얘기는 자기가 기준이라는 뜻이다. 그러면 주변 환경이 우호적으로 바뀌어야 한다. 어려운 문제가 해결되어야 하고 유리한 일이 생겨야 한다. 그런 일을 위해서 하나님이 필요하다. 그런데 우리의 기준은 우리가 아니고 하나님이다. 하나님은 하나님을 기준으로 우리를 고치기 원하신다. 우리가 과연 온전하고 구비하여 조금도 부족함이 없는 사람인지 물으신다.

간혹 신앙을 문제 해결의 방편으로 말하는 사람이 있다. "이렇게 하면 문제가 해결됩니다"라는 식이다. 그런 말은 무시하는 것이 좋다. 관심을 보일

하등의 이유가 없다. 우리가 믿는 기독교는 절대 세상을 살아가는 방법이나 수단이 아니다. 언제나 원칙이고 목적이다. 신앙이 있는 사람은 세상에서 남다른 대접을 받을 특권이 있는 것이 아니라 하나님의 사람으로 완성될 특권이 있다.

1:5〉 너희 중에 누구든지 지혜가 부족하거든 모든 사람에게 후히 주시고 꾸짖지 아니하시는 하나님께 구하라 그리하면 주시리라

유버전(YouVersion)이라는 성경 어플이 있다. 전 세계 2억 5,600만 명이 쓰고 있다고 한다. 2008년부터 세계 기독교인들이 가장 좋아하는 성경 구절을 집계했는데, 우리나라 기독교인들이 지난 2016년에 가장 많이 묵상한 구절이 "내게 능력 주시는 자 안에서 내가 모든 것을 할 수 있느니라(빌 4:13)"였다고 한다.

참으로 씁쓸했다. 사람들이 그 말씀을 보면서 무슨 생각을 했을까? 아마 하나님의 은혜만 있으면 무엇이든지 원하는 대로 이룰 수 있다는 생각을 했을 것이다. "나의 사전에 불가능은 없다"라는 나폴레옹의 말과 비교하면 어떻게 될까? 불신자는 백절불굴의 투지로 원하는 것을 이루는 사람이고 신자는 하나님의 도우심으로 원하는 것을 이루는 사람일까? 원하는 것은 같은데 그것을 이루는 방법에 따라 신자와 불신자가 갈라질까?

성경은 문맥이 있는 책이다. 언제나 문맥 속에서 뜻을 파악해야 한다. 문맥을 무시하면 성경책 펴 놓고 성경 말씀을 인용해서 성경에 없는 말을 하기 십상이다.

내가 궁핍하므로 말하는 것이 아니니라 어떠한 형편에든지 나는 자족하기를 배
웠노니 나는 비천에 처할 줄도 알고 풍부에 처할 줄도 알아 모든 일 곧 배부름과
배고픔과 풍부와 궁핍에도 처할 줄 아는 일체의 비결을 배웠노라(빌 4:11-12)

나무로 집을 지으려면 나무가 많을수록 유리하다. 하지만 돌로 집을 지을
때는 나무가 많다고 해서 도움이 되는 것도 아니고 나무가 없다고 해서 방
해를 받지도 않는다. 바울이 그런 사람이다. 유리한 환경 때문에 복음 전파
에 도움을 받는 것도 아니고 불리한 환경 때문에 복음 전파에 방해를 받는
것도 아니다. 자기가 처한 환경과 자기가 하는 일 사이에 아무 관계가 없
다. 풍부에 처하거나 비천에 처하거나 하나님의 일을 하면 그만이다. 그래
서 나온 말이 "내게 능력 주시는 자 안에서 내가 모든 것을 할 수 있느니라"
이다.
　이런 문맥을 무시하면 얘기가 이상하게 된다. 무엇보다 빌립보서는 바울
이 로마 감옥에서 빌립보교회에 보낸 편지다. 감옥에 갇힌 사람이 "내게 능
력 주시는 자 안에서 내가 모든 것을 할 수 있느니라"라고 하면, 그 말을 듣
는 사람이 뭐라고 할까? "참 잘나셨습니다. 그럼 일단 감옥에서 나와 보시
죠."라고 하지 않을까?
　본문도 그처럼 문맥을 벗어날 우려가 다분히 있다. 이어지는 6a절에서
"오직 믿음으로 구하고 조금도 의심하지 말라"라고 한다. 대체 무엇을 구하

라는 말일까? 돈을 원하면 돈을 구하고 출세를 원하면 출세를 구하고 자기가 원하는 것은 무엇이든지 믿음으로 구하면 하나님이 들어주신다는 뜻일까? 그러면 하나님과 알라딘 램프의 차이가 무엇일까? 램프 안에 있는지, 램프 밖에 있는지만 다를까?

야고보가 가장 먼저 한 말은 여러 가지 시험을 당하거든 온전히 기쁘게 여기라는 말이었다. 시험이 있어야 인내가 길러지고, 그렇게 해야 온전하고 구비해서 조금도 부족하지 않게 되기 때문이다. 시험을 모면하는 방도나 시험을 피하는 요령 따위는 얘기하지 않았다. 우리가 완성되려면 시험이 있어야 한다. 우리가 믿는 기독교는 세상을 사는 어려움을 면제받는 방법으로 동원될 만큼 하찮은 종교가 아니다. 우리를 하나님 앞에 바로 세우는 통로다.

그렇다고 해서 시험만 받으면 누구나 인내를 길러서 온전하고 구비하여 조금도 부족하지 않게 되느냐 하면 그렇지 않다. 오히려 실족하는 사람도 있다. 시험을 받는 사람마다 결국 온전하고 구비하여 조금도 부족하지 않게 된다면 이런 말을 할 까닭이 없다. 가만히 있으면 저절로 그렇게 될 것이다. 이런 말을 한다는 것 자체가 이렇게 되지 않는 사람이 있음을 전제로 한다. 그러면 인내를 기르는 사람은 어떤 사람이고 실족하는 사람은 어떤 사람일까?

그에 대한 답으로 지혜와 기도를 말한다. 4절이 "이는 너희로 온전하고 구비하여 조금도 부족함이 없게 하려 함이라"로 끝났다. 그리고 본문에서 "너희 중에 누구든지 지혜가 부족하거든… 하나님께 구하라"라고 한다. 아무

것도 부족하지 않은 온전한 상태가 되려면 지금의 부족을 채워야 한다. 바로 지혜의 부족이다. 그 지혜의 부족을 채울 수 있는 방법이 기도다.

난데없는 얘기가 아니다. 앞에서 여러 가지 시험을 당하거든 온전히 기쁘게 여기라고 했기 때문이다. 시험을 통해서 돈이 없는 것이 확인될 수도 있고, 참을성이 없는 것이 확인될 수도 있고, 교만한 성격이 확인될 수도 있다. 하지만 정말 부족한 것은 하나님께서 하시는 일에 대한 이해다. 하나님께서 무엇을 하고 계신지 바로 알아야 한다. "이는 너희 믿음의 시련이 인내를 만들어 내는 줄 너희가 앎이라"라고 했으니, 시험을 통해서 인내가 만들어지는 것은 안다. 하지만 들은풍월로 아는 것으로는 부족하다. 제대로 된 지혜가 있어야 한다. 시험을 참고 견디는 것만 해도 대단한데 그것을 기뻐하라고 했다. 아무나 할 수 있는 일이 아니다. 그 문제에 대한 깊은 통찰이 있어야 비로소 가능하다.

요셉은 참으로 끔찍한 인생을 살았다. 형들에 의해서 종으로 팔리기도 했고 보디발 부인 때문에 누명을 써서 옥살이를 하기도 했다. 하지만 나중에 애굽 총리가 된다. 창 45:7-8에 "하나님이 큰 구원으로 당신들의 생명을 보존하고 당신들의 후손을 세상에 두시려고 나를 당신들보다 먼저 보내셨나니 그런즉 나를 이리로 보낸 이는 당신들이 아니요 하나님이시라 하나님이 나를 바로에게 아버지로 삼으시고 그 온 집의 주로 삼으시며 애굽 온 땅의 통치자로 삼으셨나이다"라고 되어 있다. 하나님께서 자기 인생을 통해서 어떤 일을 하셨는지 비로소 알아차린 것이다.

요셉이 처음부터 이 모든 내용을 알았으면 얼마나 좋았을까? 그러면 그가 연단받은 시간이 마냥 괴로움으로 가득하지는 않았을 것이다. 오히려 감사하며 보낼 수 있었을 것이다. 그 모든 내막을 속속들이 아는 것은 불가능하지만 어쨌든 알면 아는 만큼 유익했을 것이다. 그래서 지혜를 구하라고 한다.

지혜는 당연히 하나님께 구해야 한다. 그 하나님이 어떤 하나님인가 하면, 모든 사람에게 후히 주시고 꾸짖지 아니하시는 하나님이다. '후히'로 번역된 헬라어가 '하플로스'인데 '단순한', '단일한', '분리되지 않은'이라는 뜻이다. 다른 마음이 섞이지 않은 것이 '하플로스'한 것이다.

영국 물리학자 마이클 패러데이는 상당히 어려운 환경에서 자랐다. 신문 배달을 하면서 학교에 다녔다. 어떤 집에 허리를 구부려서 상체를 안으로 밀어야 신문을 넣을 수 있는 신문함이 있었다. 그 함에 신문을 넣다가 혼자 생각했다. "내가 지금 이 집 안에 있는 걸까, 밖에 있는 걸까?"

상체는 안에 있고 하체는 밖에 있는 사람은 안에 있는 사람일까, 밖에 있는 사람일까? 패러데이가 그 문제에 골똘했다. 얼마나 골똘했는지 사람이 오는 소리를 듣지 못했다. 누군가 문을 여는 바람에 목을 정통으로 맞았다. 상당히 아팠다. 그런 아픔 끝에 내린 결론이 있다. "내가 그 집 안에 있었는지 밖에 있었는지 지금도 모르겠다. 하지만 한 가지는 깨달았다. 세상에서 가장 미련한 일은 중간에 끼어 있는 일이다."

사람은 엉거주춤하기 쉽다. 언제나 생각이 나뉜다. 뷔페에서 한 접시를 더 먹을지 그만 먹을지 늘 갈등한다. 먹으면 먹은 것을 후회하고 안 먹으면 안 먹은 것을 아쉬워한다. 청첩장을 받고 예식장에 가는 경우는 어떨까? 몸은 예식장으로 가면서 마음은 집에 있는 사람, 말로는 축하한다고 하지만 속으로는 주말에 쉬지도 못한다고 투덜대는 사람이 얼마든지 있다.

'하플로스'는 그런 것에 대조되는 개념이다. 하나님은 속으로 딴 생각을 하면서 주시는 법이 없다. "이걸 주면 그다음에 어떻게 되나?" 하고, 저울질하지도 않는다. 오로지 주는 것만 생각한다. 그런 하나님께 지혜를 구하라는 것이다.

1:6a) 오직 믿음으로 구하고 조금도 의심하지 말라

간혹 이 말씀을 자기가 원하는 것을 얻어 내는 방법으로 착각하는 사람이 있다. 그러면 자기가 원하는 것을 나열하게 된다. 돈도 구할 수 있고 취업도 구할 수 있고 지위도 구할 수 있다. 그렇다면 그 사람은 하나님을 사랑하는 사람일까, 세상을 사랑하는 사람일까? 하나님을 사랑하는 사람의 기도라면 들어주실 것이다. 하지만 세상을 사랑하는 사람의 기도라면 들어주실 이유가 없지 않을까?

예전에 몇몇 친구와 담소를 나누는 중에 교회에서 목회자 사례비를 어떻게 책정해야 하는지에 대한 얘기가 나온 적이 있다. 어떻게 하면 될까?

① 그 교회 교인들의 평균 수준만큼 생활할 수 있게 해주면 된다.

② 목회자는 귀한 일을 하는 사람이니 교인들 평균 수준보다 높게 책정해야 한다.

③ 목회자는 청빈해야 한다. 교인들 평균 수준보다 낮게 책정해야 한다.

④ 목회자는 하늘에 속한 사람이므로 이슬만 먹고 살면 된다. 책정할 필요 없다.

이중에 어떤 것도 정답이 아니다. 초대교회에서 집사를 세운 이유가 무엇이었나? 사도들로 하여금 오로지 기도하는 일과 말씀 사역에 힘쓸 수 있게 하기 위해서였다. 사도 본연의 일을 수행하는 데 다른 일이 장애가 되면 안 된다. 그 내용을 적용하면 그만이다. 교인들의 생활 수준이 기준이 아니라 목회 사역이 기준이다. 생활 문제가 목회 사역에 지장을 주면 안 된다. 교회는 목회자가 필요한 것을 공급할 책임이 있다.

고급 외제차가 필요하다고 하면 고급 외제차를 사 주고, 수영장 딸린 집이 필요하다고 하면 수영장 딸린 집을 사 줘야 한다는 얘기가 아니다. 그런 것을 얘기한다면 그것은 필요하기 때문이 아니라 원하기 때문이다. 필요와 욕구는 엄연히 다르다.

오직 믿음으로 구하고 조금도 의심하지 말라는 말씀은 우리가 원하는 것을 믿음으로 구하라는 뜻이 아니다. 우리한테 필요한 것을 믿음으로 구하라는 뜻이다. 하나님은 우리의 욕구에 반응하시지 않고 우리의 필요에 반응하신다.

철없는 아이들은 자기가 원하는 것과 자기한테 필요한 것을 구별할 줄 모른다. 자기가 원하는 것은 무조건 필요하다고 우긴다. 게다가 필요한 것은 구할 줄 모르고 원하는 것만 구한다. 이런 미숙함이 상당히 오래 간다. 심지어 교회에 와서도 달라지지 않는다. 단적인 예가 기도를 자기가 원하는 것을 얻는 수단으로 여기는 것이다.

기도는 땅의 일을 하늘에서 이루는 것이 아니다. 하늘의 일을 땅에서 이루는 것이다. 기도를 해서 하나님으로 하여금 자기 뜻에 동의하게 만들어야 하는 것이 아니라 자기가 하나님 뜻에 동의해야 한다. 초신자가 아니면 기도에 대한 이런 설명을 한두 번씩은 다 들어보았을 것이다. 들을 때마다 고개를 끄덕이기도 한다. 그래서 그렇게 기도하느냐 하면 그렇지 않다. 기도하는 내용은 언제나 자기 문제다. 하늘의 일보다 땅의 일이 급한 것을 어떻게 할까? 기도 제목이 흡사 백화점 쇼핑 목록 같다.

〈소요리문답〉 1번을 모르는 사람은 없을 것이다. "사람의 제일 된 목적이 무엇이냐?"라는 질문에 "사람의 제일 된 목적은 하나님을 영광스럽게 하고 영원토록 그를 기뻐하는 것입니다."라고 답한다. 〈소요리문답〉 98번이 "기도란 무엇인가?"이다. 기도가 무엇일까? 답이 이렇다. "기도는 우리의 소원을 그리스도의 이름으로 하나님께 아뢰는 것을 말함인데, 곧 그의 뜻에 합당한 것들을 간구하고 죄를 자복하며, 그의 자비를 감사하게 인식하는 것입니다."

기도는 우리 소원을 하나님께 아뢰는 것인데 그냥 아뢰지 않는다. 그리스도의 이름으로 아뢴다. 기도를 마칠 때 "예수 그리스도 이름으로 기도합니다"라고 하라는 뜻이 아니다. 그리스도의 이름에 어울리는 것을 아뢰어야 한다. 그리스도의 이름에 어울리지 않는 소원은 해당 사항이 없다. 그래서 "그의 뜻에 합당한 것들을 간구하고 죄를 자복하며, 그의 자비를 감사하게 인식하는 것입니다."라고 했다.

부교역자 시절, 중고등부 학생들과 교회 주변의 중국집에 종종 가곤 했다. 때로는 같이 가지 못하고 학생들만 보낸 적도 있다. "가서 너희끼리 먹고 나중에 내가 계산한다고 해"라고 하면 되었다. 그렇다고 해서 학생들이 "와! 잘됐다." 싶은 마음으로 "여기 짜장면 넷하고 고량주 한 병 주세요. 나중에 목사님이 계산할 거예요."라고 하면 어떻겠는가? 내 이름으로 외상을 하려면 내가 그 자리에 있어도 괜찮은 것을 주문해야 한다. 그리스도 이름으로 아뢴다는 것이 그런 뜻이다. 그리스도의 이름에 어울리는 것을 구해야 한다.

요컨대 기도는 "금 나와라 뚝딱!" 하면 금이 나오고 "은 나와라 뚝딱!" 하면 은이 나오는 도깨비 방망이가 아니다. 우리로 하여금 온전하고 구비하여 조금도 부족함이 없게 하려고 하나님께서 주신 특권이다. 그래서 "너희 중에 누구든지 지혜가 부족하거든 모든 사람에게 후히 주시고 꾸짖지 아니하시는 하나님께 구하라"라고 한 것이다. 단, 조건이 있다. 오직 믿음으로 구하고 조금도 의심하지 말아야 한다.

1:6b-8〉 의심하는 자는 마치 바람에 밀려 요동하는 바다 물결 같으니 이런 사람은 무엇이든지 주께 얻기를 생각하지 말라 두 마음을 품어 모든 일에 정함이 없는 자로다

'의심하다'는 '디아크리노메노스'를 번역한 말이다. '디아'는 '철저하게'라는 뜻이고 '크리노'는 '비판하다'라는 뜻이다. 철저하게 비판하는 것이 의심하는 것이다. 이리 재고 저리 재고, 발생할 수 있는 모든 가능성을 일일이 따지느라 도무지 마음을 정하지 못 한다. 마치 바람에 밀려 요동하는 바다 물결 같은 사람이다.

〈야고보서〉 독자들은 갈릴리바다를 익히 알고 있을 것이다. 갈릴리는 본래 호수지만 성경에는 바다로 더 자주 나온다. 구약성경은 히브리어로 기록되어 있고 신약성경은 헬라어로 기록되어 있는데 히브리어나 헬라어에서는 바다와 호수를 구별하지 않는다. 히브리어로는 둘 다 '얌'이라고 하고 헬라어로는 둘 다 '쌀라사'라고 한다.

갈릴리호수는 해수면보다 200m 정도 낮다. 또 북쪽에는 해발 2,814m의 헤르몬산이 있다. 기압 차 때문에 늘 바람이 분다. 산에서 내려오는 찬 공기와 호수면의 따뜻한 공기가 만나서 돌풍이 일기도 한다. 의심하는 사람을 그런 갈릴리호수의 물결에 비유한 것이다. 갈릴리호수를 아는 사람들한테는 상당히 실감나는 비유였을 것이다.

앞에서 하나님은 하플로스하게 주시는 분이라고 했다. 뭔가를 주실 때는 주시는 것만 생각하지, 다른 것을 생각하지 않으신다. 디아크리노메노스는 거기에 상반되는 개념이다. 그렇게 하지 말라는 것이다. 그런 사람은 무엇이든지 하나님께 얻기를 생각하지 말아야 한다. 두 마음을 품어서 모든 일에 정함이 없는 자이기 때문이다.

하나님은 거룩하신 분이다. 거룩하지 않은 것은 죄다. 하나님은 온전하신 분이다. 온전하지 않은 것은 죄다. 그래서 구약성경에서는 "내가 거룩하니 너희도 거룩할지어다"라고 했고, 예수님은 산상수훈에서 "하늘에 계신 너희 아버지의 온전하심과 같이 너희도 온전하라"라고 했다. 본문도 마찬가지다. 하나님은 하플로스한 분인데 우리가 디아크리노메노스할 수는 없다.

결국 의심하지 말라는 말은 기도 응답을 받는 비결에 대한 얘기가 아니다. 하나님이 어떤 분인지 바로 알라는 얘기다. 하나님이 자기 기도를 들어주신다는 확신이 있는 사람의 기도는 들어주시고 그런 확신이 없는 사람의 기도는 안 들어주신다고 생각한다면, 설마 기독교가 하나님을 움직이는 종교라는 뜻일까?

기독교는 하나님을 통해서 뭔가 얻어 내는 종교가 아니라 하나님께서 우리를 하나님 뜻에 맞게 빚어 만드시는 종교다. 우리가 할 일은 하나님의 은혜로 세상을 어려움 없이 살 궁리를 하는 일이 아니다. 우리 인생 속에 역사하시는 하나님을 바로 아는 일이다. 그래서 지혜를 구해야 한다.

커피 자동판매기에는 동전을 넣으면 커피가 나온다. 커피가 나오는 과정에 신경 쓸 이유는 없다. 지혜를 구하는 것은 다르다. 지혜를 얻어 가기만 하면 되는 것이 아니라 지혜를 얻는 과정 역시 하나님의 성품에 부합해야 하기 때문이다. 하나님이 우리한테 하플로스한 분이라면 우리 역시 하나님께 하플로스해야 한다. 다른 마음이 있으면 안 된다. 하나님께 지혜를 얻지 못해서 문제가 아니라 하나님께 지혜를 구하는 것에 마음이 없어서 문제다.

우리 마음이 어디에 있을까? 정말로 하나님께 있을까? 하나님을 통해서 세상을 얻으려는 사람은 하나님께 마음이 있는 사람이 아니다. 하나님을 찾고는 있지만 마음은 세상에 있는 사람이다. 우리는 하나님께만 마음이 있어야 한다. 하나님의 마음이 우리한테만 있기 때문이다. 하나님은 우리를 통해서 뭔가를 얻어내려 하지 않으시고 우리를 얻으려 하신다. 우리 역시 하나님이 목적이어야 한다.

1:9-11〉 낮은 형제는 자기의 높음을 자랑하고 부한 자는 자기의 낮아짐을 자랑할지니 이는 그가 풀의 꽃과 같이 지나감이라 해가 돋고 뜨거운 바람이 불어 풀을 말리면 꽃이 떨어져 그 모양의 아름다움이 없어지나니 부한 자도 그 행하는 일에 이와 같이 쇠잔하리라

〈야고보서〉에서 가장 먼저 나온 말이 여러 가지 시험을 당하거든 온전히 기쁘게 여기라는 말이었다. 세상을 살다 보면 여러 가지 시험을 만날 수 있다. 그중에 가장 문제가 되는 시험이 어떤 시험일까? 요즘은 아무래도 돈이 문제일 것 같다. 돈 걱정 안 하고 살아봤으면 좋겠다는 말을 한두 번 들은 것이 아니다. 그런 사람한테 누군가 일러주었다고 한다. "돈은 잘 있으니까 걱정 말고 너만 잘하면 돼."

〈야고보서〉가 기록되던 시대에도 별반 다르지 않았던 것 같다. 여러 가지 시험을 당하거든 온전히 기쁘게 여기라는 말에 이어서 누구든지 지혜가 부족하거든 하나님께 구하라고 했고, 본문에서는 부자와 가난한 자를 말한다. 당시에도 역시 돈이 문제였다.

구약성경에서 계속 지적하는 죄가 우상 숭배다. 하나님께서 그때마다 징계했지만 달라지는 것이 없었다. 모압으로 징계해도 말을 안 듣고, 미디안으로 징계해도 말을 안 듣고, 암몬으로 징계해도 말을 안 듣고, 블레셋으로 징계해도 말을 안 듣고, 아람으로 징계해도 말을 안 듣더니 결국 북 왕국은 앗수르한테 망하고 남 왕국은 바벨론한테 망했다. 우상을 숭배했더니 돌아온 것이 비참한 포로 생활이었다.

예전에 이런 말을 들은 적이 있다. "이스라엘이 우상을 숭배하다가 나라를 잃었다. 바벨론으로 끌려가서 70년 동안 포로 생활을 해야 했다. 하지만 소득은 있었다. 구약성경 내내 반복되던 우상 숭배 얘기가 신약성경에는 나오지 않는다. 바벨론 포로라는 값비싼 대가를 치른 끝에 드디어 우상 숭배에서 벗어난 것이다."

얼핏 들으면 그럴 듯하다. 우상을 섬기다 나라가 망한 것도 맞고 포로에서 돌아온 다음에 우상을 섬기지 않은 것도 맞다. 과연 둘 사이에 인과관계가 있느냐가 문제다.

신약성경에는 우상 대신 다른 것이 나온다. 바로 돈이다. 구약은 화폐경제시대를 배경으로 하지 않지만 신약은 화폐경제시대를 배경으로 한다. 구약시대에 태어났으면 우상을 섬겼을 사람이 신약시대에 태어나서 돈을 섬기는 것이다. 결국 그 사람이 그 사람이다.

이스라엘이 애굽에서 노예로 살았다. 그런 이스라엘이 애굽의 속박을 벗어날 가능성이 있었을까? 그 일을 하나님께서 하셨다. 친히 홍해를 가르시고 가나안으로 인도했다. 그런데 이스라엘은 하나님의 은혜로 가나안에 들어갔으면서도 우상을 섬겼다. 결국 나라가 망했고 바벨론으로 끌려갔다. 하나님의 은혜로 애굽에서 나왔는데 다시 똑같은 신세가 된 것이다. 그들이 구원 얻을 가능성이 있을까? 그런데 어느 날 갑자기 고레스 칙령이 반포된다. 흡사 홍해가 갈라진 것과 같은 일이다. 이스라엘이 다시 구원을 얻는다. 달라진 것이 있다. 시대의 흐름에 따라 실물경제시대가 화폐경제시대로 바뀐 것이다. 그 옛날 애굽에서 구원 얻은 이스라엘이 우상을 섬겼던 것처럼 이번에는 돈을 섬겼다. 농사를 지으려면 바알을 잘 섬기는 것이 중요하다고 생각했던 것처럼 세상을 행복하게 살려면 돈이 많아야 하는 줄 알았다.

흩어져 있는 열두 지파가 살고 있는 시대적인 배경이 그렇다. 그런 배경에서 "낮은 형제는 자기의 높음을 자랑하고 부한 자는 자기의 낮아짐을 자랑할지니"라고 한다. "낮은 형제는 자기의 높음을 자랑하고"라고 했으니까 대구를 이루려면 "높은 형제는 자는 자기의 낮아짐을 자랑할지니"라고 하는 것이 자연스럽다. 그런데 "높은 형제"라고 하지 않고 "부한 자"라고 했다. 높은 것과 부한 것이 같은 뜻으로 쓰인 셈이다. 아닌 게 아니라 부자는 높은 사람이고 가난한 사람은 낮은 사람인 것이 이 세상 풍조다. 소유가 곧 신분이다.

사람들이 일상적으로 쓰는 말 중에 마음에 들지 않는 말이 더러 있다. 잘산다, 못산다는 말이 대표적이다. 국어사전에서 '잘살다'를 찾으면 "재물을 넉넉하게 가지고 살다"라고 설명되어 있다. 돈 많은 사람이 잘사는 사람이다. 뭔가 이상하다. 잘사는 것이 정말로 제대로 사는 것이려면 먼저 세상을 바로 살아야 한다. 인격과 가치관이 모범적이어야 한다. 그런데 어떻게 된 영문인지 돈이 기준이다. 세상을 아무리 바르게 살아도 돈이 없으면 못산다고 하고, 주변 사람 모두의 손가락질을 받으며 살아도 돈만 많으면 잘산다고 한다.

우리가 그런 세상에서 하나님을 믿는다. 그러면 무엇을 기대해야 할까? 하나님 은혜로 돈 많이 벌어서 세상에서 잘살게 되기를 기대해야 할까?

앞에서 여러 가지 시험을 당하거든 온전히 기쁘게 여기라고 했다. "살다 보면 여러 가지 시험을 만날 수 있다. 이런 시험은 이렇게 대처하고 저런 시험은 저렇게 대처해라. 그러면 해결된다."라는 얘기는 없었다. 신앙이 시험을 모면하는 방법으로 쓰이는 것이 아니라 오히려 신앙을 완성하는 통로가 된다. 본문도 마찬가지다. "낮은 형제는 자기의 높음을 자랑하고"라고 했다. 부자가 되는 방법 따위는 얘기하지 않는다. 돈에 대한 생각을 바로 하라고 한다.

요즘은 몸에 좋은 음식을 챙겨 먹는 것보다 평소에 먹던 음식을 안 먹는 것이 더 건강에 좋다고 한다. 뭔가를 더 먹는 것이 건강의 비결이 아니라 가려 먹는 것이 건강의 비결이다. 돈에 대해서도 그대로 적용할 수 있다. 자기 욕심을 충족할 수 있을 만큼 돈을 버는 것이 행복의 요체가 아니다. 오히려 돈 욕심을 정리해야 한다. 돈에 마음이 있는 채로는 신앙을 지키는 것은 고사하고 사람 구실도 제대로 못 한다.

앞에서 "두 마음을 품어 모든 일에 정함이 없는 자로다"라는 말이 있었다. 두 마음을 품은 사람이 어떤 사람일까? 간음을 하는 사람으로 바꿔볼까? 간음을 하려면 일단 배우자가 있어야 한다. 배우자가 없는 사람은 간음도 못한다. 두 마음을 품으려면 마음 한쪽이 하나님께 있어야 한다. 세상에 홀랑 정신이 팔리면 두 마음도 품지 못 한다.

구약성경에 나오는 이스라엘은 단 한순간도 하나님을 떠난 적이 없다. 그게 무슨 말이냐 싶을 수 있지만 사실 그렇다. 이스라엘은 늘 하나님을 섬겼다. 우상을 같이 섬겼을 뿐이다. 두 마음을 품은 단적인 예다. 그런 사람은 하나님께 지혜를 구해도 얻지 못한다고 했다.

지혜만 얻지 못할까? 돈에 대해서도 두 마음이 있을 수 있다. 옛날 이스라엘이 하나님을 섬기면서 한편으로는 우상도 섬겼던 것처럼 입술로는 하나님을 찾으면서 돈을 곁눈질할 수 있다. 하나님을 부인하지는 않는데 돈 욕심도 여전히 있다.

한 사람이 두 주인을 섬기지 못할 것이니 혹 이를 미워하고 저를 사랑하거나 혹 이를 중히 여기고 저를 경히 여김이라 너희가 하나님과 재물을 겸하여 섬기지 못하느니라(마 6:24)

예수님이 왜 이런 말씀을 하셨을까? 우리의 문제는 하나님을 버리고 재물을 섬기는 것이 아니다. 우리 중에 그런 사람은 아무도 없다. 하나님과 재물을 같이 섬기려 드는 것이 문제다. 예수님은 한 사람이 두 주인을 섬기지 못한다고 하셨는데 한사코 그렇지 않다고 우기는 격이다.

분명한 사실이 있다. 우상을 섬기는 한 하나님을 섬기지 못하는 것처럼 돈에 대한 생각이 바로 되지 않는 한 하나님을 섬길 수 없다. 이스라엘이 우상과 하나님을 겸하여 섬긴 것은 말도 안 되는 일이라고 하면서 자기한테 있는 돈 욕심을 정상이라고 우기면 안 된다.

어떤 사람이 돈이 많다는 이유로 교회에서 거들먹거리면 참 꼴불견일 것이다. 그러면 돈이 없다는 이유로 기죽어 지내는 것은 정상일까? 신앙이 무엇인지 모르기는 매일반이다. 돈이 많은 것이 하나님께 인정받은 징표도 아니고 돈이 없는 것이 하나님께 미움받는 징표도 아니다. 교회는 빈부를 따지는 곳이 아니라 하나님을 섬기는 곳이다. 혹시 자랑을 한다면 하나님과 연결된 자랑이어야 한다. 세상과 연결되면 안 된다.

그러면 낮은 형제는 무엇을 자랑해야 할까? "그는 중고 외제차를 자랑한다"라는 문장을 생각해 보자. 자랑하는 이유가 중고이기 때문일까, 외제차이기 때문일까? 낮은 형제는 자기의 높음을 자랑하라고 했다. 자기의 높음을 자랑하라고 한 근거가 '낮은'에 있지 않고 '형제'에 있다. 교회 밖에서는 형과 아우를 형제라고 하지만 교회 안에서는 믿는 사람을 형제라고 한다. 결국 자기의 높음을 자랑하라는 얘기는 신자 된 신분을 자랑하라는 뜻이다.

세상에서는 뭐든지 돈으로 따진다. 가난한 사람은 못사는 사람이다. 그런 사람한테 자랑할 것이 무엇이 있을까? 돈이 기준이면 가난한 사람은 쥐뿔도 없는 사람이다. 우리는 다르다. 부자인지 가난한지는 우리의 관심사가 아니다. 부자면 부자인 대로 하나님을 섬기고 가난하면 가난한 대로 하나님을 섬기면 그만이다.

고레스 칙령으로 돌아온 이스라엘을 생각해 보자. 1차 귀환 때 5만 명가량이 돌아왔다. 그들 사이에도 빈부 격차가 있었을 것이다. 아무것도 없이 맨몸으로 돌아온 사람이 있다고 하자. 그 사람이 어떤 마음이었을까? "난 왜 남들처럼 돈이 없을까? 이제 고국에 돌아왔으니 얼른 성전 재건하고 하나님 잘 섬기면 하나님이 부자로 만들어주시겠지."라는 생각을 했을까? 그렇게 상상되지는 않는다. 그의 마음에 가득한 것은 오로지 성전이었을 것이다. 성전을 재건해서 하나님을 섬길 수 있으면 그것으로 족하다. 혹 자랑이 있다면 성전을 재건한다는 자랑이었을 것이다.

낮은 형제한테 자기의 높음을 자랑하라는 얘기가 그래서 가능하다. 세상 사람들이 말하는 세속적인 신분이 아니라 그리스도 안에서 회복된 영적인 신분을 말한다. "내가 비록 가진 것은 없지만 죽으면 천국 간다"가 아니다. 그런 말에는 이 세상에 속한 것을 누리고 싶지만 현실적으로 누리지 못하는 아쉬움이 배어 있다. 우리는 이 세상 사람들과 다른 가치 질서 안에서 사는 사람들이다. 그것을 자랑하라는 얘기다.

누구한테 자랑할까? 세상 사람들을 불러 모아서 아무리 자랑해봐야 전혀 부러워하지 않는다. 우리한테 있는 것을 이해하지 못하기 때문이다. 그렇다고 교회 안에서 자랑할 수도 없다. 교회 안에는 전부 똑같은 자랑거리가 있는 사람들이다. 결국 거울을 보며 자랑할 수밖에 없다. 새롭게 부여된 자신의 영적 지위에 대해서 자긍심을 가지라는 뜻이다. 우리는 그리스도 안에 있는 새로운 피조물이다.

교회 다니는 사람이라고 전부 가난한 것은 아니다. 부자도 있을 수 있다. 그래서 "낮은 형제는 자기의 높음을 자랑하고" 다음에 "부한 자는 자기의 낮아짐을 자랑할지니"라고 한다. 자랑할 대상은 물론 자기 자신이다.

우선 '부한 자'라는 표현이 눈에 띈다. 왜 '부한 형제'라고 하지 않고 '부한 자'라고 했을까? 혹시 '낮은 형제'는 가난한 성도들인데 반해서 '부한 자'는 소유가 넉넉한 불신자를 말하는 것인가 싶을 수 있지만 그렇지 않다. 성경은 불신자를 위한 기록이 아니라 신자를 위한 기록이다. 신자도 제대로 안 읽는 성경을 설마 불신자가 읽을까? 〈야고보서〉의 수신자는 흩어져 있는 열두 지파다. '부한 자' 역시 흩어져 있는 열두 지파에 속한다. 하여간 부한 자한테는 낮아짐을 자랑하라고 했다.

낮은 형제한테 자기의 높음을 자랑하라고 한 근거가 '낮은'에 있지 않고 '형제'에 있었다. 신자의 영적 지위가 얼마나 놀라운지 알라는 뜻이었다. 부한 자한테 자기의 낮아짐을 자랑하라고 한 이유도 '부한'에 있지 않고 '자'에 있다. 가진 소유가 넉넉하기 때문에 낮아짐을 자랑하라는 것이 아니라 사람이기 때문에 낮아짐을 자랑하라는 것이다.

아닌 게 아니라 이어지는 말이 "이는 그가 풀의 꽃과 같이 지나감이라"이다. 꽃은 아름다움을 가르쳐 주는 게 아니라 아름다움이 오래 가지 않는다는 사실을 가르쳐 준다고 한다. 화무십일홍이라는 말이 괜히 있을까? 열흘을 붉는 꽃이 없다. 부한 자의 소유가 아무리 많아도 얼마나 가겠는가? 잠깐 살다 죽으면 끝이다. "해가 돋고 뜨거운 바람이 불어 풀을 말리면 꽃이 떨어져 그 모양의 아름다움이 없어지나니 부한 자도 그 행하는 일에 이와 같이 쇠잔하리라"라고 한 그대로다.

결국 답이 나왔다. 본문이 하는 말은 "가난하게 살고 있느냐? 세상에서 아무것도 내세울 것이 없느냐? 너의 영적 지위를 생각해봐라. 우리는 이 세상에 얽매인 사람이 아니다. 혹시 소유가 많고 넉넉하냐? 그것이 얼마나 갈 것 같으냐? 이 세상이 얼마나 덧없는지 잘 알지 않느냐?"이다. 가난한 교인은 이런 문제에 신경 쓰고 부자인 교인은 저런 문제에 신경 쓰라는 얘기가 아니다. 가난하거나 부하거나 관계없다. 잠시 있다 없어질 이 세상 삶에 마음 두지 말고 영원을 바라보아야 한다.

"왜 돈을 벌려고 하십니까?"라고 물으면 사람들이 뭐라고 할까? 아마 "그걸 몰라서 묻느냐?"라는 대답이 가장 많이 나올 것이다. 돈이 있어야 먹고 살 수 있다. 요즘 세상에서는 돈이 없으면 할 수 있는 일이 아무것도 없다. 세상을 살려면 당연히 돈이 필요하다. 하지만 사람들이 돈을 버는 진짜 이유는 돈이 필요해서가 아니다.

허영만 화백이 그린 〈부자사전〉이라는 만화가 있다. 한상복 씨가 쓴 〈한국의 부자들〉을 바탕으로 그린 만화다. 그 책에 따르면 부자는 아무리 돈을 써도 돈이 계속 모이는 사람이라고 한다. 돈 쓰는 속도보다 돈 버는 속도가 더 빠른 것이다. 그런 사람이라고 해서 돈 욕심이 없느냐 하면 그렇지 않다. 할 수만 있으면 더 많은 돈을 벌려고 한다. 더 이상 돈을 벌지 않고 죽을 때까지 쓰기만 해도 있는 돈을 다 못 쓸 텐데도 그렇다.

방송에서 '대박집'으로 소개되는 음식점 중에는 연 소득 십억에 이르는 집도 꽤 있을 것이다. 그 돈을 다 무엇에 쓸까? 어차피 하루 종일 식당에 나와서 일을 하니 딱히 돈 쓸 곳도 없다. 그런데도 가게를 확장하고 분점을 낸다. 할 수만 있으면 더 벌려고 한다.

먹고살려고 돈을 번다는 말이 얼핏 맞는 것 같지만 절대 그렇지 않다. 사람들은 돈을 버는 것 자체가 목적이라서 돈을 번다. 돈을 벌어서 무엇을 하겠다는 생각이 없다. 돈을 버는 일은 무조건 해야 하는 일로 착각한다. 부자도 더 많은 돈을 벌고 싶어 하고 가난한 사람도 더 많은 돈을 벌고 싶어 한다. 차제에 꼭 당부드린다. 무조건 돈을 벌고 싶어 해서는 안 된다. 왜 돈을 벌려고 하는지, 돈을 벌어서 무엇을 할 것인지 잘 따져봐야 한다. 자칫 세상 풍조에 휩쓸리면 마냥 돈에 팔리는 인생으로 전락할 수 있다.

이런 풍조가 최근에 생긴 것이 아니다. 〈야고보서〉가 기록된 주후 1세기 때도 마찬가지였다. 당시 사람들이라고 해서 두 마음이 없었을까? 하나님을 섬겨야 하는 것은 알지만 세상을 살려면 돈도 역시 중요하다. 그러니 야고보가 편지를 쓰면서 "예수 잘 믿으면 부자 됩니다. 열심히 믿으세요."라고 해줬으면 얼마나 좋았을까? 자기한테 있는 두 마음을 감쪽같이 숨길 수 있다. 그런데 전혀 다른 말을 한다. "세상 사람들은 가난하거나 부하거나 돈이 목적이다. 가난한 사람도 돈을 벌고 싶어 하고 부자도 돈을 벌고 싶어 한다. 그들은 모든 것을 돈으로 따진다. 하지만 우리는 다르다. 가난하거나 부하거나 항상 신앙이 기준이어야 한다. 이 세상이 유한하다는 사실을 알아야 하고 우리 영혼이 영원하다는 사실을 알아야 한다. 우리는 변화된 사람들이다."

폴리페서(polifessor)라는 말이 있다. 정치(politics)와 교수(professor)의 합성어로, 정치 참여에 적극적인 현직 교수를 이르는 말이다. 교수가 정치를 하는 것이 잘못일 수는 없다. 하지만 권력 주변을 맴도는 행태에 곱지 않은 시선이 있는 것도 사실이다. 그런데 정치권에서 제의하는 장관, 외교 대사, 국무총리 직을 모두 거절한 교수가 있다. 고려대학교 김준엽 총장이다. 민주주의를 외치다 잡혀간 제자들이 아직도 감옥에 있는데 스승이 어떻게 그 정부의 관직에 몸담을 수 있느냐는 것이 그의 소신이었다. 학생 운동에 참

여한 학생들을 제적하라는 정권의 압력에 맞서다가 취임 2년 8개월 만에 강제 사퇴당했다. 학생들이 한 달 동안 그의 퇴임을 반대하는 시위를 벌이기도 했다. 그가 남긴 말이 있다. "현실에 살지 말고 역사에 살아라."

자기 소신대로 세상을 사는 사람도 이 정도 기개가 있다. 하물며 우리는 하나님의 소신대로 세상을 사는 사람들이다. 이 세상 눈치를 볼 하등의 이유가 없다. 당연히 영원이 기준이다. 우리의 모든 선택이 영원과 연결되어야 하고, 영원히 살 사람처럼 지금을 살아야 한다. 우리는 현실에 살지 않고 영원에 산다.

1:12) 시험을 참는 자는 복이 있나니 이는 시련을 견디어 낸 자가 주께서 자기를 사랑하는 자들에게 약속하신 생명의 면류관을 얻을 것이기 때문이라

〈야고보서〉의 수신자는 흩어져 있는 열두 지파다. 흩어져 있다는 사실에서 그들이 지내는 형편을 짐작할 수 있다. 그래서 여러 가지 시험을 당하거든 온전히 기쁘게 여기라는 말을 가장 먼저 했다.

그런 일이 어떻게 가능할까? 시험을 당했는데도 오히려 기뻐하려면 시험의 의미를 알아야 한다. 그래서 지혜를 구하라고 했다. 이어서 부자와 가난한 자를 얘기했다. 이 세상이 돈을 가치 판단의 기준으로 삼는다고 해서 거기에 동조하면 안 된다. 돈에 대한 생각이 제대로 정립되지 않으면 예수를 믿기는 애당초 틀린 노릇이다.

이런 내용에 이어서 다시 시험을 참는 자가 복이 있다는 말을 한다. 금방

한 말을 반복하는 것이 무슨 까닭일까? 시험에 대한 바른 자세를 그만큼 강조하는 것이다.

그럴 수밖에 없다. 〈야고보서〉 수신자들은 대부분 힘겨운 삶을 살고 있다. 그런 사람들한테 "힘들어도 조금만 참고 견뎌라. 하나님이 다 보고 계시다. 너희가 무슨 일을 만나더라도 만사형통하게 인도해 주실 것이다."라는 말을 하는 것은 쉽다. 한마디만 하면 다 반색할 것이다. 그런데 "여러 가지 시험을 만나거든 온전히 기쁘게 여기라", "우리는 돈을 기준으로 살지 않고 영원을 기준으로 산다"라는 말을 했으니 그런 말이 귀에 들어올까? 일단 자기들이 듣고 싶은 말이 아니다. 가뜩이나 힘든데 계속 힘들어야 한다는 뜻 아닌가? "왜 그런 말을 하십니까? 우리한테 필요한 말은 그런 말이 아닙니다."라고 할 만하다. 그래서 다시 강조하는 것이다. 아무리 듣기 거북해도 성경 말씀이 기준이다. 성경 말씀을 기준으로 사람이 바뀌어야지, 사람을 기준으로 성경 말씀을 바꿀 수는 없다.

시험을 참는 자는 복이 있다고 한다. 복이 무엇일까? 복이라는 단어는 교회 밖에서도 쓴다. 교회 안에서 말하는 복과 교회 밖에서 말하는 복은 같은 복이 아니다.

영어로 행복을 happiness라고 한다. happening과 어원이 같다. 행복은 해프닝이다. 우연히 일어난다. 자기한테 없어도 자기 책임이 아니고 다른 사람한테 있다고 해서 그 사람이 잘난 때문도 아니다. 교회 밖에서 말하는 복이 다분히 그런 식이다. 복과 사람이 연결되어 있지 않다. 복이 그 사람의 인격이나 가치관의 소산이 아니기 때문이다. 로또복권에 당첨되었다고 해서 훌륭한 사람이 아닌 것과 같다.

교회에서 말하는 복은 그렇지 않다. 성경에는 "복 받고 싶으면 이렇게 해라"라는 말이 안 나온다. 항상 복과 사람을 연결해서 말한다. 복을 말하지 않고 복 있는 사람을 말한다. 어떻게 하면 복을 받을 수 있는지 기웃거릴 것 없이 복 있는 사람이 되어야 한다. 세상에서 말하는 복이 그 사람의 소유라면 교회에서 말하는 복은 그 사람의 존재다. 교회 밖에서는 좋은 일이 생기는 것을 복으로 말하고 교회 안에서는 좋은 사람이 되는 것을 복으로 말한다.

시험을 참는 자는 복이 있다. 시련을 견디어 낸 자가 생명의 면류관을 얻을 것이기 때문이다. 그러면 어떤 사람은 복이 없을까? 시험 없이 안락하게 지내는 사람은 복이 없다. 교회 밖에서는 그런 사람을 복 있는 사람이라고 할 텐데 성경은 그렇게 말하지 않는다. 추구하는 가치가 다르기 때문이다. 동네에서 조기 축구를 하는 사람의 관심과 국가대표로 월드컵에 출전하는 선수의 관심이 다른 것처럼 주님께서 약속하신 생명의 면류관이 있는 것을 아는 사람이 생각하는 복과 그런 것을 모르는 사람이 생각하는 복은 절대 같을 수 없다.

교회 밖에 있는 사람들은 죄다 육신을 위해 살아간다. 세상을 잘사는 것이 중요하다. 먹고 죽은 귀신은 때깔도 곱다는 말이 왜 있겠는가? 때깔 고운 귀신이 되기 위해서 잘 먹어야 한다는 뜻이 아니다. 죽으면 끝이니까 살아 있을 때 인생을 즐기자는 뜻이다. 자기가 자기 인생의 주인이다. 하지만 우리는 이 세상을 살다 죽는다고 해서 그것이 끝이 아닌 것을 아는 사람들이다. 지금 세상이 전부가 아니라 다음 세상이 있다. 관심이 영원에 있다. 하나님이 우리 인생의 주인이다.

요즘은 면류관을 볼 기회가 거의 없다. 면류관 대신 메달이나 트로피가 보인다. 당시는 달랐다. 그리스문화의 영향으로 운동 경기가 활발하게 열렸는데 우승을 하면 면류관을 받았다. 그런 면류관을 받기 위해서 얼마나 노력했을까? 하지만 그 면류관은 그냥 면류관이다. 생명의 면류관이 아니다.

세계 권투 역사상 가장 위대한 선수가 누구일까? 누구인지는 몰라도 무하마드 알리가 후보 중의 한 명인 것은 분명하다. 그는 1960년 로마 올림픽에서 열여덟 살의 나이로 금메달을 땄다. 헤비급 세계 챔피언 자리에 세 번이나 올랐다. 스포츠 기자인 게리 스미스가 그를 방문한 적이 있다. 알리가 농장에 있는 헛간으로 스미스를 안내했다. 거기에는 알리의 전성기 시절 모습이 가득했다. 화려했던 순간을 담은 사진들과 챔피언 벨트, 또 알리의 몸을 조각한 상도 있었다. 그런데 그 사진들 위에 군데군데 새똥이 떨어져 있었다. 서까래에 있는 비둘기들이 범인이었다. 그것을 본 알리가 사진들을 하나씩 벽 쪽으로 뒤집어 놓았다. 그런 다음 밖으로 나와서 뭐라고 중얼거렸는데 너무 작은 소리여서 들리지 않았다. 스미스가 다시 말해달라고 하자, 알리가 말했다. "나는 세계를 재패했습니다. 하지만 보시다시피 그것은 아무것도 아닙니다."

그 챔피언 벨트나 사진들은 한때 알리를 영광스럽게 했을 것이다. 하지만 그것이 곧 알리 자신은 아니다. 전시해 두고서 가끔 먼지나 털면 그만이다. 생명의 면류관은 다르다. 우리와 생명의 면류관이 따로 있는 것이 아니라 우리가 생명의 면류관이 된다. 열심히 노력하고 애써서 생명의 면류관을 받는 것이 아니다. 열심히 노력하고 애써서 변모된 우리, 온전하고 구비하여 조금도 부족함이 없게 된 우리가 곧 생명의 면류관이다.

헬스장에 가면 벽에 트레이너들의 사진이 있다. 그중에는 트로피를 들고 있는 사진도 있다. 그 트로피가 이 세상 면류관이라면 트레이너의 울퉁불퉁한 근육이 생명의 면류관에 해당하는 셈이다. 그런 생명의 면류관을 받으려면 천생 시험을 참아야 한다. 시험을 참은 보상으로 면류관이 주어지는 것이 아니라 그 시험을 참는 과정 속에서 면류관이 만들어진다. 시험을 참는 자가 복이 있을 수밖에 없다.

허드슨 테일러는 평생 중국 선교를 위해 헌신한 사람이다. 복장은 물론 머리 모양도 중국식으로 변발을 했다. 대부분의 선교사들이 안전한 해안 도시에 머무는 것에 불만을 품고는 중국내지선교회를 만들어서 선교사를 모집했다. 중국의 모든 성에 복음을 전하는 것이 그의 꿈이었다. 선교사 지원자를 면접할 때마다 빼놓지 않는 질문이 있었다. "당신은 왜 선교사로 가기를 원하십니까?"

가장 많이 나오는 대답이 "그리스도께서 땅끝까지 이르러 증인이 되라고 하셨습니다.", "많은 사람들이 그리스도 밖에서 죽어가고 있습니다. 저는 그 사람들한테 하나님의 구원이 나타나기 원합니다." 같은 대답이었다고 한다. 그때마다 허드슨 테일러가 말했다. "좋은 얘기입니다. 하지만 모든 시험과 시련, 심지어 죽음을 앞둔 순간에 그것이 당신을 지켜주지는 못합니다. 다만 한 가지 동기가 당신을 모든 어려움에서 견디게 해줄 것입니다.

과연 당신이 정말로 그리스도를 사랑하느냐 하는 것입니다."

기독교 신앙을 고백하는 사람 치고 그리스도를 사랑하지 않는다고 할 사람이 있을까? 하물며 선교사를 지원하는 사람들이다. 그리스도를 사랑하지 않는 사람은 아무도 없다. 그런 사람들한테 정말로 그리스도를 사랑하는지 묻는다. 대체 어느 만큼 사랑해야 정말로 사랑하는 것일까? 〈야고보서〉 수신자들은 어떨까? 그들 중에 그리스도를 사랑하지 않는 사람이 있을까? 그런데 시험을 참는 자가 복이 있다고 하면서, 시련을 견디어 낸 자가 주께서 자기를 사랑하는 자들에게 약속하신 생명의 면류관을 얻을 것이라고 한다.

시험을 참는 자가 복이 있는 이유는 생명의 면류관을 얻을 것이기 때문이다. 그런데 그 생명의 면류관은 주께서 자기를 사랑하는 자들에게 약속하신 것이다. 아무나 시험을 참는 것이 아니다. 주를 사랑하는 사람이 시험을 참는다.

"나는 주님을 사랑합니다"라고 말하는 사람마다 다 시험을 참을까? 아마 아닐 것이다. 시험을 참을 만큼 주님을 사랑하는 사람이라야 한다. 그런 사람이 주님을 사랑하는 사람으로 인정받을 것이고 그런 사람에게 생명의 면류관이 약속되어 있다. 결국 자기한테 주님을 사랑하는 마음이 있는지 없는지 스스로 확인할 수 있다. 시험을 참는 사람은 주님을 사랑하는 사람이고, 시험을 참지 못하는 사람은 주님을 사랑하지 않는 사람이다. 주님을 사랑하기는 하지만 이런 경우에는 별수 없다는 식의 말은 통하지 않는다.

1:13-14) 사람이 시험을 받을 때에 내가 하나님께 시험을 받는다 하지 말지니 하나님은 악에게 시험을 받지도 아니하시고 친히 아무도 시험하지 아니하시느니라 오직 각 사람이 시험을 받는 것은 자기 욕심에 끌려 미혹됨이니

시험을 참지 못하는 사람이 있다고 하자. 그 사람이 어떤 생각을 할까? "역시 난 아니야. 난 주님보다 세상이 더 좋아."라는 생각을 할까? 남이 하면 불륜이고 자기가 하면 로맨스라는 말이 있다. 사람은 옳고 그른 것을 분별할 줄 안다. 그 분별이 자기한테 적용되지 않을 뿐이다. 다른 사람의 행위가 잘못인 것은 알면서 자기 행위가 잘못인 것은 모른다. 시험에 빠진 사람한테서도 같은 양상이 나타날 수 있다. 다른 사람이 시험에 빠진 것은 알면서 자기가 시험에 빠진 것은 모른다. 하나님을 핑계대면 그렇게 된다.

길에서 지갑을 주웠다고 하자. 그러고는 생각한다. "하나님께서 이렇게 채워주시는구나. 나한테 돈이 필요한 것을 어떻게 아셨을까? 참 감사하다." 이런 식으로 하나님을 자기 편한 대로 갖다 붙이면 욕심도 챙기고 신앙에 거리끼지도 않는다. 꿩도 먹고 알도 먹는 셈이다.

예전에 그런 자매가 있었다. 안 믿는 남자와 교제를 했다. 마침 교회에 믿는 남자와 교제 중인 자매도 있었다. 나한테 이런 말을 했다.

"민정이 보면 참 부러워요. 믿는 남자와 사귀니까 데이트하면서 신앙 얘기도 할 수 있잖아요. 저도 믿는 남자하고 교제했으면 좋겠는데…"

"그렇게 하면 되잖아."

그 자매가 답답하다는 듯한 표정으로 말했다. "하나님이 믿는 남자하고는 연결을 안 시켜주시잖아요."

자기가 안 믿는 남자와 교제를 하는 것이 하나님 책임일까? "사람이 시험을 받을 때에 내가 하나님께 시험을 받는다 하지 말지니"가 그런 얘기다. 자기가 시험에 넘어가는 쪽을 택했으면서 왜 하나님 핑계를 대느냐는 것이다. 하나님은 악에게 시험을 받지도 아니하시고 친히 아무도 시험하지 않으신다.

어쩌면 의문이 생길 수 있다. 예수님이 시험을 받으신 것은 어떻게 되고, 하나님이 아브라함을 시험하신 것은 어떻게 될까?

신학을 하기 전, 강학종 집사 시절에 여호와의 증인과 성경 펴 놓고 얘기를 한 적이 있다. 본래 이단과의 논쟁은 백해무익하다. 논쟁에서 이긴다고 해서 이단이 회개하지도 않거니와 자칫 말문이라도 막히면 기독교가 틀린 것 같은 인상을 줄 수 있다. 나는 그때 집에 찾아온 여호와의 증인한테 공연한 객기를 부린 것이었다.

여호와의 증인은 삼위일체를 인정하지 않는다. 예수님은 훌륭한 사람이지, 하나님이 아니라고 한다. 그때 근거로 제시한 말씀이 13절이었다. 하나님은 악에게 시험을 받지도 아니하시고 친히 아무도 시험하지 않으시는 분인데 예수님은 시험을 받았으니 하나님일 수 없다는 것이었다. 나는 14절을 근거로 반박했다. "오직 각 사람이 시험을 받는 것은 자기 욕심에 끌려 미혹됨이니"라고 했는데, 그러면 예수님이 자기 욕심 때문에 시험을 받은 것이냐고 물었다.

예수님은 완전한 하나님이면서 완전한 사람이다. 그때 시험을 받으신 것은 사람으로 시험을 받으신 것이다. 하늘을 날 수 있는 새가 날지 않기로 하고 땅에 내려와 살면서 시험을 받은 격이다. 날개를 펴서 날면 시험을 받지 않아도 된다. 그런데 날개를 사용하지 않고 시험을 이겼다. 그때 예수님은 아담과 똑같은 조건이었다. 첫 번째 아담은 시험에 넘어갔지만 두 번째 아담은 시험을 이겼다. 우리는 첫 번째 아담이 아니라 두 번째 아담에 속한 사람들이다.

시험에는 두 가지가 있다. 하나님이 우리를 시험하시는 연단과 마귀가 우리를 시험하는 미혹이다. 하나님은 아무도 시험하지 않으신다고 할 때의 시험은 미혹이다. 하나님께서 우리를 미혹하실 이유가 없다. 하나님께서 아브라함을 시험하신 것은 미혹이 아니라 연단이다. 하나님은 완벽하게 거룩하고 완벽하게 의로우신 분이다. 악에게 시험을 받지도 아니하시고 친히 아무도 시험하지 않으신다. 혹시 우리가 시험을 받는다면 어디까지나 우리 책임이지, 하나님 책임이 아니다.

하나님이 아담한테 왜 선악과를 먹었느냐고 물었을 때 아담이 "하나님이 주셔서 나와 함께 있게 하신 여자, 그가 그 나무 열매를 내게 주므로 내가 먹었나이다."라고 했다. 하와가 선악과를 권했는데, 하와를 자기한테 주신 분이 하나님이니까 자기가 선악과를 먹은 것에는 하나님 책임도 있다는 뜻이다.

그게 말이 될까? "오직 각 사람이 시험을 받는 것은 자기 욕심에 끌려 미혹됨이니"라고 한 그대로다. 자기 욕심에 끌려 미혹되었으니 누구를 탓하겠는가? 전적으로 자기 책임이다.

1:15〉 욕심이 잉태한즉 죄를 낳고 죄가 장성한즉 사망을 낳느니라

욕심에 미혹된 결과를 출산 과정에 비유한다. 잉태는 혼자 하는 것이 아니다. 정자와 난자의 결합이 있어야 한다. 마찬가지로 욕심이 잉태하려면 외부의 유혹과 내면의 욕망이 결합해야 한다. 그렇게 해서 욕심이 잉태되면 죄를 출산하는데, 출산된 죄가 가만히 있지 않고 점점 장성한다. 결국 사망을 낳는다.

사망이 무엇일까? 아니, 유대인들은 사망을 어떤 것으로 생각했을까? 성경에 "보라 내가 오늘 생명과 복과 사망과 화를 네 앞에 두었나니(신 30:15)", "공의로운 길에 생명이 있나니 그 길에는 사망이 없느니라(잠 12:28)", "지혜 있는 자의 교훈은 생명의 샘이니 사망의 그물에서 벗어나게 하느니라(잠 13:14)" 같은 구절이 있다. 유대인들이 생각하는 사망은 존재의 소멸이나 삶의 중단이 아니라 저급하고 비참한 삶이다. 하나님과 멀어지면 그렇게 될 수밖에 없다. 에덴동산에서 쫓겨난 아담과 같다. 요컨대 앞에 나온 내용과 연결하면 "시험을 참는 자는 복이 있다. 하지만 참지 못하고 미혹되면 그 인생은 철저하게 망가진다."라는 뜻이 된다.

앞에서 여러 가지 시험을 당하거든 온전히 기쁘게 여기라고 했다. 시험을 통해서 인내가 만들어지기 때문이다. 인내가 있어야 온전하고 구비해서 조금도 부족함이 없게 된다. 인내가 없으면 어떻게 될까? 온전하고 구비하여 조금도 부족하지 않게 되지 못 한다. 그러면 욕심이 잉태한즉 죄를 낳고 죄가 장성한즉 사망을 낳는 것을 체험하게 된다. 시험을 참는 자가 복이 있을 수밖에 없다.

결국 모 아니면 도다. 중간은 없다. 성경이 왜 이렇게 극단적인 말을 하는가 하면 장차 모든 사람의 운명이 그만큼 극단적으로 갈릴 것이기 때문이다. 생명의 면류관을 얻지 못하면 남는 것은 사망뿐이다. 어쩌면 우리는 생명의 면류관과 사망을 양손에 하나씩 쥐고 있을 수도 있다. 아니면 한쪽 발 앞에는 생명의 면류관이 있고 다른 쪽 발 앞에는 사망이 있을 수도 있다. 성경은 그만큼 진지하고 심각한 얘기를 하는 책이다. 예수님의 피가 묻어 있으니 그럴 수밖에 없다. 어느 만큼 진지하고 심각하게 받아들이는지가 우리 책임이다.

1:16-17〉 내 사랑하는 형제들아 속지 말라 온갖 좋은 은사와 온전한 선물이 다 위로부터 빛들의 아버지께로부터 내려오나니 그는 변함도 없으시고 회전하는 그림자도 없으시니라

얼마 전에 인터넷에서 씁쓸한 기사를 봤다. 독일 시사주간지 〈슈피겔〉에서 신자와 무신론자 중에 누가 더 죽음을 두려워하는지 조사했는데 별 차이가 없더라는 것이었다. 독일에서 연구했으니 불교 신자나 이슬람 신자가 아닌 기독교 신자가 대상이다. 예수를 믿는 사람의 가장 소극적인 자랑이 죽음이 무섭지 않게 되는 것이다. 예수를 믿으면 죽음 앞에서 당당하게 된다. 그것이 신앙의 시작이다. 그런데 죽음에 대한 두려움이 무신론자와 별반 다르지 않다는 게 말이 될까?

한 가지 위안이 되는 내용이 있기는 했다. 실용적인 목적으로 신앙생활을 하는 사람들이 특히 그렇다는 것이었다. 실용적인 목적으로 신앙생활을 한다는 얘기가 무슨 뜻일까? 기사에는 그렇게 나와 있었지만 나는 실용적인 목적으로 종교 행위를 하는 사람으로 바꿔서 읽었다. 세상살이에 도움을 받을 것을 기대하는 마음으로 종교 행위를 하는 사람도 신자라고 할 수 있을까? 그런 사람이라면 죽음에 대한 자세가 무신론자와 아무 차이가 없는 것이 맞다. 세상을 안락하게 사는 일에 관심이 있는 사람한테 왜 죽음을 얘기하는 것일까?

죽음에 대한 두려움을 시험으로 바꾸면 어떻게 될까? 〈야고보서〉에서 가장 먼저 나온 얘기가 시험 얘기다. 여러 가지 시험을 당하거든 온전히 기쁘게 여기라고도 했고, 시험을 참는 자는 복이 있다고도 했다. 시험 얘기를 반복하는 것은 시험에 대한 자세가 그만큼 중요하기 때문이다.

실용적인 목적으로 종교 행위를 하는 사람은 자기한테 시험이 있다는 사실을 이해하지 못할 것이다. 예수를 믿는 사람한테도 힘든 일이 생기고 예수를 믿지 않는 사람한테도 힘든 일이 생긴다면 굳이 예수를 믿을 이유가 없는 것 아닐까?

신앙은 그런 것이 아니다. 이 세상에서 예수 믿은 덕을 보는 것이 문제가 아니라 자기가 하나님의 사람으로 변모되어야 한다. 이런 내용을 모르면 시험을 이길 수 없다. 시험을 통해서 인내를 기르고 결국 생명의 면류관을 얻는 것이 아니라 오히려 욕심에 끌려 미혹될 수 있다.

본문은 "내 사랑하는 형제들아 속지 말라"로 시작한다. 언젠가부터 보이스피싱에 주의하라는 말이 들린다. 보이스피싱 때문에 피해를 보는 사례가 있기 때문이다. 속지 말라는 말을 하는 것도 마찬가지다. 자칫 속을 수 있음을 전제로 한다. 누구한테 어떤 걸 속을 수 있다는 뜻일까? 천생 문맥으로 확인해야 하는데, 앞에 나온 내용과 연결할 수도 있고 뒤에 나오는 내용과 연결할 수도 있다.

14-15절에서 "오직 각 사람이 시험을 받는 것은 자기 욕심에 끌려 미혹됨이니 욕심이 잉태한즉 죄를 낳고 죄가 장성한즉 사망을 낳느니라"라고 했다. 그 내용과 연결하면 자기 욕심에 끌려 미혹되는 것이 속는 것이다. 한편 이어지는 내용은 "온갖 좋은 은사와 온전한 선물이 다 위로부터 빛들의 아버지께로부터 내려오나니"이다. 여기에 연결하면 온갖 좋은 은사와 온전한 선물이 하나님이 아닌 세상에서 온다고 생각하는 것이 속는 것이다.

결국 이렇게 생각할 수 있다. 어떤 사람이 시험을 받는다고 하자. 시험이 있는 이유는 그 사람을 완성하기 위해서다. 그런데 자기를 완성하는 것에 마음이 없으면 욕심에 끌려 미혹될 수 있다. 온갖 좋은 은사와 온전한 선물이 다 하나님께로부터 내려오기 때문에 시험을 참아야 하는 줄 모르고 온갖 좋은 은사와 온전한 선물이 세상에 있기 때문에 시험에 넘어가야 하는 줄 안다. 아담, 하와도 선악과를 먹는 것이 복인 줄 알았다. 그래서 속지 말라고 하는 것이다.

세상을 재미있게 살려면 두 가지 조건이 필요하다고 한다. 첫 번째 조건은 누구나 짐작할 수 있다. 돈이 많아야 하는 것이다. 우리가 사는 세상에서는 모든 것을 돈으로 따진다. 소득에 따라서 생활 수준이 달라진다. 오죽하면 돈 많은 사람을 잘사는 사람이라고 한다. 첫 번째 조건은 그렇다 치고, 두 번째 조건은 무엇일까? 두 번째 조건은 예수를 믿지 않는 것이라고 한다. 아무리 돈이 많아도 예수를 믿으면 세상을 재미있게 살 수 없는 모양이다. 사람들이 주로 하나님 보시기에 옳지 않은 일에 재미를 느낀다는 뜻이다.

그때의 재미가 과연 추구할 가치가 있는 재미일까? 추구할 가치가 있다면 기를 쓰고 추구해야 한다. 하지만 추구할 가치가 없다면 신경 쓸 이유가 없다. 그런 재미를 누리는 것이 복이 아니라 그런 재미를 모르고 지내는 것이 복이다.

존 뉴턴은 한때 노예선 선장이었는데 회심한 다음에 성공회 신부가 되었다. 그가 작사한 〈Amazing Grace〉는 아마 세계에서 가장 유명한 찬송가일 것이다. 우리가 부르는 찬송가에는 〈나 같은 죄인 살리신〉으로 번역되어 있다. 그가 작사한 다른 찬송가도 있다.

우리의 쾌락과 의무가 전에는 정반대였으나
아름다운 주를 본 뒤로 서로 하나가 되었도다.

쾌락과 의무가 정반대인 사람이 시험을 이길 수 있을까? 하나님이 자기 좋아하는 일은 못하게 하고 자기가 싫어하는 일만 하게 한다고 생각하면 시험을 이기기는 애당초 그른 노릇이다. 그런 생각이 있으면 신앙은 늘 최소한의 책임에 그치게 된다. 하나님을 잘 섬길수록 손해 본다는 생각이 있는데 무슨 수로 하나님을 잘 섬길까? "아름다운 주를 본 뒤로 서로 하나가 되었도다"라는 가사에 진심으로 '아멘'이 되기 전에는 어림도 없다.

간혹 "이렇게 해도 괜찮죠?"라는 질문을 받는 수가 있다. 대체 무엇을 묻는 것일까? "이렇게 해도 하나님께서 기뻐하시죠?"라는 뜻일까, 아니면 "이렇게 해도 지옥 안 가죠?"라는 뜻일까? "이렇게 해도 하나님께서 기뻐하시죠?"라는 뜻은 아니다. 하나님을 기쁘시게 해드릴 마음이 있으면 원칙대로 하면 된다. 그런 질문을 할 이유가 없다. "이렇게 해도 지옥 안 가죠?"라는 뜻이어도 마찬가지다. 어차피 지옥은 아무나 가는 곳이 아니기 때문이다. 그런데 왜 그런 것을 묻는가 하면, 적극적인 신앙 열심이 없기 때문이다. 신앙 원칙을 지키려고 묻는 질문이 아니라 신앙 원칙을 지키지 않으려고 묻는 질문이다. 예수를 제대로 믿어서 하나님께 칭찬받을 마음은 없고, 어떤 일까지는 해도 벌받지 않는지가 궁금한 것이다.

기독교는 본래 내세적이다. 지금 세상이 아니라 다음 세상에 초점이 있다. 지금 세상에서 가치 있는 일이 가치 있는 일이 아니라 다음 세상을 기준으로 가치 있는 일이 가치 있는 일이다.

당연한 얘기인데 자칫 오해의 소지가 있을 수 있다. 천국이 너무나도 귀하기 때문에 이 세상 삶은 아무래도 상관없다는 식으로 받아들일 수 있기 때문이다. 물론 그런 경우도 있을 수 있다. 신앙 때문에 박해를 받는 경우가 그렇다.

어떤 사람이 옥에 갇혔다고 하자. 예수를 부인하면 풀어준다고 한다. 그런 경우에 감옥 생활이 아무리 고달파도 예수를 부인할 수는 없다. 설령 죽는다고 해도 별수 없는 노릇이다. 변사또가 옥에 가두면 춘향이는 옥에서 지내야 한다. 옥에서 지내는 게 아무리 힘들어도 변사또 수청을 들 수는 없다.

그런 극단적인 경우가 아니라면 신앙을 위해서 손해를 감수하는 듯한 애기는 하면 안 된다. 하나님을 위해서 기꺼이 힘든 일도 참고 견디는 것이 신앙적으로 보일 수는 있다. 하지만 하나님이 서운해 하시지 않을까? "나를 믿는 것이 그렇게 힘드냐? 얼굴 좀 펴고 믿으면 안 되겠느냐?"라고 하시면 뭐라고 해야 할까?

하다못해 데이트도 그런 식으로 하지 않는다. 같이 있는 시간 내내 억지로 끌려 나온 듯한 표정을 하고 있으면 누가 데이트를 하겠는가? 기독교는 고행의 종교가 아니다. 신앙생활을 왜 억지로 하는가? 얼마든지 기쁘고 즐거운 마음으로 할 수 있다. 아니, 그렇게 하는 것이 정상이다.

우리의 쾌락과 의무가 전에는 정반대였지만 주님을 만난 다음부터는 둘이 하나가 되었다. 하나님을 기쁘시게 해드리는 것이 우리한테도 기쁨이고 하나님께 좋은 일이 우리한테도 좋은 일이다. 그런데 쾌락과 의무가 반대인 상태에 있으면 속을 수 있다. 온갖 좋은 은사와 온전한 선물이 하나님이 아닌 세상에서 온다고 생각하면 대책이 없다.

그래서 "온갖 좋은 은사와 온전한 선물이 다 위로부터 빛들의 아버지께로부터 내려오나니"라고 한다. 온갖 좋은 은사와 온전한 선물이 세상으로부터 올 수도 있고 하나님께로부터 올 수도 있는 것이 아니다. 다 위로부터 빛들의 아버지께로부터 내려온다. 우리가 탐낼 만한 좋은 은사나 온전한 선물이 세상에서 오는 법은 없다.

요일 1:5a에 "우리가 그에게서 듣고 너희에게 전하는 소식은 이것이니 곧 하나님은 빛이시라"라고 되어 있다. 하나님은 빛이시다. 그런데 본문에서는 빛들의 아버지라고 한다.

하나님을 빛들의 아버지라고 하면 빛마저도 하나님의 피조물인 것이 강조된다. 억지로 말을 만들면 하나님은 빛보다도 더 빛인 분이다. 어두움은 하나님 근처에도 오지 못한다. 하나님께는 의롭지 못하거나 거룩하지 못한 것이 털끝만큼도 있을 수 없다. 하나님이 사람을 시험할 수도 있다는 발상 자체가 말이 안 된다. 하나님은 경우에 따라서 사람을 시험할 수도 있는 분이 아니라 온갖 좋은 은사와 온전한 선물을 주시는 분이다.

앞에서 하나님은 후히 주시고 꾸짖지 아니하시는 분이라고 했다. '후히'로 번역된 '하플로스'는 본래 '단순한', '단일한'이라는 뜻이다. 다른 마음이 섞이지 않은 것이 하플로스한 것이다. 하나님께서 온갖 좋은 은사와 온전한 선물을 주실 때는 거기에 다른 마음이 섞이지 않는다. 오로지 주시는 것에 집중하신다.

영화 〈로미오와 줄리엣〉에 로미오가 사랑을 맹세하는 장면이 나온다. 로미오가 달을 가리키며 사랑을 맹세하려 하자, 줄리엣이 하지 말라고 한다. 늘 변하는 달에 맹세하는 사랑은 믿을 수 없다는 것이다. 하도 오래전에 본 영화라서 그때 로미오가 달 대신 무엇에 맹세했는지는 기억나지 않는다. 하여간 달이 늘 변하는 것은 맞다. 지금은 보름달이라도 며칠 지나면 반달이 되고, 다시 며칠 지나면 초승달이 된다.

세상에 있는 빛이 다 그렇다. 아침에 떠오르는 해와 중천에 떠 있는 해는 크기부터 다르다. 아침 햇볕과 정오의 햇볕, 저녁의 햇볕도 다르다. 심지어 밤이 되면 해가 아예 사라져버리기도 한다.

이 세상 빛에 의해서 결정적으로 변하는 것 중의 하나가 그림자다. 그림자는 하루 종일 변한다. 그 궤적을 그려 보면 회전한다는 사실을 알 수 있다. 변하지 않는 피조물은 없다. 사람도 마찬가지다. 조변석개라는 말이 왜 있겠는가? 사람 마음은 아침저녁으로 다르다. 저녁에 만난 사람이 아침에 만난 사람과 여전히 같은 사람이라는 보장이 없다.

하나님이 그런 분이면 어떻게 될까? 설령 하나님이 온갖 좋은 은사와 온전한 선물을 주신다고 해도 믿을 수가 없게 된다. 오늘은 그렇게 하셨다가 내일은 악한 것을 주실 수 있기 때문이다. 다행히 하나님은 그런 분이 아니다. 변함도 없으시고 회전하는 그림자도 없으시다.

이런 말을 들으면 으레 떠오르는 생각이 있다. 하나님이 그렇게 좋은 걸 주시는 분이라면 다른 것은 둘째 치고 얼른 자기 기도나 들어줬으면 좋겠다는 얘기를 할 만하다. 하나님께서 주신다는 온갖 좋은 은사와 온전한 선물의 목록을 자기가 정하고 싶은 것이다. 하나님 마음은 우리를 향해서 하플로스한데 우리 마음은 하나님을 향해서 하플로스하지 못하다는 증거다. 핑계만 있으면 세상을 기웃거린다.

1:18) 그가 그 피조물 중에 우리로 한 첫 열매가 되게 하시려고 자기의 뜻을 따라 진리의 말씀으로 우리를 낳으셨느니라

하나님께서 우리를 낳으셨다는 말이 왜 있을까? 하나님께서 그리스도를 통해서 우리를 구원하셨다는 표현이 더 일반적이다. 그런데 진리의 말씀으로 우리를 낳았다고 한다. "욕심이 잉태한즉 죄를 낳고 죄가 장성한즉 사망을 낳느니라"라는 말씀을 염두에 둔 표현이다.

사람은 자기 욕심에 끌려 죄와 사망을 낳는다. 반면 하나님은 진리의 말씀으로 우리를 낳으셨다. 사람이 낳는 것과 하나님이 낳은 것이 대조를 이루는데 뭔가 어색하다. 사람이 자기 욕심에 끌려 죄와 사망을 낳는다고 했으면 하나님은 하나님의 뜻에 따라 의와 생명을 낳는다고 해야 균형이 맞지 않을까? 그런데 우리를 낳았다고 했다. 결국 우리 존재 자체가 의와 생명이어야 균형이 맞게 된다. 우리가 그만큼 고급한 인생을 살아야 하는 사람들이다.

내가 지금까지 호텔 출입을 몇 번이나 했는지는 모른다. 마침 지난 주간에도 호텔에 갈 일이 있었는데 주차장 진입로를 못 찾아서 조금 헤맸다. 나는 길치라는 말로 모자랄 만큼 엄청난 길치이기 때문에 새삼스러운 일이 아니다. 하지만 지금까지 호텔 출입구를 못 찾아서 헤맨 적은 없다. 호텔 출입구는 언제나 한눈에 들어온다. 그런데 그렇지 않을 수도 있는 모양이다. 인도에서는 아무 데서나 술을 팔지 않는다. 외국인 여행자가 많은 호텔에서는 술을 팔지만 조건이 있다. 주변 200m에 사원이나 학교가 없어야 판매 허가가 나온다. 그래서 출입구를 엉뚱한 곳에 만들기도 한다. 규정 거리를 출입구부터 따지기 때문이다.

고지식하게 정면에 출입구를 만들어서 술을 팔지 못하는 사람은 미련한 사람이다. 조금 구석진 곳에 만들면 법도 지키고 술도 팔 수 있다. 사람은 이처럼 자기 욕심에 휘둘리기 쉽다. 자기가 원하는 일을 이루는 것이 무엇을 뜻하는지 생각할 줄 모른다.

하나님은 그렇지 않다. 하나님은 자신의 뜻을 따라 진리의 말씀으로 우리를 낳으셨다. 사람이 욕심을 부린 결과와 하나님이 뜻을 세운 결과가 선명하게 대조된다.

하나님이 우리를 향해서 세우신 뜻이 있다. 우리로 하여금 피조물 중의 첫 열매가 되게 하는 것이다. 아브라함을 복의 근원으로 삼겠다고 하신 것과 흡사하다. 복의 근원이 된다는 말은 남보다 많은 복을 누린다는 뜻이 아니다. 복이 거기에서부터 다른 곳으로 흘러간다는 뜻이다. 우리가 피조물 중의 첫 열매가 되려면 두 번째, 세 번째 열매가 있어야 한다. 우리가 구원 얻은 것이 하나님의 구원 계획의 시발인 셈이다.

〈야고보서〉 수신자 중에 이런 것에 관심 있는 사람이 있을까? 힘든 일이나 없었으면 좋겠다는 생각에 골똘한 사람이 대부분 아닐까? 요즘 말로 하면 돈 걱정이나 안 하고 살았으면 원이 없겠다고 생각하며 살고 있을 것이다. 그런 사람들한테 "알았다. 힘든 일이 무엇이냐? 내가 해결해주마."라고 하지 않고 전혀 다른 말씀을 하신다. 하나님이 우리를 피조물 중의 첫 열매가 되게 하시려고 하나님의 뜻을 따라 진리의 말씀으로 우리를 낳으셨다는 것이다.

우리가 하나님께 기대하는 것이 어떤 것일까? 그것이 무엇이든지 별로 중요하지 않다. 하나님께서 우리한테 기대하시는 것이 중요하다. 하나님께서 우리를 향하여 갖고 계신 뜻이 있다. 기독교는 세상에서 자기 계획을 이루는 종교가 아니다. 하나님의 뜻을 이루는 종교다. 하나님이 우리 인생을 그렇게 빚어 만드신다.

1:19-20〉 내 사랑하는 형제들아 너희가 알지니 사람마다 듣기는 속히 하고 말하기는 더디 하며 성내기도 더디 하라 사람이 성내는 것이 하나님의 의를 이루지 못함이라

신자가 어떤 사람일까? 이런 질문에는 다양한 답이 나올 수 있다. 하나님의 아들이 십자가에 달려 우리 대신 죗값을 치르셨다는 사실을 믿어서 구원 얻은 사람이라고 할 수도 있고, 예수님과 함께 죽고 예수님과 함께 사는 사람이라고 할 수도 있다. 죄의 종이었다가 하나님의 자녀가 된 사람이라고 할 수도 있다. 불신자들한테 물으면 일주일에 한 번 교회 가는 사람이라고 대답할 것도 같다. 야고보한테 물으면 뭐라고 할까? 18b절에서 하나님이 자기의 뜻을 따라 진리의 말씀으로 우리를 낳으셨다고 했다. 신자는 진리의 말씀으로 태어난 사람이다.

그런 사람은 무엇을 해야 할까? 신자가 신앙에 근거해서 가장 먼저 신경써야 할 일이 어떤 일일까? 이 질문에도 여러 가지 답이 나올 수 있다. 예배에 신경 써야 한다고 할 수도 있고, 하나님 뜻에 합당하게 살아야 한다고 할수도 있고, 작은 예수가 되어서 세상을 살아야 한다고 할 수도 있다.

우리말에는 어순이 중요하다. "나는 밥을 먹는다"처럼 주어 다음에 목적어가 오고 그다음에 동사가 온다. 이 순서를 어기면 문장이 만들어지지 않는다. 헬라어는 다르다. 강조하고 싶은 말을 가장 앞에 쓴다.

19절이 원문에는 "여러분은 알아야 합니다"로 시작한다. 알아야 한다는 사실을 강조하는 문장이다. 무엇을 알아야 하느냐 하면, 사람마다 듣기는 속히 하고 말하기는 더디 하며 성내기도 더디 해야 한다는 사실을 알아야 한다. 왜 알아야 할까? 하나님께서 자기의 뜻을 따라 진리의 말씀으로 우리를 낳으셨기 때문이다.

야고보에 따르면 신자는 진리의 말씀으로 태어난 사람이다. 그런 사람이 가장 먼저 해야 할 일은 듣기는 속히 하고 말하기는 더디 하며 성내기도 더디 하는 일이다.

삼사일언(三思一言)이라는 말이 있다. 이처럼 말의 중요성을 강조하는 경구는 참 많다. "새장에서 도망친 새는 잡을 수 있어도 입에서 나간 말은 잡을 수 없다", "말 많은 집은 장맛도 쓰다", "'아' 다르고 '어' 다르다", "말 한마디로 천 냥 빚 갚는다", "말이 씨가 된다", "오늘 생각하고 내일 말하라" 등 수두룩하다. 셰익스피어는 어리석은 자는 자기 마음을 혓바닥 위에 두고 현명한 자는 자기의 혀를 마음속에 둔다고 했고, 몽테스키외는 인간은 생각하는 것이 적을수록 말이 많아진다고 했다.

다 수긍이 되는 얘기다. 말이 중요한 것을 누가 모를까? 그래도 뭔가 이상하다. 말을 가려서 하는 것이 아무리 중요해도 그것이 과연 신앙인한테 가장 중요한 덕목이 될까?

로마서에 빗대서 생각해보자. 로마서는 크게 두 부분으로 나눌 수 있다.

1-11장과 12-16장이다. 1-11장에서는 우리가 얻은 구원이 어떤 구원인지 설명하고, 12-16장에서는 그런 구원을 얻었으니까 앞으로 어떻게 살아야 하는지 설명한다. 12장을 시작하는 말이 "그러므로 형제들아 내가 하나님의 모든 자비하심으로 너희를 권하노니 너희 몸을 하나님이 기뻐하시는 거룩한 산 제물로 드리라 이는 너희가 드릴 영적 예배니라"이다. 이어지는 롬 12:2는 "너희는 이 세대를 본받지 말고 오직 마음을 새롭게 함으로 변화를 받아 하나님의 선하시고 기뻐하시고 온전하신 뜻이 무엇인지 분별하도록 하라"이다.

"하나님께서 너희를 여차여차하게 구원하셨다. 너희가 그런 구원을 얻었다. 그러므로 너희 몸을 하나님이 기뻐하시는 거룩한 산 제물로 드려야 한다. 그렇게 하려면 어떻게 해야 하는가 하면, 우선 이 세상을 본받으면 안 된다. 오히려 하나님의 뜻이 무엇인지 분별해야 한다."라는 내용이다.

구원 얻은 사람으로 사는 삶이 어떤 삶인지를 거룩한 산 제물로 얘기했고, 거룩한 산 제물이 되기 위해서는 이 세상과 달라야 함을 말했다. 우리는 이 세상 사람들처럼 살면 안 된다. 하나님 뜻대로 살아야 한다. 이런 말을 들으면 누구나 수긍할 것이다. 구원 얻은 사람이라면 당연히 그렇게 살아야 한다.

이런 내용을 본문에 대입해볼까? 듣기는 속히 하고 말하기는 더디 하며 성내기도 더디 하라는 얘기가 로마서에서 말하는 "너희 몸을 하나님이 기뻐하시는 거룩한 산 제물로 드려라", "이 세대를 본받지 말고 오직 하나님의 뜻이 무엇인지 분별하도록 하라"에 해당하는 셈이다. 야고보가 왜 이렇게 말에 치중하는가 하면, 하나님께서 진리의 말씀으로 우리를 낳으셨기 때문이다. 우리를 우리 되게 한 것이 말씀이다. 말이 중요할 수밖에 없다.

사람한테 입은 하나인데 귀가 두 개인 이유는 듣는 것의 절반만 말하라는 뜻이라고 한다. 듣기는 속히 하고 말하기는 더디 하라는 얘기는 그런 식의 얘기가 아니다. 학생 시절에 어머니께서 가장 많이 하신 말씀이 "넌 어머니 말도 안 듣기냐?"였다. 말을 듣는 것은 청력에 대한 얘기가 아니라 순종에 대한 얘기다. 하나님이 아브라함한테 "네 아들 네 사랑하는 독자 이삭을 데리고 모리아 땅으로 가서 내가 네게 일러준 한 산 거기서 그를 번제로 드리라"라고 말씀하셨다. 아브라함이 어떻게 반응했을까? 성경에 보면, 아브라함이 아침에 일찍이 일어나 나귀에 안장을 지우고 두 종과 그의 아들 이삭을 데리고 번제에 쓸 나무를 쪼개어 가지고 떠나 하나님이 자기에게 일러주신 곳으로 갔다고 되어 있다. 이삭을 바치라는 말씀을 듣고 고민했으면 아침 일찍 떠났을 리가 없다. 듣기를 속히 한다는 얘기가 그런 얘기다. 지체 없이 순종해야 한다.

19절은 "내 사랑하는 형제들아 너희가 알지니 사람마다 듣기는 속히 하고 말하기는 더디 하며 성내기도 더디 하라"가 전부다. 하나님 말씀을 듣는 것인지, 사람의 말을 듣는 것인지에 대한 구별이 없다. 말씀하시는 분이 하나님이면 즉각 순종하는 것이 당연하다. 꾸물대면 안 된다. 하지만 사람이 하는 얘기면 어떻게 해야 할까? 사람이 하는 얘기를 속히 들었다가 같이 망할 수도 있다. 어디에 땅을 사면 한몫 본다는 말을 들었다가 재산 날린 사람이 한둘이 아니다. 무엇보다 〈야고보서〉는 신약이다. 구약시대에는 하나님께서 직접 말씀하셨지만 신약시대에는 다르다. 그러니 "사람마다 듣기는 속히 하고"라고 할 것이 아니라 "사람마다 하나님께 속한 말씀은 속히 듣고"라고 해야 하는 것 아닐까? 그런데 그런 구별이 없다.

구별이 없다는 사실에 답이 있다. 굳이 말하지 않아도 〈야고보서〉 수신자들이 그 정도는 분별한다는 뜻이다. 〈야고보서〉 수신자들만 그럴까? 어떤 말을 들었을 때 그 말이 성경적인지, 세속적인지 우리 역시 분별할 수 있다. 하나님 말씀인 것을 몰라서 순종하지 않는 것이 아니라 순종하기 싫어서 모른다고 우기곤 한다. 혹시 도저히 모르겠다면 한 가지 요령이 있다. "어? 그 말대로 하면 손해인데…"라는 생각이 들면 성경적인 말이 맞다. 성경은 우리한테 세상에서 이익 보는 법을 가르치는 책이 아니다. 우리를 하나님의 사람으로 완성시키는 책이다. 성경이 하는 말은 언제나 십자가를 지라는 말이고 자기를 부인하라는 말이다. 그렇게 하면 자기만 손해 보는 것 같은 생각이 드는 게 맞다. 그런 말 듣기를 속히 하라는 것이다. 신자가 되면 가장 먼저 해야 하는 일이 그런 일이다.

또 말하기는 더디 하라고 했다. 헬라어 '브라두스'를 번역한 말인데, 마치 말을 더듬는 사람이나 이해력이 부족한 사람이 말하는 게 힘들어서 쩔쩔매는 것처럼 말하라는 뜻이다. 누군가 전하는 하나님 말씀을 듣는다면 거기에 순종하는 것보다 더 급한 다른 일이 있을 수 없다. 하지만 늘 말을 듣기만 하는 것이 아니다. 자기가 말을 할 수도 있다. 그때는 최대한 느린 어조로 조심스럽게 해야 한다.

예전에 〈광해, 왕이 된 남자〉라는 영화가 있었다. 왕을 알현하기 전에 교육을 받는 장면이 나온다. 왕한테는 먼저 말을 하는 것이 아니라고 한다. 왕이 묻는 말에 '예'나 '아니요'로 짧게 답하면 그만이다. 혹시 다른 말을 덧붙여야 할 때는 "아뢰옵기 황송하오나…"로 시작하라고 한다. 왕이 물으면 대답을 해야 하는데, 그렇다고 해도 감히 왕 앞에서 입을 여는 것은 송구스러운 일이다. 하물며 우리가 하나님께 무슨 말을 하겠는가? 하나님이 어떤 분인지 알면 말할 때마다 더디 할 수밖에 없다.

사람들한테 하는 말은 다를까? 대부분의 사람들이 하는 착각이 있다. 자기는 상대방을 잘 안다고 생각하면서 상대방은 자기를 잘 모른다고 생각하는 것이다. 최인철 교수가 쓴 〈프레임〉에 이에 대한 연구가 나온다. 처음 만나는 사람과 열 번 만날 기회가 주어졌을 때 몇 번 정도 만나면 그 사람을 파악할 수 있다고 생각하는지 묻는다. 또 그 상대방이 자신을 이해하기 위해서 자신을 몇 번 정도 만나야 한다고 생각하는지도 묻는다. 두 사람 모두 초면이라서 서로에 대한 사전 지식이 전혀 없는 상태다. 어떤 답이 나왔을까? 상대방이 자기를 이해하는 데 필요한 시간보다 자기가 상대방을 이해하는 데 필요한 시간이 적게 걸린다는 답이 나왔다. 나는 한눈에 척 보면 너를 알지만 너는 척 봐서는 나를 모른다고 생각하는 근거가 무엇일까? 상대방은 짧은 시간에 파악할 수 있는 단순한 존재라고 생각하면서 자기는 쉽게 파악될 수 없는 복잡한 존재라고 생각한다.

그런 생각이 어느 한 사람한테만 있는 게 아니다. 모두가 그렇게 생각한다. 그런 사람들끼리 모였으니 남의 말을 듣는 것에는 게으르면서 자기 말을 하는 것에는 빠를 수 있다. 상대방 말을 자기 식으로 알아듣기도 하고 상대방 말이 끝나기도 전에 자기 말을 하기도 한다. 들어야 할 말이 자기한테 있는 것이 아니라 상대방한테 있다고 생각한다. 그러면 얘기 중에 성을 낼 수도 있다.

그런데 19절에서는 성내기도 더디 하라고 한다. 성을 내되, 천천히 내라는 얘기가 아니다. 성을 내지 말라는 뜻이다. 〈메시지 성경〉에는 "귀를 앞세우고 혀가 뒤따르게 하고 분노는 한참 뒤처지게 하라"라고 번역되어 있다.

아무 일도 없는데 혼자 성을 내는 사람은 없다. 성을 내는 데에는 그만한 이유가 있게 마련이다. 그런데 그 이유가 얼마나 합당한지는 묻지 않고 어쨌든 성을 내지 말라고 한다. 이유에는 관심이 없고 성을 낸다는 사실에만 관심이 있다. 사람이 성내는 것이 하나님의 의를 이루지 못하기 때문이다. 아무한테나 할 수 있는 말이 아니다. 하나님의 의를 이루는 것에 관심이 있는 사람한테만 할 수 있는 말이다. 하나님의 의를 이루는 것에 관심이 없는 사람한테는 이런 말을 해봐야 씨알도 안 먹힌다.

직장 생활을 하면서 사표를 내고 싶은 충동을 느껴보지 않은 사람이 있을까? 성질대로 하면 일주일에 서너 번은 사표를 집어던졌을 것이다. 하지만 늘 상상에 그친다. 사표를 내는 순간에는 통쾌할 수 있어도 그다음 대책이 없기 때문이다. 간과 쓸개를 빼주고라도 월급을 받아야 은행 대출금도 갚고 자녀 교육도 시킨다. 목구멍이 포도청이니 별다른 방도가 없다.

사람이 성을 내는 것이 하나님의 의를 이루지 못한다는 말도 함부로 사표를 내면 안 된다는 말처럼 설득력이 있을까? 자기 앞날에 대한 걱정이 있으면 함부로 사표를 내지 못 한다. 아무리 눈꼴이 시고 자존심이 상해도 어쩔 도리가 없다. 세상을 살려면 그 정도 분별은 있어야 한다. 마찬가지다. 하나님의 의를 이루는 것이 자기 책임인 것을 알면 함부로 성을 내지 말아야 한다. 얼마나 울화통이 터지는지는 전혀 문제가 안 된다. 정말로 하나님의 의를 이루고 싶은지만 생각하면 된다.

구약성경에서 가장 자주 언급하는 것이 우상 숭배에 대한 얘기다. 아닌 게 아니라 이스라엘은 계속되는 경고에도 우상을 섬기다가 결국 망하고 만다. 신약성경에는 우상 얘기가 나오지 않는다. 그 대신 돈이 나온다. 구약성경에 나오는 바알이 신약성경에는 돈으로 나오는 셈이다. 하나님의 의를 이루는 데 가장 방해가 되는 것이 구약시대에는 바알 우상이었다면 지금은 돈에 대한 욕심이다. 그런데 본문에서는 돈을 얘기하지 않고 성내는 것을 얘기한다. "황금 보기를 돌 같이 하라. 자고로 돈에 대한 욕심이 있으면 예수를 제대로 믿지 못하느니라."라고 하지 않고 "사람이 성내는 것이 하나님의 의를 이루지 못함이라"라고 한다.

우리 신앙을 방해하는 것은 비단 돈 욕심만이 아니다. 상당히 다양하다. 그런데도 유독 성내는 것을 경계하는 이유는 듣기는 속히 하고 말하기는 더디 하라는 얘기에 이어지는 내용이기 때문이다.

사람은 항상 자기를 기준으로 생각한다. 말하기는 속히 하고 듣기는 더디 하기 십상이다. 심지어 성을 낼 수도 있다. 만일 그렇다면 그 사람은 신앙에 관심이 없는 사람이다. 자기가 하나님의 의를 이루어야 하는 줄은 모르고 고작해야 자기감정에 휘둘리는 사람이다.

그러면 어떻게 하면 될까? 주변 모든 일이 다 자기 뜻대로 되어서 성낼 일이 없어져야 하는 것이 아니다. 신앙은 언제나 환경의 문제가 아니라 자기의 문제다. 예수님은 우리 환경을 새롭게 해주기 위해서 오신 분이 아니라 우리를 새롭게 하기 위해서 오신 분이다.

1:21) 그러므로 모든 더러운 것과 넘치는 악을 내버리고 너희 영혼을 능히 구원할바 마음에 심어진 말씀을 온유함으로 받으라

앞 내용과 연결하면 "사람이 성내는 것이 하나님의 의를 이루지 못하기 때문에 모든 더러운 것과 넘치는 악을 내버리고…"가 된다.

사람이 성을 내는 이유는 주변에 성이 나게 하는 사람이 있기 때문이 아니다. 자기 안에 더러운 것과 악이 있기 때문이다. 성을 내지 않으려면 주변 환경이 우호적으로 바뀌어야 하는 것이 아니라 자기 안에 있는 모든 더러운 것과 넘치는 악이 해결되어야 한다.

'더러운 것'으로 번역된 '뤼파리아'는 귀지를 뜻하는 '뤼포스'에서 파생된 말이다. 귀지가 있으면 파내야 한다. 귀지가 있다고 해서 말을 못 듣는 것은 아니다. 하지만 교훈할 수는 있다. "이렇게 귀지가 가득한데 말이 제대로 들리겠느냐?"라는 말이 얼마든지 가능하다. 귀지가 쌓여서 청각 장애인이 된다는 말은 과장이지만 더러운 것 때문에 하나님에 대한 청각 장애인이 되는 것은 실제 상황이다. 하나님의 의와 도무지 관계가 없게 된다. 그러니 모든 더러운 것과 넘치는 악을 내버려야 한다. 또 '내버리다'로 번역된 '아포티네미'는 옷을 벗는다고 할 때 쓰이는 말이다. 옷은 몸이 아니다. 그처럼 본래 자기가 아닌 것을 벗어버려야 한다.

아무리 더러운 옷이라도 그냥 벗을 수는 없다. 갈아입을 옷이 있어야 한다. 무엇보다 옷을 벗어버리라는 얘기는 현재 옷을 입고 있다는 사실과 더불어 새로 입을 옷이 있다는 사실을 전제로 한다. 바울은 이런 내용을 "누구든지 그리스도와 합하기 위하여 세례를 받은 자는 그리스도로 옷 입었느니라"라고 했다. 야고보는 "너희 영혼을 능히 구원할바 마음에 심어진 말씀을 온유함으로 받으라"라고 한다. 바울은 그리스도를 새 옷으로 얘기했다. 야고보가 말하는 새 옷은 마음에 심어진 말씀인 셈이다. 그것을 온유함으로 받는 것이 바울 식으로 얘기하면 그리스도로 옷 입는 것이다.

한때 구원 초청과 영접 기도가 유행했던 시절이 있다. 미국 기독교의 영향이다. 미국은 자기 결단을 중요하게 여긴다. 예배를 마칠 즈음에 "예수를 믿기로 작정한 사람은 앞으로 나오세요"라고 하고는, 영접 기도를 따라 하게 했다. 그렇게 하는 것도 새 신자를 만드는 방법일 수 있다. 하지만 구원을 설명하기에는 상당히 미흡하다. 무엇보다 구원의 신적 기원이 가려진다. 구원은 하나님께서 하시는 일이다. 구원을 얻느냐, 못 얻느냐에 따라서 천국과 지옥이 갈린다. 그런 엄청난 일이 예배 시간에 손 들고 일어서느냐, 일어서지 않느냐로 결정된다면 너무 가혹하다. 주식 투자를 하는 사람은 자기가 선택한 종목에 따라 대박이 나기도 하고 쪽박을 차기도 하지만 예배 시간에 손 들고 일어서면 천국행 티켓이 확보되는데 괜히 민망해서 일어나지 않는 바람에 지옥에 가는 수는 없다.

야고보에 따르면 어떤 사람이 예수님을 영접한 것은 하나님께서 진리의 말씀으로 그 사람을 낳으셔서 그렇다. 진리의 말씀이 곧 그 사람의 정체성이다. 그의 마음에 진리의 말씀이 심어져 있다. 그는 이 세상 사람과 다른 새로운 사람이다. 그가 할 일은 진리의 말씀을 온유함으로 받는 일이다.

온유함으로 번역된 '프라우테스'는 야생마를 훈련할 때 쓰던 용어다. 야생마를 사람이 탈 수는 없다. 길을 들여야 한다. 펄펄 뛰는 야생마를 길들여서 얌전하게 만들면 "저 말은 프라우테스해졌다"라고 했다.

우리 본래 성정은 천방지축이었다. 세상 욕망으로 가득했고 도무지 통제될 줄 몰랐다. 누가 감히 우리를 길들일까? 하지만 언제까지 그럴 수는 없다. 하나님께서 진리의 말씀으로 우리를 낳으신 줄 알면 달라져야 한다. 우리 안에서 진리의 말씀이 자라야 한다. 그 진리의 말씀이 자라는 것이 곧 우리가 자라는 것이다. 우리 안에는 하나님의 말씀이 있다.

1:22) 너희는 말씀을 행하는 자가 되고 듣기만 하여 자신을 속이는 자가 되지 말라

예수를 영접한 사람은 하나님의 뜻을 따라 진리의 말씀으로 태어난 사람이다. 그런 사람은 듣기는 속히 하고 말하기는 더디 해야 한다. 모든 더러운 것과 넘치는 악을 내버리고 마음에 심어진 말씀을 온유함으로 받아야 한다.

말씀을 온유함으로 받는 것이 어떤 것일까? 본문에서 그 답을 얘기한다. 말씀을 행하는 자가 되고 듣기만 하여 자신을 속이는 자가 되지 말아야 한다. 말씀을 행하는 것이 곧 말씀을 온유함으로 받는 것이다. 말씀을 행하지 않으면 말씀을 온유함으로 받지 않은 것이 된다. 컴퓨터 게임을 하는 아이한테 공부하라고 했을 때, 알았다고 대답은 하면서 계속 게임을 하고 있으면 알아들은 것이 아닌 것과 같다.

〈야고보서〉 수신자 중에도 그런 사람이 있었던 모양이다. 그런 사람한테 나타나는 폐단이 있다. 자신을 속이는 것이다. 자기 신앙의 실상이 아닌 허상을 본다. 어떤 사실을 알면 그것이 자기 수준인 양 착각한다. 공부하라는 얘기에 알았다고 하면서 계속 게임을 하는 아이는 자기가 말을 알아들었다고 생각한다. 자기는 다 알아들었는데 엄마가 잠깐도 못 기다리고 성화를 부린다는 것이다.

기독교에 대해서 전혀 모르는 사람이 있다고 하자. 그 사람이 주일 아침에 예배드리는 사람들을 본다. 그리고 다시 주일 오후의 사람들을 보면 두 개의 상반된 종교를 믿는 사람들로 생각할 것이라는 글을 읽은 적이 있다. 그들이 들은 설교 내용과 살아가는 모습이 도무지 연결이 안 되기 때문이다. 주후 2세기의 랍비 시므온 벤 가말리엘이 "율법을 해석하는 것이 중요한 것이 아니라 그것을 행하는 것이 중요하다"라고 했다. 율법을 명쾌하게 해석하면 그것이 곧 자기 수준이 되는 것이 아니다. 그것을 행해야 자기 수준이 된다.

황희철 씨가 쓴 〈독서 8년〉이라는 책이 있다. 어떤 것이 진짜 독서인지 말한 책이다. 혀를 내두를 정도로 해박한 역사 지식이 있는 연예계 사람 얘기가 나온다. 자기가 몸담고 있는 연예계에 상당히 냉소적인 사람이기도

하다. 그가 말한다.

"이쪽은 워낙 극소수만 성공할 수 있어요. 흔히 말하는 열정이나 노력 따위는 별 의미가 없죠."

"그럼 열정이나 노력 없이 어떻게 성공할 수 있나요?"

"현실적으로 해결하는 거죠. 소속사를 잘 만나거나 업계의 높은 사람한테 돈다발을 안겨주면 금방 떠요."

연예인으로 성공하는 것이 얼마나 어려운지 누구나 안다. 수많은 사람이 도전하지만 정말 극소수만 관문을 통과한다. 그 사람도 많이 힘들어 하고 있었다. 그래서 자기 일에 염증을 느끼기도 했을 것이다. 하지만 그런 식의 발상은 곤란하다.

물론 그렇게 이득을 취하는 사람도 있다. 하지만 오래 가지 못한다. 반짝 성공한 사람은 사람들 뇌리에서 금방 사라진다. 연예인뿐만 아니라 다 마찬가지다. 무엇보다도 역사를 좋아하고 역사를 잘 안다는 사람이 할 말이 아니다. 역사는 꼼수와 요령에 해답이 있다고 절대 가르치지 않는다. 오히려 그렇게 성공하는 것은 부질없다는 사실을 무수한 사례로 역설한다. 한때 빛났지만 불행한 말로를 맞은 사람이 역사 속에 수없이 등장한다.

그 모든 내용을 충분히 알 만한 사람이 그런 말을 하는 것을 어떻게 받아들여야 할까? 역사를 정말로 아는 사람일까? 역사책에 기록된 내용을 아는 것이 문제가 아니다. 그 내용을 자기와 연결할 수 있어야 한다. 아마 그 사람은 자기 스스로 역사를 잘 안다고 생각할 것이다. 말씀을 행하지 않고 듣기만 하면 자신을 속이는 자가 된다고 한 그대로다.

"자신을 속이지 말라"라는 표현은 "내 사랑하는 형제들아 속지 말라"라고 한 16절을 떠올리게 한다. 그때는 자기 욕심에 미혹되면 하나님이 아닌 이 세상에서 풍성하고 온전한 것을 얻을 수 있을 것처럼 생각할 수 있기 때문에 그것을 경계하는 뜻으로 속지 말라고 했다. 본문에서는 속이지 말라고 한다. 자기가 자기한테 속는 것이나 자기가 자기를 속이는 것이나 같은 말이다. 신앙을 지키고 있지도 않으면서 지키고 있다고 혼자 착각하지 말라는 것이다.

1:23-25〉 누구든지 말씀을 듣고 행하지 아니하면 그는 거울로 자기의 생긴 얼굴을 보는 사람과 같아서 제 자신을 보고 가서 그 모습이 어떠했는지를 곧 잊어버리거니와 자유롭게 하는 온전한 율법을 들여다보고 있는 자는 듣고 잊어버리는 자가 아니요 실천하는 자니 이 사람은 그 행하는 일에 복을 받으리라

어떤 사람이 거울을 본다. 자기 얼굴이 보인다. 그런 다음 거울을 내려놓고 다른 데로 가면 자기 얼굴을 잊어버릴까? 이 시대의 거울은 지금과 같은 맑은 거울이 아니다. 구리판을 거울로 썼기 때문에 흐리기는 했을 것이다. 그렇다고 해서 자기 얼굴을 잊어버린다는 얘기는 납득이 되지 않는다.

25절에서 "자유롭게 하는 온전한 율법을 들여다보고 있는 자는 듣고 잊어버리는 자가 아니요 실천하는 자니 이 사람은 그 행하는 일에 복을 받으리라"라고 했다. 말씀을 듣기만 하고 행하지는 않는 사람이 거울로 자기 얼굴을 보는 사람이라면 말씀을 듣고 행하는 사람은 자유롭게 하는 온전한 율법을 들여다보는 사람이다.

그러면 답이 나왔다. 거울을 보면 자기 얼굴이 보인다. 말씀을 듣기만 하고 행하지 않는 사람은 자기가 기준인 사람이다. 반면 말씀을 듣고 행하는 사람은 말씀이 기준이다. 그런 사람을 자유롭게 하는 온전한 율법을 들여다보고 있는 자라고 했다.

율법은 구약 개념이다. 그런데도 율법을 얘기하는 것은 행함을 강조하기 위해서다. 구약시대 이스라엘한테 율법이 하나님의 요구였던 것처럼 신약시대 성도들한테는 말씀이 하나님의 요구다.

자기가 기준이면 말씀은 어떻게 될까? 천생 찬밥 신세가 된다. 자기가 말씀과 일치하지 않는 것을 모르지는 않지만 세상을 살려면 신경 써야 할 일이 한두 가지가 아닌데 어떻게 일일이 신경 쓴단 말인가? 하나님 말씀은 도무지 현실성이 없다고 생각한다. 그러고는 이내 잊어버린다.

말씀이 기준이면 다르다. 말씀을 흘려듣는 법이 없다. 듣고 잊어버리는 것이 아니라 반드시 실천한다. 그런 사람은 행하는 일마다 복을 받는다.

그 옛날 에덴동산에서 있었던 뱀과 하와의 대화를 보자.

"하나님이 참으로 너희에게 동산 모든 나무의 열매를 먹지 말라 하시더냐?"

"동산 나무의 열매를 우리가 먹을 수 있으나 동산 중앙에 있는 나무의 열매는 하나님의 말씀에 너희는 먹지도 말고 만지지도 말라. 너희가 죽을까 하노라 하셨느니라."

"너희가 결코 죽지 아니하리라. 너희가 그것을 먹는 날에는 너희 눈이 밝아져 하나님과 같이 되어 선악을 알 줄 하나님이 아심이니라."

어디가 잘못되었을까? 본래 하나님이 사람의 모든 행위를 판단하신다. 하나님이 이 세상의 주인이다. 그런데 뱀과 대화를 하는 사이에 자리가 바뀌고 있다. 은근슬쩍 사람이 하나님을 판단한다. 심판 대상이어야 할 사람이 심판 주체 행세를 한다.

열매로 나무를 안다는 말이 괜히 있을까? 말씀을 듣고 실천하느냐, 실천하지 않느냐 하는 것은 행위 여부에 대한 얘기가 아니다. 자기가 기준이냐, 하나님이 기준이냐에 대한 얘기다. 자기가 하나님을 심판하느냐 하나님이 자기를 심판하느냐에 대한 얘기이고, 결국 신자냐 불신자냐에 대한 얘기다.

고린도전서 13장을 사랑장이라고 한다. 2절이 "내가 예언하는 능력이 있어 모든 비밀과 모든 지식을 알고 또 산을 옮길 만한 모든 믿음이 있을지라도 사랑이 없으면 내가 아무 것도 아니요"인데, "내가 아무 것도 아니요"를 영어로 하면 I am nothing이다. 사랑이 없으면 신앙이 없는 것이 아니다. 신자가 없는 것이다. 신자 중에는 사랑이 있는 신자도 있고 그렇지 않은 신자도 있는 것이 아니다. 사랑이 없으면 신자도 없다.

본문도 마찬가지다. 우리 생각에는 말씀대로 행하는 열심 있는 신자도 있고 그렇지 않은 보통 신자도 있는 것 같은데 성경은 그렇게 말하지 않는다. 신자는 진리의 말씀으로 태어난 사람이다. 가장 먼저 해야 할 일이 마음에 심어진 말씀을 온유함으로 받는 일이다. 들은바 말씀을 행해야 한다. 행하지 않는 사람은 애초에 하나님의 말씀을 받아들이지 않은 사람이다. 즉 불신자다.

어쩌면 수긍이 안 될 수 있다. "무슨 말을 그렇게 빡빡하게 하느냐? 예수를 믿는 사람은 누구나 신자 아니냐?"라고 할 수도 있다. 물론 맞는 말이다. 예수를 믿는 사람은 누구나 신자다. 그러면 예수를 믿는 것이 어떤 것일까? 예수를 믿는 것이 어떤 것이기에 신자와 불신자라는 영원한 신분이 갈리는 것일까?

플래너리 오코너라는 미국 소설가가 있다. 독실한 가톨릭 신자로 종교적 색채가 짙은 소설을 주로 썼다. 누군가 오코너한테 그가 쓴 소설을 몇 마디로 요약해달라고 하자, 오코너가 톡 쏘아붙였다. "그걸 몇 마디로 얘기할 수 있으면 뭣 때문에 소설을 썼겠어?"

믿음이 무엇인지 한두 마디로 설명하는 것이 가능할까? 그렇다면 성경이 이렇게 두꺼울 이유가 없다. 하지만 어떤 것이 믿음이 아닌지는 말할 수 있다. 믿음은 일단 마음 상태에 대한 얘기가 아니다. 예수를 믿으면 구원 얻는다고 해서 예수에 대한 마음 상태에 따라 구원 얻는 것이 아니다. 기독교에 우호적인 감정이 있으면 구원 얻는 것도 아니고 예수님의 십자가 사역을 부인하지 않으면 구원 얻는 것도 아니다. 교회에 다녔던 기억이 있으면 구원을 얻는 것도 물론 아니다. 믿음이 그렇게 하찮은 것일 수 없다.

어떤 사람이 예수를 믿는 믿음으로 구원을 얻었다고 하자. 그러면 더 이상 믿음이 필요 없을까? 믿음이 구원을 얻는 방법이면 그럴 수 있다. 뗏목은 강을 건널 때만 필요한 것과 같다. 강을 건넌 다음에는 거추장스럽기만 하다. 하지만 믿음은 우리와 예수님을 연결하는 통로다. 구원 얻을 때만 잠깐 예수님과 연결되면 되는 것이 아니라 구원이 완성될 때까지 계속 연결되어야 한다.

본문에서 말하는 말씀이 그렇다. 하나님이 진리의 말씀으로 우리를 낳으셨다. 말씀에는 구원의 능력이 있다. 그것이 전부가 아니다. 말씀은 동시에 순종을 요구한다. 말씀으로 구원을 얻은 사람은 말씀대로 살아야 한다. 말씀대로 살기를 싫어하는 사람은 구원을 얻은 적이 없기 때문일 것이다.

간혹 머리와 가슴 사이에 괴리가 있는 것처럼 말하는 사람이 있다. 머리로 아는 것이 몸으로 나타나지 않는다는 것이다. 이를테면 "나는 하나님이 나를 돌보신다는 사실을 안다. 하지만 마음에는 여전히 두려움이 있다."라는 말에 별다른 모순을 못 느낀다. 조나단 에드워즈가 〈신앙 감정론〉에서 이것을 부인한다. 그런 말을 하는 사람은 하나님이 자신을 돌보신다는 사실을 제대로 이해하지 못해서 그렇다는 것이다. 하나님이 자신을 돌보신다는 사실을 제대로 이해하면 절대 그런 말을 할 수 없다고 한다.

에드워즈에 따르면 돈 욕심이 있는 사람한테 필요한 메시지는 소유를 나누라는 권면이 아니라고 한다. 그런 식의 메시지는 그 주일의 헌금에 약간의 변화를 줄 수는 있어도 근본적인 치유책이 아니라는 것이다. 사람들이 돈에 인색한 이유는 돈이 얼마나 소중한지 알기 때문이다. 그것만이 아니다. 예수님을 모르기 때문이다. 표현은 이상하지만 돈의 가치는 현실적으로 체험하면서 예수님의 가치는 현실적으로 체험하지 못하면 그럴 수밖에 없다. 돈 욕심이 있는 사람한테 필요한 메시지는 소유를 나누라는 메시지가 아니라 예수님의 부요하심에 대한 메시지다.

팀 켈러 목사의 책 〈설교〉에 첫 목회지에서 만난 10대 소녀 얘기가 나온다. 매사에 의욕이 없이 우울하게 지내는 소녀가 하루는 이런 말을 했다. "예, 저는 예수님이 저를 사랑하신다는 사실을 압니다. 예수님이 저를 구원하셨고, 장차 천국으로 인도하실 것도 압니다. 그렇지만 학교에서는 남학생들이 저한테 눈길조차 주지 않는 판국에 그게 다 무슨 소용이죠?"

그 소녀는 신자가 되는데 필요한 모든 진리를 안다고 했다. 하지만 예수님의 사랑보다 멋있는 남학생들의 관심이 더 중요했다. 그것이 훨씬 현실적으로 다가오는 것을 어떻게 할까? 10대 소녀 때는 그럴 수 있다고 하자. 하지만 10대 소녀의 문제로 끝나지 않으면 어떻게 할까? 어쩌면 우리가 갖는 문제일 수도 있다. 에드워즈 식으로 얘기하면 그 소녀는 예수님이 자기를 사랑한다는 사실을 정말로 아는 것이 아니다. 단지 들은풍월이 있는 것이다. 그 소녀한테 남학생들의 관심은 현실인 반면 예수님의 사랑은 추상적인 개념일 뿐이다. 돈이 주는 안정감이 하나님의 사랑보다 더 실제적이면 돈을 욕심내게 마련인 것과 같다. 우리가 마땅히 살아야 할 삶을 살지 못하는 이유는 우리가 무엇을 해야 하는지 알지만 그렇게 못하는 때문이 아니다. 우리가 안다고 생각하는 것이 진정한 의미로 우리한테 다가오지 않기 때문이다.

남학생들이 자기한테 아무도 관심을 안 갖는데 예수님이 자기를 사랑하는 게 무슨 소용이냐는 얘기에 팀 켈러 목사가 뭐라고 했는지는 모른다. 예수님이 그 소녀한테 같은 말을 하면 어떻게 될까? "그래, 네가 나를 사랑한다고 말하는 것은 안다. 예배도 드리고 헌금도 하고 성경을 읽는 것도 안다. 하지만 온통 남학생한테만 마음이 팔려 있는데 그게 다 무슨 소용이냐?" 아마 그 질문을 이해하지 못할 것 같다. 예배 안 빼먹고, 십일조 안 떼먹고, 틈틈이 성경 읽으면 되는 것 아닐까? 거기에 뭘 더하라는 말일까?

"너희는 말씀을 행하는 자가 되고 듣기만 하여 자신을 속이는 자가 되지 말라"라고 한 그대로다. 자기한테는 아무 문제가 없는 줄 안다. 문제가 있다면 예수님께 있을 뿐이다. 왜 남학생들의 마음을 자기한테 안 돌려놓는 것일까? 차라리 자기를 사랑한다는 말이나 말지, 사랑한다고 하면서 그러는 법이 어디 있단 말인가? 자기가 기준이면 별수 없다.

우리는 우리가 기준인 사람들이 아니다. 자유롭게 하는 온전한 율법을 들여다보고 있는 사람들이다. 듣고 잊어버리는 사람들이 아니라 실천하는 사람들이다. 자유롭게 하는 온전한 율법이 우리의 기준이다.

"자유롭게 하는 온전한 율법"이라는 표현이 생경하다. 사람들이 율법을 구속으로 여기는 경향이 있기 때문이다. 율법을 지키려면 하고 싶은 것을 못한다고 생각한다. 성경은 그렇게 말하지 않는다. 율법을 지켜야 자유롭게 된다고 한다. 본문에서 말하는 "자유롭게 하는 온전한 율법"은 구약의 율법이 아니라 진리의 말씀, 즉 복음이지만 하나님의 말씀이기는 마찬가지다. 하나님께서 주신 첫 번째 율법이 선악과를 먹지 말라는 율법이었다. 그 율법을 지키는 것이 아담, 하와한테 구속이었을까, 자유였을까?

무엇보다 우리가 하나님의 말씀으로 구원 얻었음을 명심해야 한다. "제가 하나님의 말씀으로 구원 얻은 것은 인정합니다. 그렇다고 해서 꼭 하나님의 말씀대로 살아야 하는 것은 아니지 않습니까?"라는 얘기에 수긍하는 사람은 없을 것이다. 그런데 성경에 그런 사람이 나온다. 탕자가 그 주인공이다. 자기한테 아버지 재산을 물려받을 자격은 있지만 아버지는 필요 없다고 생각했다. "제가 아버지 아들로 태어난 것은 인정합니다. 그렇다고 해서 꼭 아버지 아들로 살아야 하는 것은 아니지 않습니까?"라고 했다는 뜻이다. 급기야 돼지가 먹는 쥐엄열매조차 없어서 못 먹는 신세가 되고 만다. 무엇이 문제였을까? 더 많은 재산을 물려받았어야 했는데 너무 적게 물려받았을까?

SNS 영향인지 요즘 '인증샷'이 유행이다. 맛있는 음식을 먹을 때도 인증샷을 남기고 투표를 해도 인증샷을 남긴다. 우리가 말씀을 따라 살고 있다면 그것이 말씀으로 구원 얻은 인증샷이다. 인증샷이 없다고 해서 먹은 음식이 취소되지는 않는다. 행사한 투표권이 무효가 되지도 않는다. 하지만 말씀대로 살고 있다는 인증샷은 없으면 안 된다. 우리가 신자로 살고 있다는 유일한 증거이기 때문이다. 우리는 늘 말씀과 함께 사는 사람들이다.

1:26) 누구든지 스스로 경건하다 생각하며 자기 혀를 재갈 물리지 아니하고 자기 마음을 속이면 이 사람의 경건은 헛것이라

출항과 동시에 사나운 폭풍을 만난 배가 있다. 사방에서 몰아치는 풍랑 때문에 계속 같은 자리만 맴돌았다. 그러면 그 배는 긴 항해를 한 배가 아니다. 오랜 시간을 바다에 떠있기만 했다. 마찬가지로 무성한 백발과 깊은 주름이 있다고 해서 오랜 인생을 산 사람이라고 할 수는 없다. 단지 오래

생존한 사람일 수 있다. 네로 황제의 스승으로 유명한 세네카가 한 말이다.

그 얘기를 잠깐 빌려보자. 오랜 시간 교회에 몸담았다고 해서 그만큼 신앙생활을 오래한 사람이라고 할 수 없다. 종교적인 언행이 몸에 배었다고 해서 그만큼 주님을 닮은 사람이라고 할 수도 없다. 신앙 있어 보이는 것과 신앙 있는 것은 엄연히 다르다. 예수 10년 믿은 초신자도 있고 예수 30년 믿은 초신자도 있는 법이다. 심지어 스스로 경건하다고 생각하는 사람 중에도 경건하지 않은 사람이 있다고 한다.

본문은 굉장히 단호하다. 누구든지 스스로 경건하다 생각하며 자기 혀를 재갈 물리지 아니하고 자기 마음을 속이면 이 사람의 경건은 헛것이라고 한다. 유감스럽다거나 보완할 점이 있다고 하지 않는다. '헛것'은 '마타이오스'를 번역한 말이다. 성경 다른 곳에서는 주로 우상 숭배의 헛됨을 가리키는 말로 쓰였다(행 14:15, 롬 1:21, 엡 4:17, 벧전 1:18).

어린 시절, 길거리에서 약을 파는 약장수들이 더러 있었다. 차력 시범을 보이거나 간단한 마술을 보이면서 약을 팔았다. 그 시절에 팔던 약은 주로 만병통치약이었다. 소화불량, 신경통, 두통, 관절염, 디스크, 불면증, 만성 피로… 안 듣는 데가 없다고 했다. 그래서 어떤 사람이 그 약을 샀다고 하자. 과연 약효가 있었을까?

우상을 섬기는 일이 헛되다는 것이 그와 같다. 소용이 없어서 헛된 것이 아니다. 마음에 두면 둘수록 손해다. 약값으로 쓴 돈만 손해를 보는 것이 아니라 부작용으로 고생할 수도 있다.

무엇보다 우상 숭배는 이스라엘한테 가장 혐오스러운 단어다. 우상을 섬기지 말라는 말이 구약성경 내내 반복되더니 북 왕국은 앗수르한테 망하고 남 왕국은 바벨론한테 망하고 말았다. 그런 아픔을 고스란히 간직하고 있는 사람들한테 "누구든지 스스로 경건하다 생각하며 자기 혀를 재갈 물리지 아니하고 자기 마음을 속이는 사람은 우상을 숭배하는 사람과 마찬가지다"라고 하는 셈이다. "그렇게 하는 사람은 다 망한다! 너희 조상들이 그렇게 하다가 망했다!"라는 뜻으로 알아들으면 된다.

스스로 경건하다 생각하는 사람이 어떤 사람일까? 말씀을 듣기만 하고 행하지는 않는 사람이다. 마치 거울을 보는 것처럼 매사에 자기가 기준인 사람이다. 그런 사람은 말씀을 행하지 않는 것이 자기 수준인 것을 모른다. 말씀을 들어서 귀가 높아진 것이 자기 수준인 줄 안다. 그러면 자기 마음을 속이는 것이다. 자기 마음을 속이면 자기는 모를 수 있다. 그렇다고 해서 하나님도 모르실까? 굳이 하나님까지 갈 것도 없다. 옆 사람도 안다.

그러면 "누구든지 스스로 경건하다 생각하며 말씀을 듣기만 한 채 행위가 따르지 아니하고 자기 마음을 속이면 이 사람의 경건은 헛것이라"라고 해야 하는 것 아닐까? 그런데 "누구든지 스스로 경건하다 생각하며 자기 혀를 재갈 물리지 아니하고 자기 마음을 속이면 이 사람의 경건은 헛것이라"라고 한다.

어떤 사람이 있다. 나름대로 말씀을 안다고 자부한다. 하지만 실행은 하지 않는다. 그러면서 그것이 문제인 줄 모른다. 자기가 아는 것이 자기 수준인 줄 안다. 그래서 스스로 경건하다고 생각한다. 이런 사람의 문제로 "자기 혀를 재갈 물리지 않는 것"을 꼽는다.

그럴 만하다. 자기가 아는 것을 남한테 적용하려면 말을 많이 할 수밖에 없다. 자기를 고치는 것이 실력인데 남한테 간섭하는 것이 실력인 줄 아는 탓이다. 힌두교 교훈 중에 "경전을 열심히 배우지만 그것에 따라 살지 않는 사람들이여, 너희는 다른 사람들의 소는 열심히 세지만 자기는 어린 암소 한 마리 없는 자와 같도다."라는 말이 있다. 다른 사람의 소를 열심히 세려면 자기 혀에 재갈 물릴 틈이 없다.

어떤 책에서 회사를 덕치경영으로 이끌어야 할지 법치경영으로 이끌어야 할지 고민하는 내용을 읽은 기억이 있다. 그 고민을 듣는 사람은 마침 재벌 3세 경영자들이 모인 자리에 초청을 받아 인문학 특강을 하고 온 사람이다. 재벌 3세들도 그 문제로 고민하고 있더라고 했다.

"그래서 뭐라고 답해주셨어요?"

"자기 자신한테는 법치경영을, 임직원에게는 덕치경영을 하면 된다고 했지. 그리고 쓴소리를 덧붙였어. 여러분이 사실은 자신한테는 덕치경영을, 임직원한테는 법치경영을 하고 있는 것 아니냐고. 그렇지 않다면 우리나라 경제가 이렇게 어려워질 수 없다고 말야."

다윗이 밧세바를 범했다. 나단이 찾아와서 얘기한다. "한 성읍에 두 사람이 있습니다. 한 사람은 부하고 한 사람은 가난합니다. 하루는 부한 사람한테 손님이 왔는데, 자기 소유를 아껴서 가난한 사람한테 한 마리 있는 암양 새끼를 빼앗아 그것으로 대접했습니다. 이런 사람을 어떻게 해야 하겠습니까?" 다윗이 뭐라고 했나? "여호와의 살아 계심을 두고 맹세하노니 이 일을 행한 그 사람은 마땅히 죽을 자라 그가 불쌍히 여기지 아니하고 이런 일을 행하였으니 그 양 새끼를 네 배나 갚아 주어야 하리라"라고 했다.

다윗이 자기 얘기인 줄도 모르고 자신에게 사형 판결을 내렸다. 더욱 놀라운 것은 양을 네 배로 갚아 주어야 한다고 말한 사실이다. 율법에 따르면 남의 양을 취한 사람은 네 배로 갚아 주게 되어 있다. 다윗은 율법을 알고 있었다. 자기한테 적용할 줄 몰랐을 뿐이다. 비단 다윗의 얘기가 아니다. 사람은 누구나 자기한테는 후하다. 자기가 아는 기준을 남한테는 적용하면서 자신한테는 적용할 줄 모른다.

누구든지 예수를 믿으면 구원 얻는다. 예수를 믿기는 하지만 다른 조건이 걸려서 구원 얻지 못하는 사람도 없고, 예수를 믿지 않지만 다른 자격으로 구원 얻는 사람도 없다. 구원 얻는 사람은 누구든지 예수를 믿는 사람이다. '누구든지'라는 말에는 차별이 없다.

자기가 하면 로맨스, 남이 하면 불륜이라는 말이 있다. 국회의장을 지낸 박 모 씨가 유행시킨 말이다. 수년 전에는 골프장 캐디 성추행 사건으로 구설수에 오르기도 했다. 그때 박 모 씨가 딸 같고 손녀 같아서 귀여워서 그랬다면서 문제 될 것이 없다고 했다. 문제 될 것이 있는지 없는지 왜 자기가 정할까? 다른 사람이 하면 문제가 있지만 자기가 하면 문제가 없는 것일까? 자기가 하면 로맨스, 남이 하면 불륜이라는 말을 만들 만큼 본질을 꿰뚫어 보는 통찰력은 있었는데, 그런 통찰력을 자기한테 적용할 줄은 몰랐다. 상대방으로 하여금 성적 수치심을 느끼게 한 사람은 누구든지 성추행을 한 사람이다. 예외가 없다.

본문도 '누구든지'로 시작한다. 스스로 경건하다 생각하며 자기 혀를 재갈 물리지 아니하고 자기 마음을 속이는 사람의 경건이 헛것이라는 사실에는 차별이 없다. 일반적으로 그렇지만 이런 경우는 괜찮다고 하는 말은 통하지 않는다.

무엇보다 신자는 진리의 말씀으로 태어난 사람이다. 신자한테는 하나님 말씀이 심어져 있다. 그의 마음에 하나님 말씀이 작동한다. 그의 혀 역시 말씀의 통제를 받아야 한다. 누구든지 이것이 안 되면 진리의 말씀으로 태어난 적이 없는 사람이다.

1:27〉 하나님 아버지 앞에서 정결하고 더러움이 없는 경건은 곧 고아와 과부를 그 환난 중에 돌보고 또 자기를 지켜 세속에 물들지 아니하는 그것이니라

얘기가 좀 이상할 수 있다. "하나님 아버지 앞에서 정결하지 못하고 더러움이 있는 경건"도 있을까? 그런데 이런 식의 표현을 왕왕 볼 수 있다. 진실한 크리스천이라는 말은 어떤가? 크리스천이면 어차피 진실하게 마련이다. 크리스천 중에 진실한 크리스천도 있고 진실하지 않은 크리스천도 있는 것이 아니다. 그래도 '진실'을 강조하기 위해서 그런 표현을 쓰기도 한다. "하나님 아버지 앞에서 정결하고 더러움이 없는 경건"도 그렇다. 앞에서 스스로 경건하다고 생각하는 사람을 말했다. 그런 경건은 아무 소용없다. 거기에 반해서 하나님 보시기에 참된 경건이 어떤 것인지 말하는 것이다.

26절에서 "누구든지 스스로 경건하다 생각하며 자기 혀를 재갈 물리지 아니하고 자기 마음을 속이면 이 사람의 경건은 헛것이라"라고 했으니까 "하나님 아버지 앞에서 정결하고 더러움이 없는 경건은 자기 혀를 재갈 물리고 자기 마음을 속이지 않는 것이라"라고 하면 간단하다. 그런데 그렇게 말하지 않는다. "고아와 과부를 그 환난 중에 돌보고 또 자기를 지켜 세속에 물들지 아니하는 그것이니라"라고 한다.

칼빈이 이 구절을 이렇게 말했다. "야고보는 경건이 무엇인지 일반적으로 규정하는 것이 아니다. 그가 언급하는 것들이 없는 경건은 아무것도 아니라는 사실을 말하고 있다." 야고보가 참된 경건의 전부를 설명하는 것이 아니다. 일종의 리트머스 시험지를 말하고 있다. 자기 혼자 경건하다고 우기지 말고 확인해보자는 뜻이다.

고아와 과부를 돌보라는 말은 성경에 상당히 자주 나온다. 고아와 과부는 요즘도 살기 힘들다. 하물며 성경 시대라면 말할 것도 없다. 주변에서 도와주지 않으면 살아갈 방도가 없다. 그런 사람을 돕는 일은 세상에서도 칭찬받는다. 할 수만 있으면 당연히 도우며 살아야 한다. 그렇게 살고 싶은 마음이 누구한테나 있기도 하다. 그런데 여건이 안 되면 어떻게 할까?

〈야고보서〉 수신자들이 어떤 사람들일까? 부담 없이 고아와 과부를 도울 수 있을 만큼 넉넉한 사람들일까? 그런 사람도 있을 수 있지만 대부분 그렇지 않을 것이다. 이들은 흩어져 있는 열두 지파다. 곤고한 삶을 살기는 마찬가지다. 그런 사람들한테 고아와 과부를 돌보라는 것이다. 어쩌면 벼룩의 간을 빼먹는 얘기일 수 있다. 하나 있는 떡으로 고아와 과부를 돌보면 자기들은 어떻게 하란 말인가? 남의 자식 먹이자고 자기 자식 굶길 수는 없지 않은가?

형제들아 하나님께서 마게도냐 교회들에게 주신 은혜를 우리가 너희에게 알리
노니 환난의 많은 시련 가운데서 그들의 넘치는 기쁨과 극심한 가난이 그들의
풍성한 연보를 넘치도록 하게 하였느니라 내가 증언하노니 그들이 힘대로 할 뿐
아니라 힘에 지나도록 자원하여 이 은혜와 성도 섬기는 일에 참여함에 대하여
우리에게 간절히 구하니 우리가 바라던 것뿐 아니라 그들이 먼저 자신을 주께
드리고 또 하나님의 뜻을 따라 우리에게 주었도다(고후 8:1-5)

바울이 하나님께서 마게도냐 교회에 주신 은혜를 소개한다. 은혜의 내용
이 특이하다. 단체로 로또복권에 당첨된 것이 아니다. 넘치는 기쁨과 극심
한 가난으로 풍성한 연보를 넘치게 했다는 것이다. 부자라서 헌금을 많이
한 것이 아니라 가난하기 때문에 헌금을 많이 했다는 것이 말이 될까? 마게
도냐 교회가 그런 교회였다. 그들은 힘대로 헌금을 한 것이 아니라 힘에 지
나도록 했다. 비록 가난하지만 그렇게 한 것이 아니라 가난하기 때문에 그
렇게 했다.

이때의 헌금은 예루살렘교회를 위한 구제헌금이었다. 자기들도 힘들기
때문에 힘든 사람들의 사정을 알았다. 그래서 자기들도 헌금을 할 수 있게
해달라고 먼저 간청했다. 아무나 할 수 있는 일이 아니다. 비결이 있다. 먼
저 자신을 주님께 드렸기 때문이다. 자신을 주님께 드린 마당에 돈이라고
해서 못 드릴 이유가 없다. 사람들이 헌금에 인색한 이유는 자신을 주님께

드리지 않았기 때문이라는 뜻이 된다.

구약성경에는 전부 613가지의 계명이 나온다. "…하라"라는 긍정적인 계명이 248가지, "…하지 말라"라는 부정적인 계명이 365가지다. 이 많은 계명 중에 가장 중요한 계명이 "하나님 사랑, 이웃 사랑"이다. 하나님을 사랑하는 것이 가장 중요하고 이웃을 사랑하는 것이 그다음으로 중요하다는 뜻이 아니다. 둘이 같은 계명이다. 하나님을 사랑하는 사람이라면 이웃을 사랑하게 마련이다. 약 2:8에서는 네 이웃 사랑하기를 네 몸과 같이 하라는 계명을 "최고의 법"이라고 한다.

경건은 말로 나타나는 것이 아니라 행위로 나타난다. 스스로 경건하다고 생각하는 사람은 자기 혀를 재갈 물리지 않는다. 열심히 간섭하고 열심히 지적하는 것이 자기의 경건인 줄 착각하기 때문이다. 반면에 진짜로 경건한 사람은 이웃 사랑이 몸에 밴 사람이다. 고아와 과부를 보면 못 견디는 사람이다. 자기한테 여유가 있어서 돕는 것이 아니다. 그들의 처지를 알기 때문이고, 그렇게 하는 것이 주님 뜻이기 때문이다.

또 자기를 지켜 세속에 물들지 않는 것이라고 했다. 깊은 산속에 들어가서 세상과 인연을 끊고 하나님만 섬기며 살라는 얘기가 아니다. 세속적인 가치관과 타협하지 말라는 뜻이다. 목회를 하면 성경적인 사람이고 장사를 하면 세속적인 사람이 아니다. 목회도 세속적으로 할 수 있고 장사도 성경적으로 할 수 있다.

순교자로 알려진 카즈 뭉크가 한 말이 있다. "오랜 역사를 통해서 신자의 상징이 된 것은 사자, 어린양, 비둘기, 물고기였지, 카멜레온이 아니었습니다." 카즈 뭉크가 언제, 어떻게 순교했는지는 모른다. 하지만 그런 말을 한 이유는 짐작할 수 있다. 신자가 카멜레온 흉내를 내는 풍조가 안타까웠던 것이다.

신자가 왜 카멜레온 흉내를 낼까? 간단하다. 신자 본연의 모습을 지키는 것이 힘들기 때문이다. 자기가 아는 신앙 원칙을 잠깐만 양보하면 세상을 사는 것이 훨씬 수월하다. 곧이곧대로 신앙을 지켜봐야 누가 알아줄까?

그러면 그다음에 어떻게 될까? 자기가 왜 세속에 물들 수밖에 없는지 열심히 설명할 것이다. 어쩌면 2보 전진을 위한 1보 후퇴라고 둘러댈 수도 있다. 스스로 경건하다고 생각하는 사람은 자기 혀를 재갈 물리지 않은 사람이다. 얼마든지 그럴 듯한 논리를 만들 수 있다. 고아와 과부를 돌보지 않는 이유도 마찬가지다. 핑계 없는 무덤이 어디 있을까?

요즘은 어떤지 모르겠는데 예전에는 사춘기를 지나면서 한 번씩 개똥철학에 빠지곤 했다. "나는 누구인가?"부터 시작해서 "인생은 무엇인가?", "왜 살아야 하는가?", "나는 왜 태어났나?" 같은 고민들을 한다. 한 친구는 제주도는 우리나라에 있고 우리나라는 지구에 있고 지구는 태양계에 있고 태양계는 은하계에 있고 은하계는 우주에 있는 것은 알겠는데, 우주는 대체 어디에 있는 것이냐고 고민하곤 했다.

우리한테 그런 고민이 있다면 가장 먼저 해야 할 고민은 "나는 누구인가?"가 아니다. "인생은 무엇인가?"도 아니고 "왜 살아야 하는가?"도 아니다. "나는 누구의 소유인가?"이다. 우리의 진정한 정체성이 "나는 누구인가?"에 있지 않고 "나는 누구의 소유인가?"에 있다. 자기가 누구 소유인지 알아야 한다. 이 질문에 대한 답이 바로 된 사람은 얼마든지 고아와 과부를 돌볼 수 있다. 자기를 지켜 세속에 물들지 않을 수도 있다. 그런 사람이 하나님 아버지 앞에서 정결하고 더러움이 없는 경건을 간직한 사람이다.

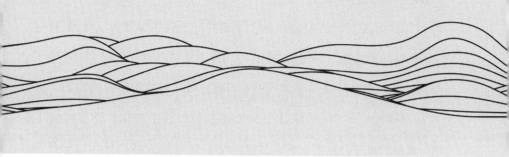

2장 믿음 아닌 믿음

2:1-3〉 내 형제들아 영광의 주 곧 우리 주 예수 그리스도에 대한 믿음을 너
희가 가졌으니 사람을 차별하여 대하지 말라 만일 너희 회당에 금가락지를
끼고 아름다운 옷을 입은 사람이 들어오고 또 남루한 옷을 입은 가난한 사
람이 들어올 때에 너희가 아름다운 옷을 입은 자를 눈여겨보고 말하되 여기
좋은 자리에 앉으소서 하고 또 가난한 자에게 말하되 너는 거기 서 있든지
내 발등상 아래에 앉으라 하면

　딸이 대학을 졸업하던 날, 가족끼리 외식을 했다. 강남에 있는 제법 유명
한 소고기 전문 음식점이었다. 조금 이른 시간이어서 주차 공간이 넉넉했
다. 내가 주차를 하려는데 주차 안내원이 내리라고 했다. 주차를 해준다는
것이었다.

식사를 마치고 나왔다. 눈에 띄는 자리에 차가 있을 줄 알았는데 안 보여서 주차 안내원한테 차종과 번호를 얘기했다. 잠깐 기다리라고 하더니 건물 뒤편에서 차를 가지고 왔다.

우리 가족이 도착한 시간에는 식당 전면에 빈자리가 많았다. 그런데 왜 그렇게 멀리 주차했을까? 답은 뻔하다. 식당 전면에는 죄다 고급 외제차들이 주차되어 있었다. 내 차를 거기 세우기에는 격이 맞지 않았던 것이다.

주차 안내원이 자기 생각대로 그렇게 했을까? 그날만 그렇게 한 것이 아니라 계속 그렇게 근무했을 텐데 그런 발상을 누가 했을까? 그보다 더 궁금한 것이 있다. 그가 어떤 사람일까? 왜곡된 가치관으로 세상을 삐딱하게 살아가는 사람일까, 남들과 똑같이 평범하게 살아가는 사람일까?

본문은 사람을 차별하여 대하지 말라고 한다. 금가락지를 끼고 아름다운 옷을 입은 사람이 들어오면 얼른 좋은 자리로 안내하면서, 남루한 옷을 입은 가난한 사람이 들어오면 아무 자리에나 알아서 앉든지 말든지 하라는 것은 옳지 않다는 것이다. 영광의 주 곧 우리 주 예수 그리스도에 대한 믿음을 가졌기 때문이다. 사람을 차별하는 문제를 도덕이나 인격에 적용하지 않고 신앙에 적용한다.

음식점에서 주차를 어떻게 하느냐 하는 문제는 이상할 것이 없다. 사람들이 세상을 사는 원칙이 그런 것을 어떻게 할까? 기왕이면 고급 승용차들을 눈에 잘 띄는 자리에 주차하는 것이 음식점 위상에 도움이 될 것이다. 하지만 교회는 다르다. 세상에서 돈 있는 사람을 대접한다고 교회마저 그럴 수는 없다.

"무슨 얘기냐? 요즘 세상은 돈이 말을 한다. 교회에서도 역시 돈을 따져야 한다."라고 할 사람은 없다. 그런데 말을 괜히 복잡하게 하는 것 같다. "너희한테 과연 예수를 믿는 믿음이 있느냐? 그러면 사람을 차별하여 대하지 말라."라고 하면 될 것 같은데 "내 형제들아 영광의 주 곧 우리 주 예수 그리스도에 대한 믿음을 너희가 가졌으니 사람을 차별하여 대하지 말라"라고 한다.

우리는 예수님을 영광의 주라고 하는 것에 별다른 부담감을 느끼지 않지만 유대인들은 다르다. 영광은 하나님께만 쓸 수 있는 단어다. 예수님을 영광의 주라고 하는 것은 예수님이 영광의 하나님이라는 것이다.

당연한 말 아닌가 싶지만 그렇지 않다. 우리는 이 땅에 오셔서 우리와 똑같이 살아가신 예수님을 본 적이 없다. 우리가 삼위일체를 쉽게 말하는 이유는 예수님을 직접 본 적이 없기 때문일 수 있다.

우리나라에 열 개 프로 야구 구단이 있다. 지난 2022년 시즌을 기준으로 프로 야구 선수의 평균 연봉은 1억5,259만 원이고, 나이는 27.9세, 키는 182.9cm, 몸무게는 87.4kg라고 한다. 그런 조건에 가장 부합하는 선수가 누구인지 모르지만 다른 집단도 그런 식으로 따질 수 있을 것이다. 우리나라 성인의 평균 학력과 재산, 가족 구성, 생활 환경을 가진 사람이 있다고 하자. 그 사람을 쓰레기 매립장 비슷한 곳으로 데리고 간다. 거기에는 나무 기둥이 세워져 있고, 웬 남자가 벌거벗은 몸으로 피투성이가 되어 매달려 있다. 그 남자를 가리키며 말한다. "저 사람 보이죠? 당신이 말하는 하나님입니다." 그런 말에 고개를 끄덕일 수 있을까?

예수님은 지금 하나님 보좌 우편에 계신다. 예수님이 이 땅에 계실 적에 믿는 것과 하늘에 계실 적에 믿는 것은 전혀 다른 얘기일 수 있다. 하늘에 계신 예수님은 당연히 영광의 주시다. 하지만 야고보는 그런 예수님을 뵌 적이 없다. 야고보가 말하는 영광의 주는 자기 기억에 있는 예수님이 아니라 현재 영광 중에 있는 예수님이다.

야고보가 언제 예수님을 주로 고백했을까? 한때 야고보도 예수님을 외모로 판단한 적이 있다. 예수님이 누구인지 몰랐다. 야고보가 예수님을 주로 고백한 것은 부활하신 예수님을 만난 다음이다. 예수님이 야고보로 하여금 믿음의 눈을 뜨게 해주셨다. 십자가에서 처참하게 죽음을 당하신 예수님만 본다면 누구도 예수님을 주님으로 고백할 수 없을 것이다.

〈야고보서〉 수신자인 흩어져 있는 열두 지파도 그런 사람들이다. 그들은 예수님을 겉모습대로 알지 않는다. 예수님을 영광의 주로 고백하는 믿음을 가졌다. 그런데 왜 사람은 겉모습으로 판단하는 것일까? 예수님은 겉모습대로 판단하지 않으면서 신자를 겉모습으로 판단하는 것은 엄연한 모순이다.

도코 도시오는 일본에서 가장 존경받는 경제인으로 꼽힌다. 사회는 풍요하되 개인은 검소해야 한다는 것이 그의 소신이었다. 양복은 단벌이었고 집도 허름했다. 69세의 나이에 도시바의 사장으로 취임했다. 낡은 승용차를 타고 출근한 첫날, 수위가 누구인지 물었다. "이 회사 사장인 도코라고 합니다. 잘 부탁드립니다."라고 인사를 했다. 수위가 그 말을 곧이듣지 않았다. 아침부터 웬 노인네가 성가시게 하느냐는 식으로 도코 도시오를 몰아세웠다.

본문은 그런 식의 얘기가 아니다. 남루한 옷을 입고 있지만 실상은 중요한 사람일 수 있으니 조심하라는 뜻이 아니라 예수를 믿으면 사람을 대하는 기준이 달라져야 한다는 뜻이다. 이 세상은 부자를 부자로 대하고 가난한 사람을 가난한 사람으로 대한다. 부자를 잘못 알아보고 가난한 사람으로 대했다가 낭패를 보기도 한다. 우리는 다르다. 우리한테는 그런 기준이 없다. 예수 그리스도를 믿는 믿음이 기준일 뿐이다.

그런데 기독교 신앙을 고백하는 순간 사람을 보는 눈이 저절로 달라지는 것이 아니라는 사실에 문제가 있다. 세상을 살던 버릇이 여전히 있다. 돈 많은 사람은 역시 중요한 사람이다.

K목사가 어떤 교회에 강사로 갔을 때의 일화를 소개한 내용을 책에서 읽은 기억이 있다. 그 교회 담임목사와 나란히 서서 교인들과 인사를 나누는데, 한 분이 와서 자랑했다. "목사님, 제가 오늘 대어를 낚았습니다." 누군가를 전도한 모양이었다. 대체 어떤 사람을 전도했기에 대어를 낚았다고 하는지 호기심이 생겼는데 이내 궁금증이 풀렸다. 그랜저를 타고 다니는 사람을 전도했다는 것이었다. 그랜저가 고급 승용차의 대명사이던 시절 얘기다. 속으로 생각했다. "그랜저를 타고 다니는 사람을 전도한 것이 대어를 낚은 것이면 버스 타고 다니는 사람을 전도하면 피라미를 낚은 것인가?"

그 사람이 누구인지는 모른다. 책에 그 내용을 쓴 K목사도 모를 것이다. 하지만 상상해보자. 목사한테 그런 말을 하는 것을 보면 그것이 신앙적으로 잘못되었다는 사실을 몰랐다는 뜻이다. 이제야 갓 교회에 등록한 초신자라면 문제가 안 될 수 있다. 하지만 초신자가 아니면 어떻게 될까? 그 정도가 아니다. 그 사람 개인의 문제가 아니라 대부분이 그렇게 생각한다면 문제가 훨씬 심각하다. 대체 신앙이 우리한테 어떤 의미가 있을까? 예수를 믿기 전과 믿은 다음이 어떤 차이가 있을까?

야고보 당시라고 해서 달랐을까? 회당에 금가락지를 끼고 아름다운 옷을 입은 사람이 들어온다. 남루한 옷을 입은 가난한 사람도 들어온다. 이들을 대하는 태도가 달랐다. 어느 한 사람만 다르게 대했으면 야고보가 굳이 문제 삼을 이유가 없다. 그렇게 하는 것이 당시 풍조였던 모양이다. 우리한테 있는 세속적인 가치관이 그만큼 뿌리가 깊다. 예수를 믿는다고 하면서도 예수를 믿는다고 말하는 것 말고는 달라지는 것이 없다.

야고보가 그런 풍조를 꾸짖는다.

2:4-6a) 너희끼리 서로 차별하며 악한 생각으로 판단하는 자가 되는 것이 아니냐 내 사랑하는 형제들아 들을지어다 하나님이 세상에서 가난한 자를 택하사 믿음에 부요하게 하시고 또 자기를 사랑하는 자들에게 약속하신 나라를 상속으로 받게 하지 아니하셨느냐 너희는 도리어 가난한 자를 업신여겼도다

'악한 생각'이라는 표현에 주목할 필요가 있다. 사람들은 자기가 열심히 하나님을 편들고 있지는 않지만 그렇다고 해서 하나님을 반대하고 있지도 않다고 생각하는 경향이 있다. 부자를 부자로 대하고 가난한 사람을 가난한 사람으로 대하는 것도 그렇다. 그렇게 하는 것이 잘하는 일이 아니라는 사실은 수긍할 수 있다. 설마 사탄을 편들어서 그렇다고 인정하는 사람도 있을까? 그랜저를 타고 다니는 사람을 전도한 것을 대어를 낚았다고 하는 경우를 생각해 보자. 그것이 잘못이라는 사실을 어느 만큼 인정할까? 그런 생각이 칭찬 들을 생각이 아닌 것은 금방 인정할 수 있다. 그렇다고 악한 생각이라는 지적까지 인정할까?

C. S. 루이스가 한 말이 있다. "나는 태양이 있는 것을 믿는 것처럼 하나님을 믿는다. 태양을 직접 볼 수 있기 때문이 아니라 태양이 있어서 모든 것을 볼 수 있기 때문이다." 예수를 믿는 사람은 자기 입으로 예수를 믿는다고 말하는 사람이 아니다. 앵무새도 훈련만 시키면 그렇게 할 수 있다. 정말로 예수를 믿는다면 그 사실이 모든 언행심사와 사고 판단의 기준이어야 한다.

이 말에 동의하는가? 그러면 가난한 사람을 가난한 사람으로 대하고 부자를 부자로 대하는 것은 악한 생각으로 사람을 판단하는 것이 맞다. 우리한테는 더 이상 그런 식의 구분이 없어야 한다. 하나님이 세상에서 가난한 자를 택하사 믿음에 부요하게 하시고 또 자기를 사랑하는 자들에게 약속하신 나라를 상속으로 받게 하셨기 때문이다.

부교역자 시절의 일이다. 교회 근처에 지적 장애아가 있었다. 간혹 다른 아이들의 놀림감이 되기도 했다. 교회 학교 교사로 봉사하는 한 청년이 그 아이를 품에 안더니 나를 돌아보며 말했다. "하나님은 이런 아이일수록 더 사랑하시는데, 그죠?"

무슨 마음이었는지 모르지 않지만 정확한 얘기가 아니다. 설마 하나님이 외적 조건을 따져서 누구는 더 사랑하시고 누구는 덜 사랑하실까? 그런데 그런 식의 오해가 있다. 낙타가 바늘귀로 들어가는 것이 부자가 하나님의 나라에 들어가는 것보다 쉽다는 말씀은 어떤가? 가난한 사람은 부자에 비해서 하나님의 나라에 들어가기 쉬울까? 하나님이 세상에서 가난한 자를 택하사 믿음에 부요하게 하셨다는 얘기도 그렇다. 가난한 것이 하나님의 선택을 받는 자격이 되는 것이 아니다. 하나님 앞에서는 부자와 가난한 자가 똑같다. 그런데 하나님이 세상에서 부유한 자를 택해서 믿음에 부요하게 하신다고 하면 그런 사실이 제대로 나타나지 않는다.

모든 조건이 완벽한 남자가 있다. 키는 180cm이고 연봉은 1억이 넘는다. 학벌, 집안, 직업, 외모, 성격 어느 것 하나 빠지는 것이 없다. 그런 남자가 외모가 볼품없는 여자와 교제를 하면 주변에서 뭐라고 할까? "저 남자는 못 생긴 여자를 좋아하는구나"라고 하지 않는다. "얼굴은 안 보는구나"라고 한다.

외모를 기준으로 삼지 않았는데도 예쁜 여자와 교제할 수 있다. 가치관이나 성격 등 다른 이유로 마음을 빼앗겼는데, 마음을 빼앗기고 보니 예쁘면 그렇게 된다. 그런데 그런 경우에는 외모가 기준이 아니라는 사실이 나타나지 않는다. 말로만 외모에 관심 없는 척, 내숭을 떤 사람이 된다.

하나님은 부자와 가난한 자를 구별하지 않으신다. 그 사실을 나타내려면 천생 가난한 자의 하나님이어야 한다. 부자한테 은혜를 주시는 것으로는 그런 사실이 나타나지 않는다. 그래서 하나님은 세상에서 가난한 자를 택해서 믿음에 부요하게 하시고 또 자기를 사랑하는 자들에게 약속하신 나라를 상속으로 받게 하셨다. 가난한 것이 조건이 되어서 믿음에 부요하게 하신 것이 아니다. 하나님은 조건을 따지지 않는 분이어서 그렇다.

하나님이 그런 분이면 하나님을 믿는 사람도 그런 사람이어야 한다. "하나님은 부자와 가난한 자를 구별하지 않지만 저는 구별하겠습니다. 세상은 그렇게 살아야 하는 것 아닙니까?"라고 하는 사람을 신자라고 할 수 있을까?

2:6b-7〉 부자는 너희를 억압하며 법정으로 끌고 가지 아니하느냐 그들은 너희에게 대하여 일컫는바 그 아름다운 이름을 비방하지 아니하느냐

당시 팔레스타인은 소수의 지주와 상인들한테 부가 집중되어 있었다. 그들이 땅을 사들이자, 소작농으로 전락하는 사람이 많아졌다. 그 과정에서 부자와 가난한 자 사이에 법정 다툼이 생기곤 했다. 법이 동원되는 이유는 빚 때문이다. 그것이 부자가 가난한 자들한테 행한 태도다. 아무런 자비도 베풀지 않았다.

그것이 전부가 아니다. 법정으로 끌고 가는 것은 어쨌든 합법적이다. 그런데 "그들은 너희에게 대하여 일컫는바 그 아름다운 이름을 비방하지 아니하느냐"라고 한다. '아름다운 이름'은 그리스도의 이름이다. 또 '비방하다'로 번역된 헬라어 '블라스페메오'에서 파생된 영어 단어가 blaspheme(신성모독을 하다)이다. 부자들이 가난한 자들을 압제하기만 한 것이 아니라 그 과정에서 신앙을 비방하기도 했다. 빚을 독촉하면서 "교회에서 그렇게 가르치더냐?", "예수쟁이들은 원래 그러느냐?"라는 식으로 말한 것이다.

야고보가 부자에 대한 보복 심리를 조장하는 것이 아니다. "너희는 밸도 없느냐? 왜 부자한테 호의를 베푸느냐?"라고 하는 것이 아니라 가난한 자와 부자의 차별을 경계하는 것이다. 설마 같은 교회 공동체 안에서 가난한 자를 법정으로 끌고 가고, 그리스도의 이름을 비방하는 부자가 있었을 리는 없다.

당시 교회 공동체에 부자의 비율이 얼마나 되었을까? 어쨌든 그들을 우대하는 풍조가 있었다. 그러면 무엇이 문제일까? 세상에서 부자가 가난한 자를 업신여기는 것이 문제일까? 법정으로 끌고 간다는 얘기는 합법적인 권리를 행사한다는 뜻이다. 법적으로 아무 문제가 없다. 무엇보다 교회 밖에서 벌어지는 일이다.

부자와 가난한 자를 차별하는 것은 어떤가? 영광의 주 예수 그리스도를 믿는 믿음이 없는 사람은 관계없다. 하지만 예수 그리스도가 영광의 주인 것을 믿는 사람이 할 수 있는 일은 아니다. 교회가 정말로 세상과 구별되려면 교회 안에서는 동질성이 확보되어야 한다. 우리한테는 세상에서 말하는 식의 구별이 없다. 우리는 다른 시선, 다른 가치 기준을 가진 사람들이다.

80세가 넘은 간호사 루비 엘리어슨은 평생 독신으로 살면서 카메룬에서 예수를 전했다. 은퇴한 의사인 로라 애드워즈가 그런 루비 엘리어슨을 도와서 같이 사역했다. 그러던 중에 자동차가 브레이크 파열을 일으키는 바람에 절벽에서 떨어지는 사고가 났다. 그 사고로 둘 다 그 자리에서 죽었다. 존 파이퍼 목사가 설교 중에 이 얘기를 하면서 회중을 향해 묻는다. "여러분은 이것이 비극이라고 생각하십니까?" 존 파이퍼 목사가 스스로 답을 한다. "이것은 비극이 아닙니다. 어떤 것이 진짜 비극인지 제가 일러드리겠습니다." 그러면서 1998년 2월 〈리더스 다이제스트〉에 실린 기사를 소개한다. 그 당시 미국에는 조기 은퇴 바람이 불었다. 미국 북동부 지역에 사는 봅과 페니 부부가 59세와 51세로 조기 은퇴하여 따뜻한 플로리다에 내려가 살면서 보트로 유람을 하고, 소프트볼을 즐기고, 조개껍질을 모으며 지낸다는 기사였다. 존 파이퍼 목사가 말한다. "이게 비극입니다. 예수님의 십자가로 구원을 얻었으면서도 여전히 세상 욕심을 따라 산다면 그보다 더 큰 비극은 없습니다."

우리가 부자가 아닌 것은 비극이 아니다. 하지만 부자와 가난한 자를 차별한다면, 그것은 비극이다. 도덕적으로 비난받을 일이어서 비극이 아니라 우리가 신자가 아닐 수 있어서 비극이다. 우리가 정말로 신자라면 그 사실이 우리의 가치 기준에서 나타나야 한다. 우리는 세상을 보는 눈이 달라진 사람들이다.

2:8-9) 너희가 만일 성경에 기록된 대로 네 이웃 사랑하기를 네 몸과 같이 하라 하신 최고의 법을 지키면 잘하는 것이거니와 만일 너희가 사람을 차별하여 대하면 죄를 짓는 것이니 율법이 너희를 범법자로 정죄하리라

삼국유사에 보삼장이라는 사람이 나온다. 일왕사에서 열리는 법회에 초대를 받았다. 그런데 옷이 누추한 탓에 문지기가 들여보내주지 않았다. 하릴없이 좋은 옷으로 갈아입고 왔다. 자리에 앉으니 음식이 나온다. 보삼장이 다짜고짜 음식을 옷에다 쏟았다. 사람들이 영문을 묻자, 태연히 대답한다. "제가 이 자리에 앉을 수 있는 것은 이 옷 때문입니다. 마땅히 옷이 대접을 받아야죠." 사람들이 얼마나 민망했을까? 보삼장을 초대한 것이 아니라 보삼장의 옷을 초대한 격이다.

앞에서 확인한 내용과 비슷하다. 어떤 사람이 금가락지를 끼고 아름다운 옷을 입고 들어오면 얼른 좋은 자리로 안내한다. 남루한 옷을 입은 사람이 들어오면 거들떠보지 않는다. 그렇게 하는 것은 옳지 못하다고 했다.

사람을 차별하는 것은 세상에서도 지탄받는다. 교회에서는 어떨까? 부자와 가난한 자를 다르게 대한 사람이 자기가 죄를 지은 것을 알까? 부자는 부자로 대하고 가난한 자는 가난한 자로 대하는 것이 뭐가 어떤가? 어차피 세상은 그렇게 사는 것 아닐까? 설령 문제라고 해도 가볍게 사과하고 넘어가면 된다. 그런데 성경은 상당히 강경하게 말한다. 그런 사람은 율법에 따라 범법자로 정죄된다는 것이다. 네 이웃 사랑하기를 네 몸과 같이 하라 하신 율법을 범했기 때문이다.

본문은 그 율법을 '최고의 법'이라고 한다. 원문에는 '바실리코스'라는 단어가 쓰였다. 영어로 하면 royal에 해당한다. 네 이웃 사랑하기를 네 몸과 같이 하라 하신 법은 '왕의 법'이다. 그보다 더 높은 다른 법이 없다. 조선시대 같으면 "어명이오!" 한마디에 사약도 받아 마셔야 했다. 그냥 마시지 않는다. 왕이 있는 쪽으로 네 번 절을 하고 마신다. 그런 법을 어겼다는 것이다. 아닌 게 아니라 예수님이 그 법을 가장 중요한 법으로 말씀했다.

새 신자가 교회 등록한 바로 다음 주에 안내위원을 하는 수는 없다. 안내위원으로 봉사한다는 얘기는 신앙 연륜이 제법 된다는 뜻이다. 야고보 당시도 마찬가지였을 것이다. 금가락지를 끼고 아름다운 옷을 입은 사람과 남루한 옷을 입은 가난한 사람을 차별해서 안내한 사람은 아무것도 모르는 얼치기 신자가 아니다. 그런데 예수님이 말씀하신 가장 중요한 법을 어겼다. A급 신자인 줄 알았는데 B급이었다는 정도가 아니라 아예 신자라고 할 수도 없다는 얘기다.

2:10-11) 누구든지 온 율법을 지키다가 그 하나를 범하면 모두 범한 자가 되나니 간음하지 말라 하신 이가 또한 살인하지 말라 하셨은즉 네가 비록 간음하지 아니하여도 살인하면 율법을 범한 자가 되느니라

유신정권 시절, 무허가 판잣집을 때려 부수는 철거반원한테 "야! 이 김일성보다 나쁜 놈아!"라고 소리쳤다가 반공법의 고무찬양죄에 걸린 사람이 있었다. 지금으로 치면 국가보안법이다. 김일성은 인류 역사상 가장 나쁜 놈이라야 하는데 대한민국의 공무를 집행하는 사람을 김일성보다 나쁘다고 했으니 김일성을 치켜세웠다는 것이다.

납득이 안 된다. 정말로 그렇다기보다 그렇게 죄를 뒤집어 씌워서라도 국민을 옥죄는 게 필요했던 것 같다. 그때 고무찬양죄로 홍역을 치른 사람이 누구인지 모르지만 상당히 억울했을 것이다. 일을 부풀려도 분수가 있지, 홧김에 내뱉은 욕설 한마디로 사람을 빨갱이 취급하는 법이 어디 있단 말인가?

본문에서도 그런 느낌이 들 수 있다. 사람을 차별한 것이 잘한 일이 아닌 것은 인정할 수 있다. 앞으로 주의하면 된다. 그런데 너무 심하게 몰아세우는 것 아닐까?

억울해도 별수 없다. 본문의 논지는 상당히 단호하다. 정상 참작의 여지가 없다. 어차피 율법은 하나를 범하면 모두 범한 것이 되기 때문이다. 계명에는 간음하지 말라는 계명도 있고 살인하지 말라는 계명도 있다. 평생 간음 근처에 가지 않았어도 살인을 하면 율법을 범한 것이다.

목사가 되려면 목사고시를 치러야 한다. 나는 지난 1996년에 목사고시를 치렀다. 지금은 과목이 달라졌지만 그때는 신약주해, 구약주해, 논문, 설교, 성경, 교회사, 헌법, 요리문답, 신앙 고백, 모두 아홉 과목이었다. 불합격하면 이듬해에 해당 과목을 다시 봐야 하기 때문에 2년이나 3년이 걸리기도 했다.

친구 중에 한 과목 떨어진 친구가 있었다. 그 친구가 억울하다고 했다. 아홉 과목 중에 여덟 과목 합격하고 논문 딱 하나 떨어졌으니 그 정도는 합격이라고 인정해 줘야지, 그걸 불합격이라고 하는 경우가 어디 있느냐는 것이다. 물론 농담이다. 하지만 율법에는 농담이 없다. 모든 율법 조항을 다 지켜도 한 가지에 걸리면 걸린 것이다. 세상에는 큰 죄, 작은 죄가 따로 있지만 율법에는 그런 것이 없다. 모래알이나 바위 덩어리나 물에 가라앉기는 매일반이다.

그러니 대체 어떻게 하란 말인가? 그래서 12절을 얘기한다.

2:12) 너희는 자유의 율법대로 심판받을 자처럼 말도 하고 행하기도 하라

'자유의 율법'은 복음을 말한다. 율법에서는 심판을 연상하고 복음에서는 구원을 연상하는 경향이 있다. 그런데 꼭 그렇지만도 않은 모양이다. 복음에서 심판을 말한다.

나는 중학교를 졸업할 무렵부터 교회에 다녔다. 그 시절, "구약시대에는 율법을 다 지켜야 구원을 얻을 수 있었기 때문에 구원 얻는 것이 굉장히 힘들었다. 하지만 지금은 구원의 문이 활짝 열렸다. 예수를 믿기만 하면 누구나 구원 얻는다."라는 말을 종종 들었다. 잘못된 가르침인데 교회 강단에서 공공연하게 그렇게 말하곤 했다. 그때만 해도 우리나라 신학 수준이 그 정도였던 모양이다.

그러므로 율법의 행위로 그의 앞에 의롭다 하심을 얻을 육체가 없나니 율법으로는 죄를 깨달음이니라 이제는 율법 외에 하나님의 한 의가 나타났으니 율법과 선지자들에게 증거를 받은 것이라 곧 예수 그리스도를 믿음으로 말미암아 모든 믿는 자에게 미치는 하나님의 의니 차별이 없느니라(롬 3:20-22)

천국이 있다면 세상을 착하게 산 사람이 가야 하는 것 아니냐는 말을 들은 적이 있다. 맞는 말일 수 있다. 그게 합리적이다. 문제는 어느 만큼 착해야 착한 것으로 인정되느냐 하는 것이다. 히틀러보다 착하면 된다고 하면 아무나 구원 얻을 수 있는데 마더 테레사보다 착해야 한다고 하면 어떻게 될까? 기준은 하나님이다. 하나님 보시기에 착해야 한다. 그런 사람이 하나님의 의를 충족하는 사람이다.

율법 외에 하나님의 한 의가 나타났다고 했으니 율법도 하나님의 의다. 율법을 다 지키면 하나님께 의롭다고 인정받을 수 있다. 그런데 율법의 행위로 하나님께 의롭다는 판정을 받을 수 있는 사람은 없다. 그래서 율법이 아닌 다른 의가 나타났다. 예수 그리스도를 믿음으로 말미암아 모든 자에게 미치는 의다. 예수를 믿으면 하나님께 의롭다고 인정받을 수 있다. 착한 사람이 구원 얻는 것이 아니라는 말은 사람들 보기에 착한 정도로는 구원 얻을 수 없다는 뜻이다. 하나님 앞에 의롭다고 인정을 받아야 구원 얻을 수 있다. 그리고 하나님은 예수를 믿는 사람을 의롭다고 인정하신다.

그러면 우리는 율법과 상관없을까? 설마 하나님께서 상관없는 것을 주셨을까? 예수님만 하나님의 의인 것이 아니라 율법도 하나님의 의다. 우리는 율법을 지키는 것으로 하나님의 의를 충족시키는 것이 아니라 예수님을 믿어서 하나님의 의를 충족시킨다. 우리가 예수님을 믿어서 도달한 곳은 율법을 다 지킨 곳이다.

율법이 세부 시행 규칙이라면 복음은 모든 행위의 동기에 해당한다. 어떤 사람이 결혼을 했다고 하자. 그런데 아내를 어떻게 대해야 하는지 모른다. 태어나서 그때까지 그런 문제는 한 번도 생각해 보지 않았다. 누군가 종이에 뭔가를 빽빽하게 적어서 준다.

① 출근할 때 아내 볼에 뽀뽀를 한다.

② 점심시간에는 아내한테 전화를 한다.

③ 퇴근길에 장미꽃 한 송이를 사서 들어온다.

④ 저녁은 같이 준비한다.

⑤ 저녁을 먹은 다음에는 꼭 설거지를 한다.

⑥ 아내가 TV 드라마를 볼 때는 말을 걸지 않는다.

⑦ 같이 쇼핑을 하게 되면 피곤한 내색을 하지 않는다.

⑧ 쉬는 날에는 세탁기를 돌린다.

⑨ 아내 생일은 반드시 챙긴다.

⑩ 잘 때는 등을 돌리지 않는다.

이런 항목이 613개가 있다고 하자. 그 사람이 이 모든 것을 지킬 수 있을까? 아무리 메모를 확인하면서 꼼꼼하게 지켜도 "아차!"하는 일이 있을 것이다.

이 모두를 지킬 수 있는 간단한 비결이 있다. 아내를 사랑하는 것이다. 정말로 아내를 사랑하면 퇴근한 다음에 무엇을 해야 하고 저녁을 먹은 다음에 무엇을 해야 하고 쉬는 날에 무엇을 해야 하는지 일일이 외우지 않아도 된다. 자기 마음에 있는 것을 하면 그만이다. 우리가 율법의 행위로 하나님 앞에 의롭다 하심을 얻을 수는 없지만 예수 그리스도를 믿으면 의로움을 얻게 된다는 얘기가 그래서 가능하다.

착하게 산 사람이 구원을 얻는 것이 아니라 예수를 믿은 사람이 구원을 얻는다는 말에 대입해 볼까? 결혼하는 사람마다 613개 항목을 매일 보면서 그대로 따라 한다고 하자. 100개 항목을 지킨 사람도 있고 200개 항목, 300개 항목, 400개 항목, 500개 항목, 600개 항목을 지킨 사람도 있을 것이다. 600

개 항목을 지켰으면 대단하다는 말을 들을 법도 하다. 어지간한 사람은 그 근처에도 못 간다. 그래도 불합격이다. 아무리 모진 결심을 하고 이를 악물어도 진심으로 아내를 사랑하기 전에는 합격 판정을 받을 재간이 없다.

2장은 "내 형제들아 영광의 주 곧 우리 주 예수 그리스도에 대한 믿음을 너희가 가졌으니 사람을 차별하여 대하지 말라"라는 말로 시작했다. 이어서 부자와 가난한 자를 차별하는 문제를 지적했다. 하나님이 가난한 사람을 차별하지 않는데 왜 가난한 사람을 차별하느냐는 것이다. 그리고 본문에서 이웃 사랑을 얘기한다. 네 이웃 사랑하기를 네 몸과 같이 하라 하신 최고의 법을 지키면 잘하는 것이지만 만일 사람을 차별하여 대하면 율법을 범하는 것이라고 했다. 알기 쉬운 말로 바꿔볼까? "너희는 복음을 받아들인 사람 아니냐? 고작 율법에 걸리면 어떻게 한단 말이냐?"라는 뜻이다. 결혼한 사람이 매사에 아내를 사랑으로 대하는 것은 고사하고 아내 생일에 외박을 하면 어떻게 할까?

우리는 613가지 항목을 메모해서 수시로 확인하기에 급급한 사람들이 아니다. 자유의 율법대로 심판받을 자처럼 말도 하고 행하기도 해야 하는 사람들이다. 예수님 말씀대로 하면 하늘에 계신 우리 아버지의 온전하심과 같이 우리도 온전해져야 하는 사람들이다. 바울 서신에 나온 표현을 빌리면 그리스도의 복음에 합당하게 생활해야 하는 사람들이고, 그리스도와 함께 다시 살리심을 받았으니 위의 것을 찾아야 하는 사람들이다.

수년 전에 〈타짜-신의 손〉이라는 영화가 있었다. 허영만 화백이 그린 만화를 원작으로 하는 영화다. 주인공 함대길이 미나를 보고 한눈에 반한다.

세월이 얼마나 지났을까? 고향을 떠난 함대길이 사기도박에 걸려든다. 하필 그 자리에서 미나를 만났는데, 미나는 사기도박단에 매인 몸이다. 거액을 빚지고 도망 다니는 함대길을 찾아와서 가방을 내민다. 열어 보니 돈이 가득 들어 있다. 미나가 말한다. "너 팔아먹고 받은 돈이야. 네 맘대로 해."

어쩌다 보니 사기도박단에 매인 신세가 되었고, 공교롭게도 함대길이 걸려들었다. 자기도 매인 몸이다 보니 별 도리가 없었다. 그래서 자기가 받은 몫이나마 돌려줄 테니 마음대로 하라는 것이다. 딱히 감동적일 것도 없는 대사다. 최소한의 양심이 있으면 그렇게 하는 것이 맞다. 따지고 들면 그 정도로는 한참 모자라다.

우리는 어떤가? 우리한테 있는 생명은 예수님을 팔아먹고 받은 것이다. 당연히 예수님 마음대로 해야 한다. 우리한테는 더 이상 우리 것이 없다. 우리의 모든 것을 예수님이 주장하셔야 하고, 예수님이 지배하셔야 한다. 그런 사람을 크리스천이라고 한다.

교회에서는 늘 예수님이 우리를 위해서 대신 죽었다는 얘기를 한다. 예수님은 우리가 죽어야 할 죽음을 죽기만한 분이 아니다. 우리가 살아야 할 삶을 살기도 하셨다. 예수님이 죽으신 죽음이 우리가 죽어야 할 죽음인 것처럼 예수님께서 사신 삶이 우리가 살아야 할 삶이다.

설마 예수님이 네 이웃 사랑하기를 네 몸과 같이 하라고 말만 하셨을까? 먼저 그렇게 하셨다. 우리가 예수님을 주로 고백할 수 있게 된 이유가 예수님이 우리를 예수님 몸처럼 사랑하셨기 때문이다. 이 사실을 알면 우리도 이웃을 우리 몸처럼 사랑할 수 있어야 한다. 그걸 거부하면 "저는 예수님의 사랑을 받을 자격이 있습니다. 하지만 저 사람은 제 사랑을 받을 자격이 없습니다."라고 하는 셈이다. 예수님을 주로 고백하는 것이 무슨 뜻이고, 예수님의 사랑을 받고 있는 것이 무슨 뜻인지 모르는 사람이나 할 수 있는 발상이다. 겉으로는 신자처럼 보여도 사실은 신자가 아니다. 신자가 아니니까 부자와 가난한 자를 차별하지, 신자가 어떻게 차별한단 말인가?

2:13〉 긍휼을 행하지 아니하는 자에게는 긍휼 없는 심판이 있으리라 긍휼은 심판을 이기고 자랑하느니라

"구약시대에는 율법을 다 지켜야 구원을 얻을 수 있었지만 지금은 예수를 믿기만 하면 누구나 구원 얻는다"라는 말은 율법을 곡해한 것으로 끝나지 않는다. 구원을 값싼 것으로 만들기도 한다. 구약시대에는 열심히 노력해도 얻기 힘들던 구원이 지금은 아무한테나 막 뿌려지는 것 같다. 결정적으로 예수를 믿는다는 말을 너무 쉽게 한다. 예수를 믿는 사람이 어떤 사람인지에는 대한 성찰이 없다. 심지어 교회에 정상적으로 출석하지도 않으면서 예수를 믿는다는 사람도 있다. 인생의 어느 한 시점에 예수를 믿어두면 구원이 보장되는 것처럼 말하기도 한다.

성경에는 그런 말이 없다. 오히려 "긍휼을 행하지 아니하는 자에게는 긍휼 없는 심판이 있으리라 긍휼은 심판을 이기고 자랑하느니라"라는 엄중한 선언이 있다. 신자한테는 긍휼 없는 심판이 어울리지 않는다. 당연히 불신자의 몫이다. 그러면 긍휼을 행하지 아니하는 자가 불신자의 다른 이름이 된다. "신자는 다 용서해준다. 긍휼을 행하지 않아도 눈감아준다."가 아니다. 긍휼을 행하지 않는 사람은 신자가 아니라고 못을 박는다. 신자는 신자인데 긍휼을 행하지 않는 신자가 아니라 신자가 아니라서 긍휼을 행하지 못한다는 것이다.

"긍휼은 심판을 이기고 자랑하느니라"라는 말도 그렇다. 예수를 믿으면 멸망하지 않고 구원 얻는다는 말에 대입해보자. 긍휼을 베푸는 것이 예수를 믿는 것이라면 심판을 이기는 것이 멸망하지 않고 구원 얻는 것이다. 예수를 믿는 것은 마음 상태로 끝나는 얘기가 아니다. 예수를 믿는 사람한테서는 긍휼이 나오게 마련이다. 쌀독에서 인심난다는 말 그대로다. 어떤 사람한테서 긍휼이 안 나오면, 그 사람은 쌀독이 비었기 때문이다. 즉 예수를 믿는 믿음이 없기 때문이다. 그런 사람은 하나님의 의를 충족하지 못한다. 긍휼 없는 심판이 있을 수밖에 없다.

무허가 판잣집을 부수는 철거반원한테 김일성보다 나쁜 놈이라고 한 사람을 반공법으로 처벌한 것은 억지다. 하지만 부자와 가난한 자를 차별하는 사람한테 "너, 예수 믿는 사람 맞아?"라고 묻는 것은 절대 억지가 아니다. 예수를 믿는 사람은 이웃을 사랑하게 마련이다. 자기가 구원 얻을 적에 어떤 형편이었는지 알기 때문이다. 자기가 사랑을 받고 있는데 사랑하지 못할 사람이 어디 있단 말인가?

예수를 믿는 사람은 다른 사람이 아니다. 하나님의 사랑을 아는 사람이다. 암송된 교리로 아는 것은 무효다. 자기의 신앙 고백으로 알아야 하고 삶으로 알아야 한다. 그런 사람은 자유의 율법을 얼마든지 충족한다. 하나님의 사랑이 매사의 기준이기 때문이다.

2:14) 내 형제들아 만일 사람이 믿음이 있노라 하고 행함이 없으면 무슨 유익이 있으리요 그 믿음이 능히 자기를 구원하겠느냐

예수를 믿으면 구원 얻는다. 구원은 믿음으로 얻는 것이지, 행위로 얻는 것이 아니다. 누구나 아는 내용이다. 그런데 야고보가 다른 말을 하는 것 같다. 행위가 뒷받침되지 않으면 믿음만으로는 구원을 얻지 못한다는 것이다. 우리가 익히 알고 있는 '이신칭의'를 '이행칭의'로 바꾸기라도 해야 하는 것일까?

어떤 여자가 있다. 거울을 볼 때마다 자신의 미모에 스스로 감탄한다. 문득 자기가 너무 교만한 것 아닐까 하는 생각이 들었다. 상담사를 찾아가서 물었다. "저는 거울을 볼 때마다 예쁘다는 생각을 합니다. 혹시 이것도 교만에 포함될까요?" 상담사가 대답한다. "아닙니다. 그런 경우에는 교만이라고 하지 않고 착각이라고 합니다."

자기 스스로 예쁘다고 생각한다고 해서 정말로 예쁘다는 보장이 없다. 믿음도 그럴 수 있지 않을까? 자기 생각에는 믿음이 있다. 그런데 그것이 혼자 생각이면 어떻게 할까? 본문이 그래서 나온 말이다.

씨앗을 심으면 싹이 나고 열매가 열린다. 그것이 씨앗을 심은 유익이다. 마찬가지다. 믿음이 있으면 구원으로 연결되어야 한다. 그것이 믿음의 유익이다. 그런데 믿음이 있노라 하면서도 행함이 없어서 구원을 얻지 못하면 그 사람한테 있다고 한 믿음은 어떤 믿음일까? 그런 믿음은 아무 유익이 없다.

"믿음만으로는 구원을 얻지 못한다. 행함도 있어야 한다."라는 뜻이 아니다. 애초부터 믿음이 없었는데 그것을 몰랐던 것이다. 믿음의 문제가 아니라 믿음이 있다고 생각하는 사람의 문제다. 본문은 믿음과 행위를 대조하는 내용이 아니다. 아무런 행함도 나타내지 못하는 죽은 믿음을 지적하는 내용이다. 뭔가 심각한 결함이 있는 것이 분명하다.

논리보다 중요한 것이 발상이다. "말을 어떻게 하느냐?"보다 "그 말을 왜 하느냐?"를 먼저 따져야 한다. 같은 말이라도 그 말을 왜 하는지에 따라서 맞는 말이 되기도 하고 틀린 말이 되기도 한다. "아무리 예수를 믿는다고 해도 믿기만 하고 행실이 뒷받침되지 않으면 무슨 소용이 있느냐?"라는 말을 생각해 보자. 구원 얻은 사람은 구원 얻은 사람답게 살아야 한다는 사실을 강조하는 말이라면 백번 지당하다. 하지만 "예수님 혼자는 우리를 구원하지 못한다. 우리가 선하게 살아서 예수님을 도와드려야 한다."라는 뜻이면 말이 안 된다. 실제로 "아무리 믿음이 중요하다고 해도 믿기만 하고 믿은 대로 살지 않으면 무슨 소용이 있느냐?"라고 말하는 이단이 있다. 얼핏 들으면 신앙적인 삶에 초점이 있는 말 같지만 사실은 예수님의 구속 사역에 흠집을 내려는 속셈을 감춘 말이다.

본문은 그런 얘기가 아니다. 신자는 신자다워야 한다는 사실을 강조하는 얘기도 아니고, 은근슬쩍 이단 교리를 말하는 것도 아니다. 믿음이나 행함에 초점이 있지 않고 구원에 초점이 있다. 어떤 믿음이 구원에 이를 수 있느냐는 것이다. '이신칭의'라는 말 그대로다. 믿음이 믿음일 수 있으려면 구원에 연결되어야 한다. 구원에 연결되지 않는 믿음은 믿음이 아니다.

12절에서 "너희는 자유의 율법대로 심판받을 자처럼 말도 하고 행하기도 하라"라고 했다. '자유의 율법'은 복음을 말한다. 노아의 방주가 구원일 수 있는 이유는 당시 세상이 홍수로 심판을 받았기 때문이다. 심판이 없으면 구원도 없다. 복음이 복음일 수 있는 이유도 심판이 있기 때문이다. 우리 모두는 하나님의 심판대 앞에 설 사람들이다.

이어지는 13a절에서는 "긍휼을 행하지 아니하는 자에게는 긍휼 없는 심판이 있으리라"라고 했다. 하나님께서 우리를 심판하시는 기준으로 긍휼을 얘기한다. 우리가 구원을 얻은 원동력이 하나님의 긍휼이다. 그런 구원을 얻은 사람이라면 당연히 긍휼을 행할 것이다. 혹시 긍휼을 행하지 않는다면 하나님께 긍휼을 입지 못한 사람이다. 구원 얻지 못한 사람이고 신자가 아니다. 긍휼 없는 심판이 있을 수밖에 없다.

긍휼을 행하지 않는 예가 어떤 게 있을까? 교회 밖에 있는 불신자는 알 바 아니다. 어차피 그들은 성경과 상관없다. 교회 안에 있는 불신자가 문제다. 그들은 자기가 불신자인 것을 모른다. 자기 생각에는 믿음이 있다. 그런데 행함이 나타나지 않는다. 거울을 보면서 스스로 예쁘다고 착각하는 사람처럼 자기는 믿음이 있다고 생각하지만 사실은 믿음이 없기 때문이다.

2:15-17〉 만일 형제나 자매가 헐벗고 일용할 양식이 없는데 너희 중에 누구든지 그에게 이르되 평안히 가라, 덥게 하라, 배부르게 하라 하며 그 몸에 쓸

것을 주지 아니하면 무슨 유익이 있으리요 이와 같이 행함이 없는 믿음은 그 자체가 죽은 것이라

지금도 헐벗고 일용할 양식이 없는 형제나 자매가 있다. 당시는 더 많았을 것이다. 그런 사람한테 떡이나 옷을 나눠주지는 않으면서 "평안히 가라", "덥게 하라", "배부르게 하라" 하고 말만 하면 그런 말이 무슨 유익이 있을까?

위선은 악이 선한테 표하는 경의라고 한다. 선이 좋은 것은 알면서도 선이 되기는 싫어서 나오는 것이 위선이다. 선이 될 마음은 없지만 선이라는 말은 듣고 싶은 것이다. 그래서 선을 가장한다.

헐벗고 일용할 양식이 없는 형제나 자매한테 "평안히 하라", "덥게 하라", "배부르게 하라"라는 말을 왜 할까? 그런 사람을 도와야 하는 것은 알지만 정말로 먹을 것이나 입을 것을 나눠주려니 돈이 아깝다. 그래서 말로 때우는 것이다. 자기의 말이 그 사람들한테 아무런 유익도 안 된다는 사실은 알 바 아니다.

말로는 믿음이 있다고 하면서 행함이 없는 사람이 그와 같다. 행함이 없는 믿음은 믿음이 아니다. 아무 유익이 없기 때문이다. 여기서 말하는 유익은 물론 구원이다. 구원에 이르지 못하는 믿음을 믿음으로 간주할 이유가 없다.

2:18) 어떤 사람은 말하기를 너는 믿음이 있고 나는 행함이 있으니 행함이 없는 네 믿음을 내게 보이라 나는 행함으로 내 믿음을 네게 보이리라 하리라

소크라테스는 대화하듯이 강의를 했다. 가상 인물을 등장시켜서 질문도 하고 답도 한다. 그 답에 대한 자신의 생각을 이야기하고, 상대의 질문에 대답도 한다. 이처럼 대화하는 형식으로 논지를 전개하는 수사학 기법을 '디아트리베'라고 한다.

16절이 디아트리베였는데 본문도 그렇다. 그런데 좀 아리송하다. 누가 누구한테 하는 말일까? "어떤 사람은 말하기를 너는 믿음이 있고 나는 행함이 있으니…"라고 했는데 '나'와 '너'가 누구일까? '나'는 야고보가 등장시킨 어떤 사람이다. 그러면 '너'는 야고보일 것 같은데 말하는 내용이 야고보의 논지와 안 맞는다. 야고보는 행함과 믿음을 구별해서 말한 적이 없다.

'너'는 야고보가 아니라 야고보의 또 다른 반대자다. 영혼과 육체를 분리할 수 없듯이 믿음과 행함도 분리할 수 없다. 그런데 분리할 수 있다고 가정하면 "영혼 없는 육체"나 "육체 없는 영혼"을 얘기할 수 있는 것처럼 "믿음 없는 행함"과 "행함 없는 믿음"도 얘기할 수 있다. 자기들끼리 "너는 믿음이 있고 나는 행함이 있다"라고 하는 것이 얼마든지 가능하다. 그런 대화에 야고보가 끼어든 것이다. "좋다. 그렇다면 행함이 없는 너의 믿음을 보여 봐라. 나는 행함으로 나의 믿음을 보이겠다."라는 말이 가능하겠다는 것이다.

행함과 믿음을 무슨 수로 구별할까? 믿음은 칼로리와 같다. 눈에 보이지는 않지만 결과는 언제나 볼 수 있다. 어떤 사람한테 믿음이 있으면 그 믿음은 행함으로 나타나게 마련이다. 행함이 없다는 얘기는 믿음이 없다는 뜻이다. 야고보가 말하는 믿음과 행함은 언제나 '한 세트'로 존재한다.

혹시 바울의 얘기와 다른 것 같은가? 바울은 행위가 아니라 오직 믿음으로 구원 얻는다고 했다. 그런데 야고보는 행위가 없는 믿음은 믿음이 아니라고 한다. 어떻게 된 영문일까?

아우구스티누스가 명쾌하게 정리했다. 바울이 말하는 행위는 믿음에 앞선 행위이고 야고보가 말하는 행위는 믿음에 수반되는 행위라는 것이다. 바울이 말하는 행위는 율법주의자들의 행위다. 그리스도를 만나기 전의 행위이고 불신자들의 행위다. 그런 행위로는 구원을 얻지 못한다. 반면 야고보가 말하는 행위는 믿음에 기인하는 행위다. 그런 행위가 없으면 믿음이 없다는 뜻이니 구원 얻은 사람이 아니다. 같은 단어라도 뜻이 다르다.

바울이 뿌리에 착안했다면 야고보는 열매에 착안한 셈이다. 뿌리에 착안했으니 믿음을 얘기하는 것이 맞다. 행위가 뿌리일 수는 없다. 야고보가 착안한 열매는 당연히 행위다. 혹시 행위가 나타나지 않으면 뿌리가 잘못된 탓이다. 그때의 믿음은 믿음이 아니다.

주후 1620년 9월 16일, 102명의 청교도를 태운 메이플라워호가 영국을 떠났다. 67일째 되는 11월 21일에 '신대륙'에 도착했다. 신대륙이라는 표현이 마음에 들지 않지만 어쨌든 당시 사람들은 신대륙인 줄 알았다. 그것을 기념해서 미국 메사추세츠주 플리머스에 세운 바위를 '플리머스록'이라고 한다. 그때 종교의 자유를 찾아 미국으로 온 청교도들은 대부분 플리머스록

인근의 공동묘지에 묻혔다. 거기에 다음과 같은 문장이 새겨져 있다. "우리 조상들이 그토록 비싼 대가를 지불하고 얻은 것을 가볍게 버리지 말자."

이 문장을 그대로 빌려 올 수 있다. 예수를 믿으면 구원 얻는다는 얘기는 우리로서는 감당 못할 놀라운 은혜다. 그런 놀라운 은혜가 저절로 주어질 수 없다. 그 일을 위해서 예수님이 이 세상에 오셔서 우리와 똑같이 살다가 십자가에 달려 돌아가셨다. 그런데 사람들이 예수를 믿는다는 말을 너무 쉽게 한다. 정말로 예수를 믿는 것이 아니라 예수를 믿는다고 말만 한다. 예수를 믿는다는 사실이 가치 기준으로 작용하지는 않는다.

자기 생각에는 그것도 믿음일 수 있다. 그런데 그 정도 믿음은 귀신들한 테도 있다.

2:19) 네가 하나님은 한 분이신 줄을 믿느냐 잘하는도다 귀신들도 믿고 떠느니라

"네가 예수를 믿어야 구원 얻는 줄 아느냐? 잘하는구나. 귀신들도 그 정도 는 믿느니라."라고 해도 달라지는 것이 없다. 자기가 귀신과 다르다는 사실 을 어떻게 논증해야 할까?

신 6:4-5가 "이스라엘아 들으라 우리 하나님 여호와는 오직 유일한 여호 와이시니 너는 마음을 다하고 뜻을 다하고 힘을 다하여 네 하나님 여호와 를 사랑하라"이다. 흔히 '쉐마'라고 한다. 우리말 성경은 "이스라엘아 들으 라"로 시작하지만 히브리어 원문으로는 '쉐마'라는 단어로 시작하기 때문이다. '들으라'라는 뜻이다. 히브리인들은 아침저녁으로 하루에 두 번씩 '쉐마'를 암송하곤 했다. 히브리인들 치고 하나님이 한 분인 것을 모르는 사람은 없다. 그래서 하는 말이다. 귀신한테도 있는 정도의 믿음을 가지고 믿음이라고 할 수는 없는 것 아닌가?

믿음은 말로 때울 수 있는 것이 아니다. 하나님은 한 분이라고 말하는 것이 믿음이 아니라 그래서 무엇을 하고 있느냐에 답을 하는 것이 믿음이다. 귀신이라고 해서 아무것도 안 하는 것이 아니다. 귀신도 하나님을 생각하며 벌벌 떠는 일은 한다. 그리고 그 정도는 믿음 축에 끼지 못한다.

하나님은 눈높이가 낮은 분이 아니다. 구원을 얻으려면 하나님의 눈높이를 충족해야 한다. 사람이 무슨 수로 하나님의 눈높이를 충족할까? 그럴 수 있는 사람은 예수님뿐이다. 구원을 얻으려면 예수님과 하나가 되는 수밖에 없다. 그 사실을 놓고 "예수를 믿으면 구원 얻는다"라고 하는 것이다.

예수를 믿는 사람은 그리스도와 하나가 된 사람이다. 믿음이 그만큼 귀한 것이다. 철 지난 백화점 상품처럼 바겐세일할 수 있는 것이 아니다. 영원한 생명이 거기에 걸려 있다.

그런데 고작 마음 상태로 믿음을 말하는 사례가 더러 있다. 그리스도와 하나가 되는 것은 고사하고 신앙의 이름으로 손가락 하나 까딱할 줄 모르면서 마음으로는 믿는다고 한다. 믿음이 무엇인지 단단히 오해한 탓이다.

한때 구원은 믿음으로 얻고 상급은 행함으로 얻는다는 말도 했다. 믿음만 있는 신자는 영어 학원으로 치면 초급반에 속한 신자이고 행함까지 있는 신자는 고급반에 속한 신자라는 것이다. 그 말이 사실이면 행함이 없는 것은 아직 신앙이 어린 탓이다. 신앙이 자라면 행함의 문제도 해결될 것이다. 그런데 성경에는 그런 말이 없다. 행함이 없는 것은 신앙이 어린 탓이 아니라 신앙이 없는 탓이다. 몸이 교회 안에 있으니 종교 행위에는 익숙하다. 찬송을 따라 부를 수도 있고 기도도 할 줄 안다. 성경에 대해서 들은풍월도 있다. 정기적으로 헌금도 한다. 하지만 그게 전부다.

그러면 그의 종교 행위는 신앙을 고백하는 것이 아니라 오히려 불신앙을 고백하는 것일 수 있다. "하나님은 저의 전부입니다. 저의 모든 것이 하나님으로 말미암습니다."라는 고백이 아니라 "제가 할 수 있는 것은 이것이 전부인데 이 정도면 됐죠?"라는 뜻이기 때문이다.

집에 온 손님을 어떻게 대접하는지에 따라 호의의 표시일 수도 있지만 박대의 표시일 수도 있다. 박대했다고 해서 아무 대접도 안 한 것이 아니다. 찬밥을 물에 말아서 줬다. 하루 종일 땅을 파도 100원짜리 동전 하나 안 나오는데 그게 어디인가? 자기는 할 만큼 했다고 생각할 수 있다.

하나님을 얼마나 우습게 알면 그럴까? 교회 밖에 있는 불신자는 전도하면 된다. 교회 안에 있는 불신자는 어떻게 해야 할까?

우리한테 있는 믿음이 정말 믿음일까? "나는 그리스도를 믿습니다"라고 말하는 것이 믿음이 아니다. 그래서 무엇을 하고 있는지 설명할 수 있어야 한다. 믿음은 말로 때우는 것이 아니라 몸으로 행하는 것이다. 예수님도 말로만 십자가에 달리지 않고 몸으로 직접 달리셨다. 말로만 하는 신앙 고백은 무효다. 신앙은 마땅히 몸으로 고백되어야 한다.

2:20-21〉 아아 허탄한 사람아 행함이 없는 믿음이 헛것인 줄을 알고자 하느냐 우리 조상 아브라함이 그 아들 이삭을 제단에 바칠 때에 행함으로 의롭다 하심을 받은 것이 아니냐

앞에서 행함이 없는 믿음은 아무 짝에도 소용없다고 했다. 그 말을 듣는 사람들이 어떤 사람들일까? 믿음에는 당연히 행함이 따라야 한다는 생각이 있는 사람들이라면 굳이 그런 말을 할 까닭이 없다. 구원은 믿음으로 얻는다는 나름대로의 확신이 있는 사람들이다. 그런 사람들한테 "행함이 없는 믿음은 죽은 믿음이다"라고 했다. 그러면 전부 고개를 끄덕였을까? 아마 쉽지 않았을 것이다. "무슨 말이야? 구원은 믿음으로 얻는 것인데…"라고 하는 사람이 있었을 것이다. 그래서 예를 들어 설명하는 것이 본문이다.

어떤 사람이 허탄한 사람일까? 행함이 없으면 믿음은 아무 소용이 없다고 했는데도 자기 편견에 사로잡혀서 말귀를 못 알아듣는 사람이 허탄한 사람이다. 그런 사람들한테 우선 아브라함을 예로 들어서 설명하고 이어서 라합을 예로 들어서 설명한다. 야고보가 혹시 입이 거칠었다면 "성경에 이렇게 되어 있는데 무슨 잔소리냐? 이 밥통들아!"라고 했을 수도 있다. 아브라함과 라합의 예를 듣고도 수긍하지 않으면 그런 사람은 계속 허탄한 사람으로 남을 수밖에 없다. "아브라함이니까 그렇지, 난 못해."라는 사람이 있으면 그 사람이 허탄한 사람이고 "라합이니까 그렇지, 난 못해."라는 사람이 있으면 그 사람한테 있는 믿음이 허탄한 믿음이다.

아브라함한테 가장 유명한 사건은 단연 이삭을 제물로 바친 사건이다. 이 사건은 종종 오해하곤 한다. 마치 아이한테 "엄마가 좋아, 아빠가 좋아?" 하고 묻는 것처럼 생각하는 것이다. 하나님이 아브라함한테 "너는 내가 좋으냐, 네 아들이 좋으냐?"라고 물었다고 하자. 아들보다 하나님을 더 사랑한다고 해서 그 사실을 꼭 아들을 제물로 바치는 것으로 나타내야 할까? 아이한테 "엄마가 좋아, 아빠가 좋아? 정말로 엄마가 좋아? 좋아, 그럼 아빠 죽여!"라고 하는 법은 없다.

"아브라함은 백 세에 얻은 자식도 하나님이 바치라고 하시자, 기꺼이 바쳤다. 이 세상에 있는 그 어떤 것도 하나님보다 더 사랑하면 안 된다. 설령 자식이라고 해도 예외가 아니다."라고 하는 것은 섣부른 단견이다. 하나님은 가학적인 분이 아니다. 자식을 죽이는 것과 하나님을 사랑하는 것이 무슨 상관이 있을까? 하다못해 중국집에서도 짜장면 먹을 사람은 짜장면 먹고 짬뽕 먹을 사람은 짬뽕 먹으면 된다. 자기가 짜장면을 먹겠다는 사실을 옆 사람 짬뽕 그릇을 뒤집어엎는 것으로 나타낼 이유는 없다. 혹시 그런 사람이 있다면 짜장면을 좋아하는 사람이 아니라 성질이 더러운 사람이다. 만일 아브라함이 하나님보다 아들을 더 사랑할 수 없다는 이유로 이삭을 바쳤으면 그만큼 하나님을 사랑하기 때문이 아니라 '싸이코패스'라서 그렇다.

하나님이 아브라함한테 이삭을 번제로 바치라고 했다. 아브라함이 그 말씀에 순종한다. 번제에 쓸 나무는 이삭한테 지우고 자기는 불과 칼을 들고 산에 오른다. 제단을 쌓고 나무를 벌여 놓고 이삭을 결박하여 제단 나무 위에 놓았다. 손을 내밀어 칼을 잡고 막 아들을 잡으려 하는데 여호와의 사자가 아브라함을 부른다. 이삭을 죽이지 말라는 것이다. 창 22:12에 "사자가 이르시되 그 아이에게 네 손을 대지 말라 그에게 아무 일도 하지 말라 네가 네 아들 네 독자까지도 내게 아끼지 아니하였으니 내가 이제야 네가 하나님을 경외하는 줄을 아노라"라고 기록되어 있다.

누군가 아브라함한테 하나님을 경외하느냐고 물으면 아브라함이 뭐라고 대답했을까? 당연히 경외한다고 했을 것이다. 하지만 말로만 경외하는 것은 무효다. 이삭을 바치라는 말씀에 순종하지 않았으면 아브라함은 하나님을 경외하는 사람이 아니다. 행위로 나타나는 경외심이 아니면 하나님이 인정을 안 하신다.

본문에서 그 내용을 인용한다. "우리 조상 아브라함이 그 아들 이삭을 제단에 바칠 때에 행함으로 의롭다 하심을 받은 것이 아니냐"라고 했다. 아브라함한테 이삭을 바칠 마음이 있었는지, 없었는지는 고려 사항이 아니다. 실제 그렇게 행한 것으로 의롭다 하심을 받았다는 것이다.

의롭다 하심을 받지 못하면 어떻게 될까? 불의한 사람은 심판을 받아야 한다. 즉 지옥에 가야 한다. 구원을 얻으려면 하나님 보시기에 의로워야 한다. 하나님 보시기에 의로우려면 어떻게 해야 할까? 그 일이 아브라함한테는 이삭을 바치는 것으로 나타났다. 이삭을 바치지 않았으면 아브라함도 구원 얻지 못했을 것이라는 뜻이 된다. "아브라함은 이삭을 바쳐야 구원을 얻을 수 있었는데 우리는 예수를 믿기만 하면 되니까 다행이다"라고 하면 안 된다. 아브라함이 이삭을 바친 사건을 통해서 예수를 믿는다는 말에 어떤 내용이 들어 있는지 바로 알아야 한다.

예전에 "아브라함을 본받자"라는 논지의 설교를 종종 들었던 기억이 있다. 아브라함은 하나님께 순종해서 아들까지도 바쳤다고 하면서, 우리도 아브라함처럼 철저하게 순종해야 한다는 것이었다. 그때는 당연하게 여겼는데 지금 생각하니 이상하다. 아브라함을 본받지 못하면 어떻게 될까? 아브라함이 100점짜리 신자라면 아브라함을 본받지 못해도 80점짜리 신자는 될 수 있다. 장학생은 아니라도 낙제는 면할 수 있다. 실제로 설교를 들을 때 대부분 속으로 그런 생각을 했을 것이다. "아브라함이야 특별한 사람이니까 그렇지, 우리 같은 보통 사람이 무슨 수로 그렇게 해? 우리야 그냥 믿기만 하면 되지."

성경의 얘기는 다르다. 아브라함이 이삭을 바치는 것을 보고서야 아브라함이 하나님을 경외하는 줄 알았다고 한다. 그렇게까지 안 해도 보통 수준의 신자는 되는데 그렇게까지 하는 것을 보니 과연 특별한 신자라고 한 것이 아니다. 그런 아브라함을 본받지 않으면 우리는 신자가 아닌 것이 된다. "우리 조상 아브라함이 그 아들 이삭을 제단에 바칠 때에 행함으로 의롭다 하심을 받은 것이 아니냐"라고 한 그대로다. 그런 행함이 없으면 의롭다 하심을 받지 못한다.

착각하면 안 된다. 아브라함이 이삭을 바치지 않았으면 2% 부족할 뻔했는데 이삭을 바쳐서 완벽하게 된 것이 아니다. 이삭을 바치지 않았으면 빵점이다. 그러면 하나님 보시기에 불의한 사람이고, 그런 사람이 갈 곳은 뻔하다. 결국 "아브라함이니까 그렇지, 난 못 해."라는 얘기는 "난 사실 예수 안 믿어"와 같은 뜻이다.

2:22-24) 네가 보거니와 믿음이 그의 행함과 함께 일하고 행함으로 믿음이 온전하게 되었느니라 이에 성경에 이른바 아브라함이 하나님을 믿으니 이것을 의로 여기셨다는 말씀이 이루어졌고 그는 하나님의 벗이라 칭함을 받았나니 이로 보건대 사람이 행함으로 의롭다 하심을 받고 믿음으로만은 아니니라

'온전하다'는 '텔레이오오'를 번역한 말로, 어떤 일이나 임무를 완수한다는 뜻이다. 바울이 에베소교회 장로들한테 고별 설교를 하면서 "내가 달려갈 길과 주 예수께 받은 사명 곧 하나님의 은혜의 복음을 증언하는 일을 마치려 함에는 나의 생명조차 조금도 귀한 것으로 여기지 아니하노라"라고 했다. 이때 "복음을 증언하는 일을 마치려 한다"라고 할 때 쓰인 단어가 '텔레이오오'다. 믿음은 단회적인 경험이 아니다. 도달해야 하는 목적지가 있는 기나긴 과정이다. 그 과정에 나타나는 것이 행함이다.

창 15:6에 "아브람이 여호와를 믿으니 여호와께서 이를 그의 의로 여기시고"라고 되어 있다. 하나님께서 장차 아브라함의 자손을 하늘의 별처럼 많게 해주겠다고 하신 다음에 이어지는 말씀이다. 신학적으로 상당히 중요한 구절이다. 이신칭의를 말하는 구절이기 때문이다. 이신칭의는 바울이 맨 처음 말한 교리가 아니다. 창세기에 있는 내용을 인용한 것이다.

하나님께서 아브라함의 자손을 하늘의 별처럼 많게 해주겠다고 하셨다. 아브라함이 그 말씀을 믿었고, 그러자 하나님은 아브라함을 의롭다고 하셨다. 23절에서 그 내용을 설명한다. 아브라함이 이삭을 제단에 바쳐서 창

15:6 말씀이 성취되었다는 것이다. 아브라함이 하나님을 믿자 하나님이 아브라함을 의롭다고 했는데, 나중에 이삭을 바친 것을 보니 과연 그렇다는 것이다. 하기야 당연한 귀결이다. 설마 하나님이 사람을 잘못 보기야 했겠는가?

다시 따져보자. 하나님이 아브라함의 자손을 하늘의 별처럼 많게 하겠다고 하셨다. 그런데 이삭을 번제로 바치라고 하신다. 그러면 하나님 말씀은 어떻게 되는 것일까? 아브라함한테 이삭을 바치는 문제는 하나님과 이삭 중에 누구를 더 사랑하느냐에 대한 얘기가 아니다. 아브라함의 자손을 하늘의 별처럼 많아지게 하겠다고 하신 말씀을 믿느냐, 못 믿느냐에 대한 얘기다. 그 말씀을 믿으면 이삭을 바치지 못할 까닭이 없다. 자기가 이삭을 바쳐도 하나님께는 뭔가 대책이 있을 것이다. 하나님은 아브라함의 자손을 하늘의 별처럼 많아지게 해주실 분이다. 이삭을 통해서 그런 일이 일어나야 한다.

실제로 창 22:5에 "이에 아브라함이 종들에게 이르되 너희는 나귀와 함께 여기서 기다리라 내가 아이와 함께 저기 가서 예배하고 우리가 너희에게로 돌아오리라"라고 되어 있다. 아브라함이 이삭을 제물로 바치러 가면서도 이삭과 함께 돌아온다고 얘기했다. 이삭을 바치지 못할 이유가 없다. 그래서 "이에 성경에 이른바 아브라함이 하나님을 믿으니 이것을 의로 여기셨다는 말씀이 이루어졌고"라고 하는 것이다.

그것만이 아니다. 그렇게 해서 아브라함이 하나님의 벗이라는 칭함을 받게 되었다고 한다. 구약성경 어디에도 "이에 하나님이 아브라함과 친구로 지내기로 하였더라"라는 구절이 없는데 본문에서 설명한다. 이삭을 바쳤기 때문이라는 것이다.

　아브라함이 하나님의 벗이라는 사실이 우리와 무슨 관계가 있을까? 아브라함을 그만큼 대단한 사람으로 인정해야 할까? 나중에 예수님이 제자들한테 같은 말씀을 하신다. 제자들을 친구라고 하신 것이다. 물론 아무나 친구가 되는 것이 아니다. 예수님이 "너희는 내가 명하는 대로 행하면 곧 나의 친구라(요 15:14)"라고 하셨다. 예수님이 명하는 대로 해야 예수님의 친구가 된다. 구약시대에 태어났으면 우상을 섬겼을 사람이 신약시대에 태어나서 돈을 섬기는 것처럼 신약시대에 태어나서 예수님의 친구가 된 사람이 구약시대에 태어났으면 하나님의 벗이 되었을 것이다. 우리 역시 그렇다. 예수님이 우리를 친구로 부르신다. 우리가 예수님의 친구가 아니면 구원을 얻지 못한 것이 된다. 아브라함이 하나님의 벗이라는 얘기는 아브라함이 그만큼 대단하다는 뜻이 아니다. 우리한테 허락된 구원이 그 정도로 엄청난 사건이라는 뜻이다. 친구 사이에 우열이 없는 것처럼 우리가 예수님과 동급이 된다. 예수님이 명하는 대로 해야 예수님의 친구가 되는 이유가 여기에 있다. 우리가 예수님처럼 되려면 우리는 나타나지 말고 예수님만 나타나야 한다. 우리와 예수님 사이에는 존재론적으로 차이가 있는데 그 차이를 메울 수 있는 유일한 방법이 순종이다.

　나한테 있는 책 중에 〈믿음의 정상〉이라는 책이 있다. 아브라함을 강해한 책이다. 하도 오래전에 읽어서 무슨 내용이 있었는지 제대로 기억하지는 못한다. 하지만 아브라함이 모리아산에서 이삭을 바치는 사건을 믿음의 정상으로 얘기한 것은 기억한다. 그렇다고 해서 믿음에 정상도 있고 정상에 살짝 미치지 못하는 곳도 있는 것이 아니다. 자기가 있는 곳이 비록 정상은 아니지만 8부 능선쯤은 된다고 우기고 싶은 사람이 있을 수 있지만 하나님 보시기에는 죄다 밑바닥이다. 아브라함이 이삭을 바친 사건은 우리가 본받아야 할 신앙 무용담이 아니라 우리한테 있는 믿음이 어떻게 나타나야 하는지에 대한 설명이다. 예수를 믿는 사람은 누구나 이삭을 바치는 사람이다. 그렇지 않으면 믿음이 없는 것이다. 믿음에는 정상뿐이다. 하나님이 아브라함한테 "네 아들 네 사랑하는 독자 이삭을 데리고 모리아 땅으로 가서 내가 네게 일러 준 한 산 거기서 그를 번제로 드리라"라고 말씀하신 것과 예수님이 제자들한테 "너희는 내가 명하는 대로 행하면 곧 나의 친구라"라고 말씀하신 것이 결국 같은 뜻이다.

아브라함이 "하나님이 제 자손을 하늘의 별처럼 많게 해주신다는 말씀은 분명히 믿습니다. 하지만 이삭을 바치는 문제는 생각을 해봐야 하겠습니다."라고 했으면 어떻게 되었을까? 그러면 아브라함은 믿음이 없는 것이 된다. 애초에 성경에 등장하지도 못했을 것이다. 그런데 우리는 자꾸만 속는다. 손가락 하나 까딱하지 않으면서 "마음으로 믿는다"라는 말을 태연하게 한다. 아브라함이 비록 이삭을 바치지는 않았지만 믿음은 있었다는 식이다. 그 말에 속는 사람이 자기뿐인 것을 모른다. 하나님은 고사하고 옆 사람도 안 속는다. 어쩌면 그 사람은 예수님의 제자들 중 누군가 "저희를 친구로 불러주시니 고맙습니다. 그렇다고 해서 정말로 항상 예수님 명대로 해야 하는 것은 아니죠?"라고 말해서 허락받은 것으로 알고 있을지도 모르겠다.

2:25〉 또 이와 같이 기생 라합이 사자들을 접대하여 다른 길로 나가게 할 때에 행함으로 의롭다 하심을 받은 것이 아니냐

라합은 이스라엘의 정탐꾼을 숨겨준 여리고성의 기생이다. 그런데 본문에서는 "기생 라합이 사자들을 접대하여…"라고 한다. 정탐꾼과 사자는 엄연히 다르다. 라합이 숨겨준 사람은 분명히 정탐꾼이었다. 그런데도 사자라고 하는 것은 라합이 그 일을 통해서 하나님 나라에 편입되었기 때문이다. 라합은 그때 하나님 나라에서 전해지는 소식, 즉 복음을 영접했다.

라합은 여리고성이 멸망할 운명인 것을 알았다. 비단 라합만이 아니다. 여리고성 사람들 전부가 알았다. 그들은 하나님께서 홍해를 가르신 일과 이스라엘이 요단강 건너편에서 아모리족을 멸한 일로 전부 사색이 된 상태였다. 그러면 얼른 성문을 열고 항복해야 하는 것 아닐까? 그런데 그럴 마음이 없었다. 악인은 차라리 지옥에 갈망정 회개하지 않는다. 그런 중에 라합이 이스라엘 정탐꾼을 숨겨줬고, 그렇게 해서 여리고성이 멸망할 적에 살아남았다. 라합이 이스라엘 공동체에 편입된 것이다. 이 사실을 놓고 성경은 라합이 행함으로 의롭다 하심을 받았다고 설명한다.

라합한테 그런 행함이 없었으면 어떻게 되었을까? 자기가 정탐꾼을 영접하고 싶은 마음이 얼마나 간절했는지 얘기하면, 하나님이 그 마음 중심을 보시고 영접한 것으로 인정해주셨을까? 그런 법은 없다. 정탐꾼을 영접하지 않으면 여리고성이 멸망할 적에 같이 멸망했을 것이다. 예수를 믿을 뻔한 것과 믿지 않는 것 사이에 다른 것은 아무것도 없다.

이때 라합은 하나님 나라의 백성이라는 지위를 얻었다. 그러면 라합의 그런 결정을 전부 치하했을까? 어림도 없다. 여리고성 사람들한테는 배신자다. 모두가 라합을 노려보며 이를 갈았을 것이다. 세상을 등지지 않고 하나님 나라를 얻는 법은 없다. 라합은 영원에 속한 것을 얻기 위해서 이 세상에 속한 것을 버린 사람이다. 기꺼이 세상 사람들과 원수가 되었다.

왜 하필 아브라함과 라합을 말할까? 믿음이 행함과 함께 일한다는 사실을 가장 잘 보여주는 사람이 아브라함과 라합일까? 노아나 요셉, 모세, 여호수아, 기드온, 룻, 에스더, 느헤미야… 다른 사람을 예로 들면 안 될까?

아브라함은 행함으로 나타나는 믿음을 하나님 앞에서 보인 사람이다. 반면 라합은 그 일을 위해서 자기가 속한 공동체와 반대되는 선택을 한 사람이다. 아브라함이 하나님과 독대한 자리에서 자기 신앙을 보였다면 라합은 세상 풍조를 거스르는 것으로 자기 신앙을 보였다. 아브라함의 경우로 보든지, 라합의 경우로 보든지 결론은 마찬가지다.

2:26〉 영혼 없는 몸이 죽은 것 같이 행함이 없는 믿음은 죽은 것이니라

아무 생각 없이 고개를 끄덕이면 안 된다. 영혼과 몸, 믿음과 행함을 서로 짝지어보자. 어떻게 짝짓는 것이 어울릴까? 몸은 보이지만 영혼은 보이지 않는다. 마찬가지로 행함은 보이지만 믿음은 보이지 않는다. 그러니 영혼을 믿음에 비유하고 몸을 행함에 비유하는 것이 어울릴 것 같다. 그런데 영혼을 행함에 비유하고 몸을 믿음에 비유한다.

행함이 없는 믿음은 죽은 것이라는 선언 때문이다. 몸 없는 영혼이 죽은 것이 아니라 영혼 없는 몸이 죽은 것이다. 사람의 요체가 몸에 있지 않고 영혼에 있다. 야고보에 따르면 행함은 있으면 좋지만 없으면 별수 없는 것이 아니다. 행함이 없는 믿음은 믿음이 아니다. 믿음을 믿음 되게 하는 본질이 행함이다.

상당히 무서운 말이다. 우리의 행위가 하나님을 향한 신앙 고백일 수도 있지만 오히려 불신앙의 고백일 수도 있기 때문이다. 아브라함이 이삭을 바치지 않았으면 아브라함의 자손을 하늘의 별처럼 많게 해주시겠다는 하나님 말씀을 믿지 않았다는 뜻이다. 아무리 그럴 듯한 변명을 늘어놓아도 달라지는 것이 없다. 라합이 정탐꾼을 영접하지 않았어도 마찬가지다. "저는 정말 영접하고 싶었습니다. 그런데 주변 눈치 때문에 어쩔 수 없었습니다. 이 정도는 이해해 주셔야 하는 것 아닙니까?"라는 말은 통하지 않는다.

유감스럽게도 그런 말을 왕왕 듣는다. 제대로 하고 싶은 마음이 없지는 않지만 상황이 녹록하지 않은 것을 어떻게 하느냐는 것이다. 그래서 하나님 말씀을 기필코 지켜 내는 것으로 신앙을 고백하지 않는다. 적당한 이유를 내세우는 것으로 대신한다. 그럴 만한 사정이 있으면 정상 참작이 되는 것으로 생각한다. 못하겠다고 얘기하면 안 해도 되는 줄 안다. 하나님이 우리의 죄를 용서해주시는 분이라고 해서 우리의 불신앙도 이해해주시는 분일까?

우리가 하나님께 대해서 갖고 있는 마음을 하나님이 우리한테 그대로 돌려주시면 어떻게 될까? 우리가 늘 바쁘다고 하는 것처럼 하나님이 우리한테 바쁘다고 하시면 어떻게 될까? 우리가 신앙을 지킬 수 없는 사정을 얘기하는 것처럼 하나님이 은혜 주실 수 없는 사정을 얘기하면 어떻게 될까? 걸핏하면 다음부터 정말 잘하겠다고 하는 것처럼 다음부터 정말 복주겠다고 하시면 어떻게 될까?

우리가 말로만 예수를 믿으면 하나님도 말로만 우리를 구원하실 수 있다. 우리가 하나님께 보여드릴 수 있는 것이 없으면 하나님도 우리한테 주실 수 있는 것이 없게 된다. 행함이 없는 믿음은 죽은 것이기 때문이다. 우리한테 정말로 믿음이 있으면, 그 믿음은 행함으로 입증되어야 한다. 그것을 대신할 수 있는 것은 아무것도 없다. 믿음은 행함과 함께 일하고 행함으로 믿음이 온전하게 되는 법이다.

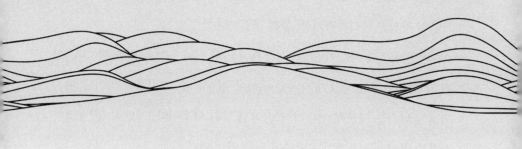

3장 말과 지혜

3:1) 내 형제들아 너희는 선생 된 우리가 더 큰 심판을 받을 줄 알고 선생이 많이 되지 말라

　연말이면 대부분의 교육전도사들이 겪는 고충이 있다. 교회 학교 교사 때문이다. 금년까지만 교사로 봉사하고 내년부터 안 한다는 사람이 늘 있다. 새로 충원해야 하는데 그게 쉽지 않다. 교사로 봉사해 달라는 말만 하면 기다렸다는 듯이 그렇게 하겠다고 할 사람은 없다. 그럴 사람은 이미 봉사를 하고 있다.

　교사로 봉사하기 싫어하는 사람이 본문을 보면 반가워할 것 같기도 하다. 하지만 본문의 선생과 지금의 교회 학교 교사는 다르다. 당시는 교회 조직은 고사하고 성경도 구약밖에 없을 때였다. 그래도 기독교를 가르칠 사람은 필요했다. 그런 사람이 선생이다. "선생 된 우리"라고 했으니 야고보도 선생에 포함된다는 뜻이다. 요즘으로 치면 교회 학교 교사보다 목사에 가깝지만 어쨌든 뭔가를 하려고 나서지 말고 자중하라는 뜻이다. 열심 없는 사람이 자신을 합리화하기 딱 좋은 구절이다.

우선 알아야 할 사실이 있다. 성경은 우리의 신앙 유익을 위한 책이다. 성경 말씀을 통해서 신앙이 자극을 받아야 정상이다. 그리고 우리의 문제는 열심이 넘치는 때문이 아니라 열심이 모자란 때문이다. 가만히 있는 것이 잘하는 것이라고 부추기는 말씀이 있을 턱이 없다.

어떤 사람이 있다. 선생이 되어 볼까 하는 마음이 있었는데 이 구절을 보고 포기했다. 그러면 그 사람 신앙에 어떤 유익이 있을까? 선생이 되었으면 더 큰 심판을 받을 뻔했는데 그런 심판을 받지 않게 되어서 다행일까? 나는 집에서 설거지를 하는 경우가 거의 없다. 그래서 그릇을 깨뜨릴 염려가 없어서 다행이라는 것이 말이 될까?

먼저 따져야 할 내용이 있다. 선생한테 있다는 "더 큰 심판"이 어떤 심판일까? 왜 선생한테는 더 큰 심판이 있을까? 하나님이 누구는 크게 심판하시고 누구는 적게 심판하신다는 것이 말이 될까?

주변에서 흔히 볼 수 있는 착각이 있다. 신앙을 지켜야 하는 책임이 목사와 목사 아닌 사람 사이에 차이가 있는 줄 안다. 목사는 철저하게 말씀대로 살아야 하지만 목사가 아닌 사람은 말씀대로 살 수 있으면 다행이고 그렇게 못해도 별수 없다는 식이다. 그런 법은 없다. 신자로 살아야 하는 책임은 모두한테 동등하다. 목사가 보는 성경과 목사 아닌 사람이 보는 성경이 따로 있는 것도 아니고 목사한테 임하는 성령님과 목사 아닌 사람한테 임하는 성령님이 다른 분도 아니다. 군인 정신이 장교와 사병 모두한테 똑같이 중요한 것과 같다.

"성경에서 많이 받은 자에게는 많이 요구한다고 하지 않았습니까?"라는 의문이 생길 수 있다. 물론 그렇다. 하나님은 많이 받은 자와 적게 받은 자한테 똑같은 결과를 요구하실 만큼 경우 없는 분이 아니다. 하지만 결과를 만들기 위한 헌신이나 열심에는 차이가 없어야 한다. 달란트 비유를 보면 알 수 있다. 다섯 달란트를 맡은 사람은 다섯 달란트를 남겼고 두 달란트를 맡은 사람은 두 달란트를 남겼다. 결과는 다르다. 많이 받은 자가 많이 남겼다. 하지만 다섯 달란트를 받은 사람이 다섯 달란트를 남기기 위해서 기울인 노력과 두 달란트를 받은 사람이 두 달란트를 남기기 위해서 기울인 노력 사이에는 아무 차이가 없을 것이다. 만일 노력 자체에 차이가 있다면 "이 무익한 종을 바깥 어두운 데로 내쫓으라 거기서 슬피 울며 이를 갈리라"라는 말을 들었을 것이다. 많이 받은 자는 죽도록 충성해야 하지만 적게 받은 자는 대충 충성해도 상관없는 것이 아니다. 많이 받거나 적게 받거나 기울이는 충성의 분량은 동일해야 한다.

본문을 다른 경우로 바꿔서 생각해 보자. "내 형제들아 너희는 부자 된 우리가 더 큰 책임이 있는 줄 알고 부자가 많이 되지 말라"라고 하면 어떨까? 말도 안 되는 얘기 같은가? 목사는 반드시 말씀대로 살아야 하지만 목사가 아니면 꼭 그럴 필요가 없다고 하는 것은 말도 안 되는 얘기가 맞다. 하지만 부자는 가난한 자보다 책임이 크다는 얘기는 성경적으로 타당하다. 부자는 가난한 사람에 비해서 하나님 보시기에 바르게 써야 할 돈을 더 많이 맡은 사람이다. 당연히 책임도 크다.

혹시 한 번도 생각해보지 않은 얘기인가? 십일조만 떼먹지 않으면 됐지, 무슨 신앙을 그렇게 복잡하게 따지나 싶을 수 있다. 하지만 하나님은 주일에만 하나님이 아니다. 평일에도 하나님이다. 헌금만 하나님 보시기에 바르게 하면 되는 것이 아니라 헌금을 한 나머지 액수 역시 하나님 보시기에 바르게 써야 한다. 월수입이 200만 원인 사람은 200만 원을 하나님 보시기에 바르게 써야 하고 월수입이 1,000만 원인 사람은 1,000만 원을 하나님 보시기에 바르게 써야 한다. 선생 된 우리가 더 큰 심판을 받는다는 얘기는 부자가 가난한 사람보다 책임이 크다는 말과 같은 논리다.

"내 형제들아 너희는 부자 된 우리가 더 큰 책임이 있는 줄 알고 부자가 많이 되지 말라"라고 하면 사람들이 어떤 반응을 보일까? "무슨 소리야? 돈만 하나님 보시기에 바로 쓰면 되지, 부자가 되는 게 잘못인가?"라는 생각을 할 것이다. 그러면 "내 형제들아 너희는 선생 된 우리가 더 큰 심판을 받을 줄 알고 선생이 많이 되지 말라"라는 말씀에는 어떻게 반응해야 할까? "아닙니다. 저희는 선생이 되기도 하고 더 큰 심판을 능히 감당하기도 하겠습니다."라고 하면 될까? 그렇지 않다. 어차피 선생은 그리 많이 필요하지 않다. 예수를 믿는 사람마다 다 선생이 되어 봐야 할 일도 없다. 교인 500명인 교회에서 500명이 다 목사가 되는 것은 말이 안 된다. 그렇다고 해서 "알았습니다. 저희는 선생이 되지 않겠습니다."라고 하는 것도 어색하다. 성경은 우리의 신앙 유익을 위한 책인데 선생이 되지 않는 것에 무슨 신앙 유익이 있단 말인가?

잠깐 짚고 넘어가야 할 사실이 있다. 선생이 되지 말라는 말과 부자가 되지 말라는 말에 대한 반응이 다르다면 대체 그 이유가 무엇일까? 선생이 되지 말라는 말에는 대부분 동의할 것 같다. "그렇구나, 선생이 되지 말아야 하겠구나."라는 반응이 쉽게 연상된다. 그런데 부자가 되지 말라는 말에는 쉽게 동의할 것 같지 않다. "돈을 바로 쓰면 되지, 부자가 되는 것이 잘못은 아니지 않은가?"라는 반발이 떠오른다. 만일 그렇다면 우리가 그만큼 세속적이라는 뜻이다. 신앙 열심을 덜 부리는 것은 괜찮아도 세상 욕심은 포기하지 못한다. 진지하게 고민해봐야 할 문제다.

하나님은 우리가 부자인지 가난한지에 딱히 신경을 안 쓰신다. 부자면 부자인 채로 하나님을 섬기고 가난하면 가난한 채로 하나님을 섬기면 그만이다. 부자가 되는 것에는 아무 문제가 없다. 부자가 되고 싶으면 되면 그만이다. 하지만 하나님의 관심은 우리가 부자가 되느냐, 가난한 사람이 되느냐에 있지 않고 돈을 어떻게 쓰느냐에 있다는 사실을 명심하자. 많은 돈을 쓰거나, 적은 돈을 쓰거나 돈 씀씀이가 신자다워야 한다.

선생도 마찬가지다. 중요한 것은 선생이 되느냐, 안 되느냐가 아니다. 자기의 신앙을 완성하는 것이다. 선생은 선생인 채로, 선생이 아닌 사람은 선생이 아닌 채로 신앙 완성에 힘써야 한다. 야고보 역시 선생이 많이 되지 말라고 했다. 모두가 선생이 될 필요는 없지만 누군가 선생이 되기는 해야 한다. 그러면 더 큰 심판을 무릅쓰고 선생이 되는 사람은 어떤 사람일까? 의문점은 또 있다. 야고보한테 이 편지를 받는 사람들 중에 선생이 되려는 사람이 얼마나 있었을까?

어떤 교회에서 부흥회를 한다고 하자. 강사가 말한다. "요즘 목회는 참 힘듭니다. 목사 될 생각하지 마세요." 교인들이 어떤 반응을 보일까? 전부 눈만 멀뚱멀뚱하지 않을까? 목사가 될 마음도 없는데 그런 말을 왜 하는 것일까? 야고보 당시는 달랐을 수 있지만 달라 봐야 얼마나 달랐겠는가? 선생이 되는 것에 흥미가 있는 사람보다 흥미가 없는 사람이 훨씬 많았을 것이다. 그런데 이런 말을 왜 하는 것일까?

천생 문맥을 통해서 파악해야 한다. 이어지는 내용은 말의 중요성에 대한 것이다. 말에 실수가 없으면 온전한 사람이라고도 하고, 혀를 잘 제어해야 한다고도 한다. 그런 내용이 12절까지 이어진다. 게다가 선생 얘기는 더 이상 나오지 않는다. 야고보의 관심이 선생에 있지 않고 말에 있다는 뜻이다.

그러면 선생 얘기는 왜 꺼냈을까? 선생은 말을 많이 하는 사람이다. 자기가 해야 할 말이 어떤 말인지도 잘 알 것이다. 결국 말의 중요성을 강조하기 위한 단초로 선생을 얘기한 것이다.

예전에 다윗의 밧세바 사건에 대한 설교를 들은 적이 있다. "완벽하게 보이던 다윗마저 죄에 넘어갔다. 우리는 늘 깨어 있어야 한다. 잠시도 방심하면 안 된다."라는 것이 설교 요지였다. 내가 이해하는 내용과 차이가 있었다. 다윗이 밧세바를 범한 사건은 죄에 빠지지 않게 조심하라는 교훈을 주는 사건이 아니라 우리가 죄에 대해서 어느 만큼 무기력한지 보여주는 사건이다. 하나님의 은혜가 아니면 대책이 없다.

어쨌든 그 설교 내용을 잠깐 빌려 보자. "다윗같이 완벽하게 보이던 사람도 죄를 지었다. 우리는 조금도 방심하면 안 된다. 그야말로 늘 깨어 있어야 한다."라는 말을 본문에 적용하면 어떻게 될까? "선생이라고 해도 말에 실수가 있을 수 있다. 선생이 아닌 사람은 오죽하겠느냐? 그만큼 말을 조심해야 한다."라는 뜻이 된다. 야고보의 관심이 선생이 되느냐, 안 되느냐에 있는 것이 아니라 말의 중요성을 설명하는 것에 있다. 다윗이 조심해야 했다면 우리는 얼마나 조심해야 하겠는가? 선생도 말에 실수를 한다면 선생 아닌 사람이야 말해서 무엇을 하겠는가?

3:2-3) 우리가 다 실수가 많으니 만일 말에 실수가 없는 자라면 곧 온전한 사람이라 능히 온 몸도 굴레 씌우리라 우리가 말들의 입에 재갈 물리는 것은 우리에게 순종하게 하려고 그 온 몸을 제어하는 것이라

가는 말이 고와야 오는 말이 곱다고 한다. 말 한마디로 천 냥 빚 갚는다고도 하고, 아 다르고 어 다르다고도 한다. 말이 중요하다는 것을 모르는 사람은 없다. 그렇다고 성경에서 다룰 만큼 중요할까? 성경은 바른생활 교과서가 아니다. 예수님의 피가 묻은 책이다. 영혼 구원이라는 굉장히 시급하고 중요한 문제를 다루고 있다. 그런 성경에서 말의 중요성을 왜 얘기할까? 말에 실수를 하면 구원에 문제라도 생길까?

앞에서 행함을 강조했다. 행함이 없는 믿음은 헛것이라고 했다. 당연한 말이다. 영혼과 몸을 분리할 수 없는 것처럼 행함과 믿음도 분리되지 않는다. 어떤 사람한테 믿음이 있으면 그 믿음은 행함으로 나타나게 마련이다.

그 사람의 행함을 보면 그 사람의 믿음을 알 수 있다.

말을 강조하는 이유도 마찬가지다. 사람은 자기 안에 가득한 것을 입으로 말하는 법이다. 어떤 사람한테 신앙이 있으면 그 신앙도 말로 표현될 것이다. 불신앙 역시 말로 표현된다. 믿음과 행함이 분리되지 않는 것처럼 그 사람과 그 사람이 하는 말도 분리되지 않는다. 앞에서 행함으로 믿음을 판정했다면 이번에는 말로 판정하는 것이다.

2:10에서 "누구든지 온 율법을 지키다가 그 하나를 범하면 모두 범한 자가 되나니"라고 했다. 이때 '범하다'로 번역된 단어가 본문에서 '실수'로 번역되었다. 실수가 정말로 실수라면 그 사람의 수준과 무관할 수 있다. 나무에서 떨어진 원숭이를 비난하는 것은 너무 매정하다. 하지만 율법을 범하는 것은 얘기가 다르다. 엄연히 그 사람 책임이다.

말에 실수가 없다는 얘기는 그 사람한테 책임을 물을 수 있는 실수가 없다는 뜻이다. 그런 사람은 온전한 사람이다. 능히 온 몸도 굴레 씌운다. 마치 말한테 재갈을 물리는 것과 같다. 말에 재갈을 물리면 말을 자기 뜻대로 다룰 수 있다. 몸에 굴레를 씌운 사람도 자기 몸을 인생 본연의 목적에 맞게 쓸 수 있다. 재갈 물린 말이 함부로 날뛰지 못하는 것처럼 굴레 씌운 몸도 함부로 준동하지 못한다.

예전에 어떤 분이 그랬다. "저도 시간 나면 성경 좀 읽고 싶은데 통 시간이 안 나네요." 어디가 잘못된 말인지 알겠는가? 성경은 시간 나면 읽는 책이 아니라 시간 내서 읽는 책이다. 평소에 하던 일 다 하고 남는 시간에 성경을 읽으려면 읽을 수 없는 것이 맞다. 혹시 시간 나면 연애하는 사람이 있을까? 시간 나면 돈 버는 사람은 어떤가? 다른 일은 시간 내서 하면서 성경은 시간 나면 읽겠다는 것이 무슨 심보일까? 비단 성경 읽기에 대한 얘기가 아니다. 자기가 하고 싶은 것을 다 하면서 하나님을 섬기는 법은 없다. 하나님을 섬기려면 자기 육신부터 제어해야 한다.

재갈 물리지 않은 말을 타고 목적지에 갈 수 있을까? 보나마나 자기가 가려는 곳이 아니라 말이 원하는 곳에 가게 될 것이다. 발정 난 암말이 있는 곳일 수도 있고 목초가 우거진 곳일 수도 있고 야생마들이 노는 곳일 수도 있다. 자기한테 아무리 중요한 용무가 있어도 말은 거기에 연연하지 않는다. 몸에 굴레를 씌우지 않아도 마찬가지다. 자기 몸뚱이가 원하는 것을 다 하면 하나님은 언제 섬길까? 정말로 하나님을 섬길 마음이 있으면 먼저 자기 몸을 잡아 묶을 수 있어야 한다. 말에 실수가 없는 사람이 바로 그런 사람이다.

김천택의 〈청구영언〉에 전해지는 작자 미상의 시조가 있다.

말하기 좋다 하고 남의 말 말을 것이
남의 말 내 하면 남도 내 말 하는 것이
말로써 말 많으니 말 말을까 하노라

이런 시조에는 누구나 고개를 끄덕인다. 말을 하지 않으면 말로 책잡힐 일이 없다. 그러면 말에 실수가 없게 될까? 세상에서는 그렇다고 할 것이다. 하지만 본문에서는 말에 실수가 없는 사람을 온전한 사람이라고 했다.

입 다물고 아무 말도 안 하면 과묵한 사람이나 신중한 사람은 될 수 있어도 그것으로 온전한 사람이 될 수는 없다. 무엇보다 본문에서 말을 강조하는 이유는 말로 그 사람을 알 수 있기 때문이다. 말만 하지 않으면 온전한 사람이 되는 것이 아니라 말에 실수가 없어야 온전한 사람이 된다. 하지 말아야 할 말을 하는 것만 실수가 아니다. 해야 할 말을 하지 않는 것도 실수다. 답안지를 백지로 내면 오답이 하나도 없어서 백점이 아니라 정답이 하나도 없어서 빵점인 것과 같다.

출애굽한 이스라엘이 가데스바네아에 이르렀다. 정탐꾼 열두 명이 가나안을 정탐한다. 가나안은 하나님께서 약속하신 땅이다. 그러면 어떤 것을 보고 와야 할까? 하나님께서 얼마나 좋은 땅을 약속하셨는지 보고 오면 된다. 정탐 결과를 기다리는 이스라엘한테 하나님의 약속에 대한 기대를 갖게 해주는 것이 그들의 임무일 수 있다. 그런데 여호수아와 갈렙을 제외한 열 명이 엉뚱한 말을 했다. 그 땅 거주민은 강하고 성읍은 견고하다는 것이다. 그들에 비하면 자기들은 메뚜기에 불과하다며 차라리 애굽으로 돌아가자고 했다. 요즘말로 바꿔볼까? "하나님의 백성으로 세상을 사는 것은 자살 행위다. 차라리 불신자 때로 돌아가자."라고 했다.

하나님께서 진노하셨다. 이렇게 해서 이스라엘의 광야 생활이 시작된다. "가나안에 들어가기 싫으냐? 그러면 소원대로 해주마."라고 했다는 뜻이다. 출애굽 1세대는 광야에서 다 죽고 출애굽 2세대가 가나안에 들어가게 된다.

정탐꾼의 문제가 무엇이었을까? 말이었을까, 수준이었을까? 그들이 그런 말을 한 것은 경솔했기 때문이 아니다. 그들 안에 가득한 것이 불신앙이었기 때문이다. 그들이 잔뜩 겁에 질렸으면서도 입 다물고 아무 말도 하지 않았다고 하자. 그러면 괜찮았을까? "말로써 말 많으니 말 말을까 하노라"에는 해당된다. 하지만 그들은 "하나님께서 우리한테 주신 땅은 정말 좋은 땅이다. 비록 거주민이 강하게 보이기는 하지만 우리가 애굽에서 나올 적에도 우리 힘으로 나온 것이 아니다. 하나님께서 인도하셨다. 하나님께서 가나안 땅을 주신다고 했으니 우리는 들어가기만 하면 된다."라고 해야 하는 사람들이다. 그들 안에 그런 생각이 없으니 그런 말이 나올 턱이 없다.

앞에서 하나님께서 진리의 말씀으로 우리를 낳으셨다고 했다. 우리를 우리 되게 한 것이 하나님의 진리의 말씀이다. 우리 안에는 그 말씀이 심어져 있다. 우리가 하는 말은 당연히 그 말씀에 근거해야 한다.

결국 우리한테 신앙에 근거한 말을 하라는 뜻이다. 신앙에 근거한 말을 하려면 다른 방법이 없다. 그런 사람이 되어야 한다. 열매를 보면 나무를 아는 법이다. 좋은 나무가 좋은 열매를 맺고 못된 나무가 못된 열매를 맺는다. 우리는 우리가 하는 말로 우리를 나타낼 수 있어야 한다. 거기에 실수가 없는 사람이 온전한 사람이다.

3:4-5〉 또 배를 보라 그렇게 크고 광풍에 밀려가는 것들을 지극히 작은 키로써 사공의 뜻대로 운행하나니 이와 같이 혀도 작은 지체로되 큰 것을 자랑하도다 보라 얼마나 작은 불이 얼마나 많은 나무를 태우는가

〈야고보서〉는 흔히 행위를 강조하는 책이라고 한다. 믿음보다 행위가 중요하다는 뜻이 아니다. 행위를 보면 믿음을 알 수 있다는 뜻이다. 정말로 믿음이 있으면 그 믿음은 행위로 나타나기 마련이다. 직설적으로 얘기하면, 믿음이 눈에 안 보인다고 해서 있지도 않은 믿음을 있다고 우기지 말라는 뜻일 수 있다. 믿음은 눈에 안 보여도 그 믿음에 근거한 행위는 눈에 보인다. 눈에 보이는 행위가 없는 사람은 눈에 보이지 않는 믿음도 없는 사람이다.

말의 중요성을 강조하는 이유도 마찬가지다. 말로 그 사람을 알 수 있다. 믿음과 행함이 분리되지 않는 것처럼 그 사람과 그 사람의 말도 분리되지 않는다. 하나님께 속한 말을 하는 사람은 하나님을 사랑하는 사람이고 세상에 속한 말을 하는 사람은 세상을 사랑하는 사람이다.

요즘은 연안에 다니는 배도 다 동력선이다. 하지만 예전에는 바람으로 움직였다. 그렇다고 해서 바람 부는 대로 마냥 떠밀려 다닌 것이 아니다. 사공이 키로 조정했다.

배 전체에서 키가 차지하는 비중이 얼마나 될까? 키가 배의 움직임을 통제하는 것처럼 혀도 그렇다. 몸 전체에 비하면 작은 지체지만 영향력은 상당하다. 마치 작은 불이 많은 나무를 태우는 것과 같다.

그러면 그다음에 어떤 내용이 나와야 할까? "혀를 잘 단속해야 한다. 자칫하면 인생 망친다."라는 내용이 나올 만하다. 말을 조심하는 것이 무엇보다 중요하다. 그런데 전혀 다른 내용이 나온다.

3:6〉 혀는 곧 불이요 불의의 세계라 혀는 우리 지체 중에서 온 몸을 더럽히고 삶의 수레바퀴를 불사르나니 그 사르는 것이 지옥 불에서 나느니라

혀는 곧 불이요 불의의 세계라고 한다. 그런 혀가 하는 일은 우리 지체 중에서 온 몸을 더럽히고 삶의 수레바퀴를 불사르는 일이다. "삶의 수레바퀴"에서 '삶'은 '게네시스'를 번역한 말이다. 하나님께서 창조하신 세상을 말한다. 우리가 그런 세상을 살고 있다. 결국 하나님께서 지으신 세상이 하나님 뜻에 따라 질서 있게 움직이는 것을 삶의 수레바퀴라고 한 것이다. 혀가 하는 일은 그런 세상을 불사르는 일이다. 당연히 보응을 받아야 한다. 그래서 혀도 나중에는 지옥 불에 타게 된다.

혀를 잘 단속하라는 말을 하는 것이 아니라 혀가 마치 악의 근원인 것처럼 말한다. 혀로 인해서 우리 몸이 더럽혀질 뿐 아니라 하나님이 지으신 창조 세계마저 손상된다는 것이다. 혀가 갈 곳은 지옥뿐이다.

3:7-8〉 여러 종류의 짐승과 새와 벌레와 바다의 생물은 다 사람이 길들일 수 있고 길들여 왔거니와 혀는 능히 길들일 사람이 없나니 쉬지 아니하는 악이요 죽이는 독이 가득한 것이라

그런 혀를 어떻게 해야 할까? 그러면 정말로 혀를 잘 단속하라는 말이 나와야 한다. "혀를 단속하는 일은 보통 일이 아니다. 어지간하게 정신 차려서는 안 된다. 혀는 지옥의 화신이다. 예수님 말씀에 손이 범죄하면 찍어버리라는 말씀이 있다. 우리가 혀를 그렇게 해야 한다."라고 할 만하다. 그런데 여러 종류의 짐승과 새, 벌레, 바다의 생물은 다 사람이 길들일 수 있고 길들여 왔지만 혀는 능히 길들일 사람이 없다고 한다.

'길들이다'는 '다마조'를 번역한 말이다. 예수님이 거라사 지방에서 군대 귀신 들린 사람을 고친 적이 있다. 그 사람은 무덤 사이에 거처했다. 사람들이 그를 여러 번 고랑과 쇠사슬로 묶었지만 그때마다 쇠사슬을 끊고 고랑을 깨뜨렸다. 그래서 이제는 아무도 그를 제어할 수 없게 되었다. 이때 '제어하다'가 '다마조'다.

하나님께서 사람을 지으시면서 바다의 물고기와 하늘의 새와 가축과 온 땅과 땅에 기는 모든 것을 다스릴 권세를 주셨다. 아닌 게 아니라 사람한테는 모든 종류의 짐승과 새, 벌레, 바다의 생물을 다스릴 능력이 있다. 하지만 혀는 능히 길들일 사람이 없다. 혀는 쉬지 않는 악이고 죽이는 독이 가득한 것이다.

그러니 어떻게 하라는 말일까? 대체 야고보가 주장하는 바가 무엇일까? 3장 시작하면서 강조한 것이 말이었다. 말에 실수가 없으면 온전한 사람이라고도 했고, 그런 사람은 마치 말에 재갈을 물리는 것처럼 온 몸을 굴레 씌운다고 했다. 말에 재갈을 물리면 자기가 원하는 곳으로 끌고 갈 수 있는 것처럼 온 몸에 굴레 씌우면 그 몸이 마땅히 살아야 할 삶을 살게 할 수 있다. 사공이 작은 키로 큰 배를 움직이고 작은 불이 많은 나무를 태우는 것처럼 혀는 작은 지체지만 절대 작지 않다. 여기까지 들으면 "말을 조심하는 것이 정말 중요하구나!" 하고 고개를 끄덕일 수 있다.

그런데 그것이 전부가 아니다. 혀를 악 그 자체라고 한다. 사람이 다른 모든 것은 다 통제해도 혀를 통제하는 것은 불가능하다고 한다. "혀를 제어하는 것은 굉장히 중요하다. 거기에 인생이 걸려 있다. 그런데 사람은 혀를 통제하지 못한다."라고 하는 것이 말이 될까? 그러면 애초에 얘기를 왜 꺼낸 것일까?

3:9-10) 이것으로 우리가 주 아버지를 찬송하고 또 이것으로 하나님의 형상대로 지음을 받은 사람을 저주하나니 한 입에서 찬송과 저주가 나오는도다 내 형제들아 이것이 마땅하지 아니하니라

한 입으로 찬송도 하고 저주도 하는 것은 분명히 문제가 있다. 그런데 방금 혀는 쉬지 아니하는 악이요 죽이는 독이 가득한 것이라고 했다. 그런 혀로 찬송을 하는 일이 어떻게 가능할까? 6-8절에 따르면 혀는 항상 부정적이어야 한다. 찬송이 나올 여지가 없다. 그런데 본문에서는 혀가 긍정적이기도 하고 부정적이기도 한 것을 탓한다. 중간에 무슨 일이 있었을까? 혀가 도무지 구제 불능이라면 긍정의 가능성이 생긴 것만으로도 대단한 일인데 그게 그렇지 않은 모양이다. 분명히 논리의 단절이 있다.

얼마 전에 한강공원 편의점의 불법 영업 실태를 고발한 기사를 읽었다. 편의점 바깥에 간이 테이블을 설치하고 영업을 하는 바람에 주변 환경이 엉망이라는 것이다. 매일 새벽까지 술판을 벌이며 테이블 밑에 가래침을 뱉기도 하고 담배꽁초나 먹다 남은 음식을 버리기도 한다. 한강을 찾은 시민들이 불편할 수밖에 없다. 편의점에서 술을 마시는 것은 엄연한 불법이지만 단속을 해도 테이블을 접으면 그만이다. 한 편의점주가 인터뷰에서 이런 말을 했다. "불법인 줄 알죠. 그래도 성수기인데 지금 돈을 벌지 않으면 언제 돈을 버나요? 테이블 하나라도 더 놓고 싶은데 그럴 수 없는 게 안타깝죠."

"지금 돈을 벌지 않으면 언제 돈을 버나요?"라는 말이 상당히 자극적으로 들렸다. 그 편의점주가 누구인지는 모른다. 어쨌든 돈을 버는 일을 가장 중요하게 여겼다. 그러면 매사에 돈이 기준일 것이다. 자기가 어떤 일을 해야 하는지, 말아야 하는지 기준도 돈이다. 법을 지키느라 돈을 손해 보는 것은 있을 수 없는 일이지만 돈을 벌기 위해서 법을 어기는 것은 별수 없는 일이다.

야고보가 말의 중요성을 강조하는 이유는 말이 곧 그 사람의 정체성이기 때문이다. 하나님께 속한 사람인지 세상에 속한 사람인지 그 사람의 말에서 나타난다. 그런데도 혀를 제어하지 못한다면 그 사람은 어떤 사람일까? 수다스러운 사람이 아니다. 할 말, 못 할 말을 가리지 못하는 사람도 아니다. 그 마음 안에 하나님이 없는 사람이다. 세상에 속한 사람한테서는 세상에 속한 말밖에 안 나온다.

"지금 돈을 벌지 않으면 언제 돈을 버나요?"라는 말이 어쩌면 그 사람의 정체성일 수 있다. 그 얘기가 "지금 신앙을 지키지 않으면 언제 신앙을 지키나요?"로 바뀌어야 한다. 그렇게 되기 전까지 하나님은 그에게 아무것도 기대하지 않을 것이다.

그러면 우리는 어떤 사람일까? 우리는 한 입으로 하나님을 찬송하고 사람을 저주하는 것이 어떻게 된 영문이냐는 말을 듣는다. "지금 돈을 벌지 않으면 언제 돈을 버나요?"라는 말도 하고 "지금 신앙을 지키지 않으면 언제 신앙을 지키나요?"라는 말도 하면 대체 어느 쪽이 진짜 그의 정체성일까?

신자와 불신자의 차이는 죄를 선택할 수 있느냐, 없느냐의 차이일 수 있다. 불신자는 죄를 선택하지 않는다. 죄를 선택해서 죄를 짓는 것이 아니라 죄인이라서 죄를 짓는다. 이스라엘이 애굽의 노예로 있을 적에는 하는 일마다 애굽이 시키는 일이었다. 선택의 여지가 없었다. 항거하는 것은 꿈도 못 꾼다. 성경에서는 그런 상태를 죄의 종이라고 한다. 우리는 그렇지 않다. 죄와 의를 분별할 줄 안다. 죄를 선택할 수도 있고 의를 선택할 수도 있다. 혹시 죄를 선택한다면 죄인이기 때문이 아니라 육신의 약함 때문이다. 출애굽한 이스라엘이 광야에서 죄를 범한 것은 죄의 종이기 때문이 아니라 스스로 선택한 것이었다.

"영접하는 자 곧 그 이름을 믿는 자들에게는 하나님의 자녀가 되는 권세를 주셨으니(요 1:12)"라는 말씀이 있다. 전도지에서 특히 자주 볼 수 있다. 얼른 예수님을 영접해서 하나님의 자녀가 되는 권세를 누리라는 뜻으로 많이 인용한다. 그런데 문맥을 살피면 그런 뜻이 아닌 것을 알 수 있다.

그가 세상에 계셨으며 세상은 그로 말미암아 지은 바 되었으되 세상이 그를 알지 못하였고 자기 땅에 오매 자기 백성이 영접하지 아니하였으나 영접하는 자 곧 그 이름을 믿는 자들에게는 하나님의 자녀가 되는 권세를 주셨으니 이는 혈

통으로나 육정으로나 사람의 뜻으로 나지 아니하고 오직 하나님께로부터 난 자들이니라(요 1:10-13)

예수님은 세상을 지으신 창조주다. 그런데 아무도 알아보지 못했다. 예수님이 자기 땅에 왔지만 자기 백성이 영접하지 않았다. 그렇다고 해서 영접하는 사람이 전혀 없었느냐 하면 그렇지 않다. 영접하는 사람이 있었다. 그런 사람에게는 하나님의 자녀가 되는 권세를 주셨는데, 그 사람들이 어떤 사람들인가 하면 혈통으로나 육정으로나 사람의 뜻으로 나지 아니하고 오직 하나님께로부터 난 사람들이다. 요 1:12 말씀만 생각하면 얼른 예수님을 영접하라고 결단을 촉구하는 뜻 같지만 이어지는 말씀과 같이 생각하면 우리가 얻은 구원의 신적 기원을 설명하는 말씀이다. 사람은 자기 실력으로 예수님을 영접할 수 없다. 혹시 영접하는 사람이 있다면 하나님께로부터 말미암은 사람이다.

"혀는 능히 길들일 사람이 없나니 쉬지 아니하는 악이요 죽이는 독이 가득한 것이라"라는 말씀을 생각해보자. 혀는 능히 길들일 사람이 없다. 혀에서 나오는 것은 죄다 악이고 독이다. 그런 혀로 하나님을 찬송하는 사람이 있으면 어떤 사람일까? 하나님께서 은혜로 함께하시는 사람이 분명하다. 하나님의 뜻을 따라 진리의 말씀으로 태어난 사람이다. 문제는 하나님을 찬송하는 것으로 끝나지 않고 하나님의 형상으로 지음받은 사람을 저주하기도 한다는 사실이다. 한 입에서 찬송과 저주가 나오는 것은 당연히 옳지 않다.

때로는 하나님을 찬송하기도 하고 때로는 하나님을 저주하기도 하는 것이 문제가 아니다. 하나님을 찬송하기도 하고 사람을 저주하기도 하는 것이 문제다. 예수를 믿는 사람은 어차피 하나님을 저주하지 못한다. 하지만 하나님의 형상으로 지음받은 사람을 저주한다면 하나님을 저주한 것과 진배없다.

어떤 사람이 있다. 하나님을 찬양할 때도 있고 사람을 저주할 때도 있다. 그러면 어느 쪽이 그 사람의 진짜 수준일까? 아마 그 사람은 하나님을 찬양하는 것이 자기 수준이라고 할 것이다. 자기가 하나님을 찬양한 것을 스스로 알기 때문이다. 자기는 분명히 하나님을 찬양하는 사람이다. 그런데 사람을 저주한 것은 모를 수 있다. 설마 까닭 없이 저주했을까? 뭔가 합당한 사유가 있을 것이다. 자기는 할 말을 했을 뿐, 저주한 적은 없다고 생각할 것이다.

친구를 만나기로 했다. 그런데 30분쯤 늦을 것 같아서 연락을 했다. 휴대폰이 일반화되기 전에는 그런 경우에 연락할 방도가 없었는데 이제는 간단하다. 기다리던 친구가 왜 늦었느냐고 짜증 섞인 목소리로 묻자, 태연히 답한다. "늦는다고 했잖아!"

이상한 점이 있을까, 없을까? 늦는다고 한 것은 맞다. 그렇다고 늦어도 되는 자격이 생기는 것은 아니지 않은가? 늦을 것이 예상되면 당연히 늦는다고 해야 한다. 그런 연락조차 안 하는 것은 말이 안 된다. 하지만 연락하고 늦었다고 해서 안 늦은 것으로 인정되지는 않는다. 어차피 늦었다.

너무 매정하게 들릴 수 있다. 사실 이런 문제는 그리 심각하지 않다. 늦는다고 하면 그러려니 하면 되고, 그런 일이 마냥 반복되면 아예 약속을 하지 말든지 아니면 같이 늦으면 된다. 정작 중요한 문제가 따로 있다. 이유가 있는 불신앙은 불신앙이 아니라고 착각하는 것이다. 자기가 자기 불신앙에 눈을 감으면 하나님도 눈을 감으시는 줄 아는 모양이다.

본문이 지적하는 우리의 문제는 하나님을 저주하는 것이 아니다. 하나님을 찬송한다고 하면서 사람을 저주하는 것이다. 대체 뭐라고 저주할까? 질문이 생뚱맞게 느껴질 수 있다. "난 남을 저주한 적 없는데 무슨 말을 하나?" 싶은 사람이 얼마든지 있을 수 있다. 그런데 정말로 그렇다면 성경에 이런 내용이 기록될 리가 없다.

출애굽한 이스라엘이 걸핏하면 광야에서 하나님께 불평했다. 그들을 비웃으라고 그런 내용이 기록된 것이 아니다. 우리가 신앙생활을 그렇게 하기 때문이다. 복음서에 나오는 바리새인들도 마찬가지다. 그것이 우리 모습이다. 성경은 우리한테 주시는 하나님의 말씀이다. 성경에 저주하지 말라는 말씀이 있으면 "맞아, 저주는 나쁜 거야." 하고 고개를 끄덕이면 안 된다. "아차, 하나님이 어떻게 아셨지?" 하고 가슴이 철렁 내려앉아야 한다. 그리고 자기를 고쳐야 한다. 우리는 하나님을 찬송하기도 하고 사람을 저주하기도 하는 사람이다. 그것이 우리의 문제다.

어떻게 된 영문인가 하면, 하나님의 형상대로 지음을 받은 사람을 저주한다는 말에 힌트가 있다. 하나님께서 하나님의 형상대로 사람을 지으셨다. 그런데 아담의 범죄로 그 형상이 훼손되었다. 예수님이 오신 것이 그 때문이다. 하나님의 형상을 회복하는 것이 우리의 구원이다. 그러니 하나님의 형상대로 지음받은 사람을 저주한다는 얘기는 그 사람의 신앙을 훼방한다는 뜻이다.

우리는 하나님을 찬송할 수 있게 변모된 사람들이다. 그러면 우리의 삶 자체가 하나님을 향한 찬송이라야 한다. 우리로 인해서 하나님을 찬송하는 사람이 생긴다면 그보다 더 큰 기쁨이 없다. 그런데 오히려 다른 사람의 신앙을 방해할 수 있다. 예수를 믿지 말라고 노골적으로 방해하지는 않지만 은근히 방해한다. 혹시 "뭘 꼭 그렇게까지 하려고 하느냐?"라는 말을 한다면, 그 말이 바로 그렇다. "나중에 잘하면 된다"라는 말도 마찬가지다. 나중에 잘한다는 얘기는 나중에 잘한다는 사실에 초점이 있지 않고 지금은 안 한다는 사실에 초점이 있는 것을 아는 사람은 다 안다. 자기 딴에는 그 사람을 생각해서 하는 말인지 모르겠지만 그 말을 들을수록 하나님에게서 멀어진다. 그런 말이 사람을 저주하는 말이다.

고 3인 아들한테 일 년 동안 교회에 안 나가더라도 열심히 공부해서 좋은 대학 가면 그것이 하나님께 더 영광 아니겠느냐고 알아듣게 타일렀다는 말을 들은 적이 있다. 그처럼 불신앙을 부추기는 말을 왜 할까? "하나님을 바로 섬기면 손해다. 하나님은 대충 섬기더라도 세상을 야무지게 살아야 한다."라는 생각이 있기 때문이다. 심지어 그런 말을 했다고 목사한테 귀띔도 했다. 자기 생각이 신앙에 위배되는 줄 전혀 몰랐다는 뜻이다.

이것이 우리의 문제다. 신앙이 있다고 하면서 다른 사람한테 불신앙을 권한다. 세상을 살려면 그렇게 해야 한다는 것이다. 마음 중심이 하나님께 있지 않고 세상에 있어서 그렇다. 말로는 하나님을 얘기하지만 세상이 좋은 것을 어떻게 할까? 신앙은 양보할 수 있지만 세상은 양보하지 못한다.

3:11-12〉 샘이 한 구멍으로 어찌 단물과 쓴 물을 내겠느냐 내 형제들아 어찌 무화과나무가 감람 열매를, 포도나무가 무화과를 맺겠느냐 이와 같이 짠물이 단물을 내지 못하느니라

샘이 한 구멍에서 단물과 쓴 물을 내는 법은 없다. 무화과나무가 감람 열매를 맺는 법도 없고 포도나무가 무화과를 맺는 법도 없다. 그런데 우리 입에서는 신앙도 나오고 불신앙도 나온다. 이 세상이 하지 못하는 일을 우리는 한다. 오직 우리만 순리를 거스른다는 뜻이다.

무엇이 문제일까? 진리의 말씀으로 우리를 낳으신 하나님의 능력이 부족한 탓일까? 하나님이 우리를 더 잘 만들어야 했을까? 그러면 하나님 책임이다. 하지만 진리의 말씀으로 지음받았으면서 아직도 청산하지 못한 옛 습관 때문이라면 우리 책임이다.

이 세상 사람들은 혀를 단속하지 못한다. 세상에 속한 사람들한테서는 세상에 속한 말밖에 안 나온다. 우리는 다르다. 우리는 하나님을 찬양할 수 있게 된 사람들이다. 그러면 하나님만 찬양해야 한다. 마땅히 하나님께 속한 말을 해야 한다. 누군가 우리가 하는 말을 듣는다면 그 사람의 신앙에 지금 도움이 되어야 한다. 나중에 도움 되는 것은 무효다. 늘 하나님을 찬양하는 것, 늘 하나님을 찬양하게 하는 것이 우리의 정체성이다.

3:13〉너희 중에 지혜와 총명이 있는 자가 누구냐 그는 선행으로 말미암아 지혜의 온유함으로 그 행함을 보일지니라

난데없이 지혜와 총명이 왜 나올까? 하나님을 찬송하는 말과 사람을 저주하는 말을 구별해야 하기 때문이다. 하나님을 찬송하는 말은 늘 거룩하게 표현되고 사람을 저주하는 말은 늘 상스러운 욕설로 표현되는 것이 아니다.

마리아가 예수님 발에 향유를 붓고 자기 머리털로 닦은 적이 있다. 그때 가룟 유다가 그 향유를 어찌하여 삼백 데나리온에 팔아 가난한 자들에게 주지 아니하였느냐고 했다. 가난한 사람을 돕는 것은 참 좋은 일이다. 그러면 가룟 유다의 그 말이 하나님을 찬송하는 말일까, 사람을 저주하는 말일까?

베드로가 "주는 그리스도시요 살아 계신 하나님의 아들이시니이다"라고 청사에 길이 남을 멋있는 신앙 고백을 했다. 그런데 예수님이 고난받을 것을 말씀하시자, 펄쩍 뛰며 항변했다. 성경에는 "주여 그리 마옵소서 이 일이 결코 주께 미치지 아니하리이다"라고 기록되어 있다. 베드로의 그 말이 하나님을 찬송하는 말일까, 사람을 저주하는 말일까? 베드로의 말처럼 하면 신앙이 좋아질까, 나빠질까?

단물과 쓴 물을 구별하는 것은 쉽다. 감람 열매와 무화과를 구별하지 못하는 사람도 없다. 하지만 하나님을 찬송하는 말과 사람을 저주하는 말을 구별하는 것은 아무나 할 수 있는 일이 아니다. 말을 듣는 사람은 물론이고 말을 하는 사람도 마찬가지다. 자기 딴에는 하나님을 찬송하느라 한 말인데 실상은 사람을 저주하는 말일 수 있다. 그래서 "너희 중에 지혜와 총명이 있는 자가 누구냐?"라고 묻는다. 하나님을 찬송하는 말과 사람을 저주하는 말을 구별하려면 지혜와 총명이 있어야 한다.

지혜가 무엇이고 총명이 무엇인지 굳이 따질 필요는 없다. 이어지는 내용에 총명은 안 나오고 계속 지혜만 나온다. 총명은 지혜를 강조하기 위해서 쓰인 말이다. "너희 중에 믿음이 있는 자가 누구냐?"라는 질문으로 바꿔볼까? 누군가 "저한테 믿음이 있습니다"라고 대답한다면, 그다음에 어떤 말이 나올까? "그러면 행함으로 믿음을 보여 봐라"라고 할 것이다. 믿음이 있으면 그 믿음은 행함으로 나타나게 마련이다. 앞에서 행함을 강조한 이유가 그런 때문이다.

"너희 중에 지혜와 총명이 있는 자가 누구냐?"라는 질문도 마찬가지다. 누구나 "제가 그렇습니다"라고 대답하고 싶을 것이다. 하지만 말로 하는 대답은 무효다. 지혜가 있는 사람은 선행으로 말미암아 지혜의 온유함으로 그 행함을 보여야 한다.

지혜의 온유함이 정확히 무슨 뜻인지는 모른다. 지혜에서 온유함이 나온다는 뜻일 수도 있고, 온유함 자체가 지혜라는 뜻일 수도 있고, 지혜의 특성이 온유함이라는 뜻일 수도 있다. 어쨌든 지혜와 온유를 연결해서 말하고 있다.

다분히 히브리적인 표현이다. 헬라문화에서는 겸손이나 온유에 점수를 주지 않는다. 힘이 있으면 그 힘을 써야지, 왜 겸손하고 온유한단 말인가? 호랑이나 사자한테 겸손하고 온유한 것이 어울릴까? 두고 보자는 사람치고 무서운 사람 없다고 하는 말 그대로다. 힘이 있는 사람은 그런 말을 안

한다. 겸손이나 온유는 약한 자의 자기변명에 불과하다. 그런데 성경이 겸손과 온유를 말한다.

세계 최고의 베스트셀러가 성경이다. 어떤 책에서 그 사실을 이렇게 설명한 구절을 읽은 기억이 있다. "세상에서 가장 많이 팔린 책이 성경이라고 합니다. 거기에는 그만한 이유가 있지 않겠습니까? 누구나 자신이 듣고 싶어 하는 말을 거기에서 찾을 수 있기 때문입니다." 그 책을 쓴 사람이 성경을 아는 사람일까, 모르는 사람일까?

하나님은 거룩하신 분이고 사람은 죄인이다. 성경은 죄인들한테 거룩을 가르치는 책이다. 그런 책에 누구나 듣고 싶어 하는 내용이 있을까? 성경이 그런 책이면 유대인들이 예수님을 십자가에 못 박을 이유가 없다. 오히려 예수님이 말씀하실 때마다 열광했을 것이다.

옛날 유대인들을 탓하는 것으로 끝날 일이 아니다. 우리가 신앙에 게으른 이유가 무엇 때문일까? 성경대로 살면 손해라는 생각이 있기 때문 아닐까? 성경은 누구나 듣고 싶어 하는 말이 기록된 책이 아니라 누구나 들어야 할 말이 기록된 책이다. 그리고 사람들은 자기가 들어야 할 말을 듣는 것을 싫어한다. 그런 성경이 얘기한다. "너희 중에 지혜와 총명이 있는 자가 누구냐 그는 선행으로 말미암아 지혜의 온유함으로 그 행함을 보일지니라."

윌리엄 폴 영이 쓴 〈오두막〉이라는 소설이 있다. 막내딸을 유괴 사건으로 잃고 슬픔 속에서 지내던 맥이 그 현장인 오두막을 다시 방문하게 된다. 그리고 거기서 하나님과 교제하면서 결국 치유받는다는 줄거리다. 성부 하나님은 파파, 성령님은 사라유라는 이름으로 나온다. 그런데 삼위일체 하나님인 파파와 예수, 사라유 말고 소피아라는 이름을 가진 여자가 나온다. 하나님의 지혜가 사람으로 등장하는 것이다.

윌리엄 폴 영이 그렇게 설정할 만큼 성경에서 지혜가 차지하는 위치가 특별하다. 요셉은 하나님의 영에 감동된 사람이었다. 남다른 지혜와 명철이 있었다. 성막을 만든 브살렐도 하나님의 영에 충만했는데 그한테는 지혜와 총명이 있었다. 이사야가 다윗의 후손으로 오는 메시야를 예언하면서 그의 위에 강림하는 여호와의 영을 지혜와 총명의 영이라고 했다. 잠언에서는 하나님께서 세상을 지으실 때 지혜가 마치 하나님의 영을 대신하는 대리인 역할을 한 것처럼 말한다. 외경인 〈지혜서〉에 따르면 하나님이 지혜와 더불어 사는 사람만 사랑한다고 한다.

3:14-16) 그러나 너희 마음속에 독한 시기와 다툼이 있으면 자랑하지 말라 진리를 거슬러 거짓말하지 말라 이러한 지혜는 위로부터 내려온 것이 아니요 땅 위의 것이요 정욕의 것이요 귀신의 것이니 시기와 다툼이 있는 곳에는 혼란과 모든 악한 일이 있음이라

예전에 맞는 얘기를 싸가지 없게 한다는 말을 듣던 정치인이 있었다. 세상에서는 그런 평가가 가능하다. 싸가지 없게 말한다고 해서 맞는 말이 틀린 말이 되지는 않는다. 단지 동의하기 싫을 뿐이다. 하지만 지혜에 근거한 행위는 그렇지 않다. 온유하지 않으면 인정이 안 된다. 예수님이 말씀하신 팔복 중에 "온유한 자는 복이 있나니 그들이 땅을 기업으로 받을 것임이요"

가 있다. 이 말씀을 상대방 멱살 잡고 하는 것이 상상이 되는가? 온유한 자가 복이 있는 것을 아는 것은 지혜다. 그런데 그것을 말하는 사람이 온유하지 않으면 그 사람은 지혜가 있는 사람일까, 없는 사람일까?

만일 어떤 사람한테 독한 시기와 다툼이 있으면, 그 사람은 지혜 있는 사람이 아니다. 그런 지혜는 위로부터 내려온 것이 아니라 땅에 속한 것이고 정욕의 것이고 귀신의 것이다.

요셉을 알지 못하는 새 왕이 일어나 애굽을 다스리더니 그가 그 백성에게 이르되 이 백성 이스라엘 자손이 우리보다 많고 강하도다 자, <u>우리가 그들에게 대하여 지혜롭게 하자</u> 두렵건대 그들이 더 많게 되면 전쟁이 일어날 때에 우리 대적과 합하여 우리와 싸우고 이 땅에서 나갈까 하노라 하고(출 1:8-10)

야곱 일가가 애굽으로 건너가고 요셉이 죽는 것으로 〈창세기〉가 끝난다. 세월이 흘렀다. 성경도 〈창세기〉에서 〈출애굽기〉로 넘어간다. 야곱 일가가 애굽으로 이주할 적에는 70명이었는데 스무 살 넘는 남자만도 60만 명에 이를 만큼 크게 번성했다. 바로가 대책을 말한다. 이스라엘 인구가 계속 늘어나면 자기들한테 불리하다는 것이다. 이렇게 해서 이스라엘을 강제 노역에 내몬다. 무거운 짐을 지워 괴롭게 하면 인구가 억제될 것으로 생각한 것이다. 히브리 산파에게 이스라엘 여인이 아이를 낳을 적에 딸이거든 살리되 아들이거든 죽이라는 명령도 내린다. 그것도 효과가 없자, 급기야 아들이 태어나면 나일강에 던져 죽이라는 잔인무도한 명령까지 내린다. "우리가 그들에게 대하여 지혜롭게 하자"라고 해서 한 일이 그런 일이었다. 그렇게 하는 것이 바로한테는 지혜였다. 그런 지혜가 위로부터 내려왔을 리는 없다. 땅 위의 것이고 정욕의 것이고 귀신의 것이 분명하다.

야곱이 세겜에 거할 때, 딸 디나가 하몰의 아들 세겜한테 강간당하는 일이 벌어진다. 세겜은 디나를 아내로 맞기 원했다. 하몰이 야곱을 찾아와서 청혼을 했다. 야곱의 아들들이 대답한다. 할례받지 않은 사람한테 누이를 줄 수 없으니 먼저 할례를 받으라는 것이다. 그렇게 해서 세겜의 남자들이 전부 할례를 받고 거동이 불편하게 된다. 시므온과 레위가 그 틈을 타서 성읍 사람들을 다 죽이고 재물을 노략한다. 누이동생의 복수라는 명분으로 잔인한 학살극을 자행한 것이다.

이 내용을 영화로 본다고 가정해 보자. "우리는 할례받지 않은 족속과 통혼할 수 없다. 먼저 할례를 받아라."라는 말을 어떻게 판단해야 할까? 그 말이 속임수인지 진심인지 알 재간이 없다. 하지만 영화 줄거리가 전개되면 다 알게 된다.

논리는 믿을 것이 못 된다. 논리보다 중요한 것이 발상이다. "어떤 말을 하느냐?"보다 "그런 말을 왜 하느냐?"가 더 중요하다. 그런데 논리는 겉으로 드러나지만 발상은 드러나지 않는다. 사람의 속마음을 무슨 수로 알겠는가? 그러면 나타나는 결과를 보면 된다. 시므온과 레위의 경우, 그들이 세겜 사람들한테 말한 내용으로는 그들을 판단할 수 없다. 하지만 세겜 사람들을 도륙한 것을 보면 그런 말을 왜 했는지 알게 된다.

출애굽한 이스라엘의 문제는 홍해를 건넜으면서도 계속 애굽을 그리워했다는 사실이다. 신자가 되었으면서도 불신자 때를 그리워하는 격이다. 자기들이 건널 때 갈라졌던 홍해가 다시 합쳐졌으니 애굽으로 돌아갈 길이 없다. 그런데도 애굽에 대한 미련으로 걸핏하면 하나님을 원망했다.

우리의 문제가 무엇일까? 야고보에 따르면 우리의 문제는 한 입에서 찬송과 저주가 나오는 것이다. 하나님을 찬송하면서 하나님의 형상대로 지음받은 사람을 저주한다. 신분은 신자인데 나타나는 것은 불신앙이다. 누군가 우리가 하는 말을 잘 듣고 그대로 따라하면 신앙이 좋아지는 것이 아니라 오히려 나빠질 수 있다. 그래서 필요한 것이 지혜다.

누가 지혜 있는 사람인지 어떻게 알 수 있을까? 행함을 보면 된다. 지혜의 특징이 온유함이다. 온유하지 않은 사람은 지혜 있는 사람이 아니다. 특히 독한 시기와 다툼이 있으면 조심해야 한다. 시기와 다툼이 있는 곳에는 혼란과 모든 악한 일이 있게 된다. 그런 지혜는 절대 위로부터 내려온 것일 수 없다.

3:17) 오직 위로부터 난 지혜는 첫째 성결하고 다음에 화평하고 관용하고 양순하며 긍휼과 선한 열매가 가득하고 편견과 거짓이 없나니

위로부터 난 지혜에는 특징이 있다. 첫째 성결하고 다음에 화평하고 관용하고 양순하며 긍휼과 선한 열매가 가득하고 편견과 거짓이 없는 것이다.

성결은 신 앞에 나아가기에 충분한 깨끗함을 말한다. 그리스의 고대 도시 에피다우루스에 의술의 신 아스클레피오스를 섬기는 신전이 있다. 입구에

"신성한 신전에 들어가고자 하는 사람은 성결하지 않으면 안 된다"라고 쓰여 있다. 이방 잡신을 섬기는 사람들도 신을 만나려면 성결해야 한다는 사실을 안다. 하물며 하나님을 섬기는 사람이라면 말할 것도 없다.

그다음 화평에는 두 가지가 있다. 하나님과 인간 사이의 화평과 인간과 인간 사이의 화평이다. 물론 둘 다 중요하다. 하나님과의 화평을 이유로 사람한테 상처를 주는 것도 안 되고 사람과 화평하기 위해서 하나님을 멀리하는 것도 안 된다.

관용이 무엇일까? 아리스토텔레스는 관용을 성문법 이상의 것, 정의이며 정의 이상의 것이라고 했다. 성경에서 관용의 예를 가장 잘 보여주는 사람이 솔로몬 재판에 나오는 진짜 어머니다. 자기가 진짜지만 스스로 가짜라고 했다. 자기가 진짜라는 사실을 밝히는 것보다 아들을 살리는 것이 더 중요했기 때문이다. 이처럼 옳은 것보다 더 중요한 가치를 구하는 것이 관용이다.

그다음에 양순은 쉽게 설득된다는 뜻이다. 팔랑귀라는 얘기가 아니다. 다른 사람을 존중한다는 뜻이다. 특히 하나님과의 관계에서 양순하다는 얘기는 하나님의 음성이 들리기만 하면 바로 순종할 준비가 된 상태를 말한다. "하나님께서 말씀하시면 일단 들어보고 판단하겠습니다"라고 하면 양순하지 못한 사람이다. 어쩌면 신자가 아닐 수 있다.

또 긍휼과 선한 열매다. 긍휼과 선한 열매를 함께 얘기한다. 기독교에서 말하는 긍휼은 어떤 사람이 자기 잘못으로 고통을 받더라도 그 사람을 불쌍히 여기는 것을 말한다. 하나님께서 우리를 그렇게 대하셨다. 우리가 죄에 빠져 신음하게 된 책임이 우리한테 있다. 그런데도 하나님은 마치 하나님 책임인 양 괴로워하셨다. 그에 따른 선한 열매가 있다. 바로 우리를 구원하신 것이다. 즉 긍휼은 단순한 감정이 아니다. 그에 따른 결과가 있어야 한다. 실제로 도움을 주지 않으면 긍휼히 여긴 것이 아니다. 앞에서 행함 없는 믿음은 죽은 것이라고 하면서, 형제나 자매가 헐벗고 일용할 양식이 없는데 말로만 덥게 하라, 배부르게 하라 하며 아무것도 주지 않으면 무슨 유익이 있느냐고 했다. 아무리 안타까운 말투로 얘기했어도 그런 식의 긍휼은 긍휼이 아니다.

그다음에 편견과 거짓이 없어야 한다. 공정하지 못하고 한쪽으로 치우친 생각이 편견이다. 편견이 없는 사람은 어떤 경우에도 성경 원칙을 어기지 않을 것이다. 성경적이지 않은 생각이 개입할 여지가 없다. 또 거짓이 없어야 한다고 했는데, 이 말은 연극 용어 '휘포크리시스'에서 유래했다. 연극에서는 출연하는 배우가 적을수록 수익이 높아지기 때문에 한 배우가 여러 배역을 맡곤 했다. 그러면 배역에 따라 가면을 바꿔 써야 한다. 그것이 휘포크리시스다. 그 배우가 쓰는 가면이 그 배우의 본질과 아무 상관이 없다. 하지만 위로부터 난 지혜에는 그런 것이 없다. 언제나 보이는 그대로다.

3:18) 화평하게 하는 자들은 화평으로 심어 의의 열매를 거두느니라

13절에서 지혜가 있는 사람은 선행으로 말미암아 지혜의 온유함으로 그 행함을 보이라고 했다. 어떤 사람한테 이런 위로부터 난 지혜가 있으면 그한테서 나타나는 행함이 있을 것이다. 그래서 본문을 말한다. 위로부터 난 지혜가 있는 사람을 다른 말로 하면 화평하게 하는 사람이다. 그런 사람은 화평으로 심어 의의 열매를 거둔다.

의의 열매가 어떤 열매일까? 사람이 의롭다 하심을 받는 것은 믿음으로만이 아니라 행함으로다. 하나님께서 아브라함의 믿음을 보고 의롭다고 하셨고, 아브라함은 이삭을 바치는 것으로 그 믿음을 확증했다. 기생 라합 역시 행함으로 의롭다 하심을 받았다. 즉 하나님께 의롭다고 인정받는 것이 의의 열매다.

이런 의의 열매를 맺으려면 위로부터 난 지혜를 따라 행해야 한다. 야고보는 그것을 화평으로 말한다. 위로부터 난 지혜가 있는 사람은 화평하게 하는 사람이고, 위로부터 난 지혜를 따라 행하는 사람은 화평으로 심는 사람이다. 그런 사람이 하나님께 인정받는다.

야고보가 지혜를 말한 이유가 무엇 때문이었나? 한 입으로 하나님을 찬송하기도 하고 사람을 저주하기도 하는 문제 때문이었다. 하나님을 찬송하는 말인지, 사람을 저주하는 말인지 어떻게 분별할까? 그 답이 화평에 있다. 그가 과연 화평하게 하는 사람인지, 그가 과연 화평으로 심고 있는지 보면 된다.

어쩌면 야고보의 얘기는 "너희가 말로는 지혜 있다고 하면서 왜 지혜 없는 사람처럼 처신하느냐?"라는 뜻일 수 있다. 알기 쉬운 말로 바꾸면 "너희는 신자라고 하면서 왜 불신자처럼 구느냐?"가 될 것이다. 하는 말마다 불신앙에 속한 말을 하면 우리 안에 있는 것이 신앙일까, 불신앙일까?

불신자가 신자처럼 살 수 있을까? 도무지 불가능하다. 그러면 신자가 불신자처럼 사는 것은 어떨까? 우리는 신자다. 신앙에 속하지 않은 것은 그 어떤 것도 우리와 관계가 없다. 신자로 살기도 바쁜데 틈틈이 불신자 흉내를 낼 이유가 없다. 우리는 늘 신앙 안에서 살아야 하는 사람들이다.

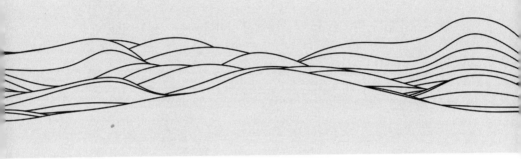

4장 헛된 욕구 헛된 관심

4:1) 너희 중에 싸움이 어디로부터 다툼이 어디로부터 나느냐 너희 지체 중에서 싸우는 정욕으로부터 나는 것이 아니냐

우리가 보는 성경은 장, 절 구분이 있다. 하지만 처음부터 이런 구분이 있었던 것이 아니다. 〈야고보서〉는 야고보가 흩어져 있는 열두 지파에게 보낸 편지다. 편지를 쓰면서 장, 절 구분을 하는 것은 말이 안 된다. 전부 하나로 이어진 내용이다. 4장이라고 해서 3장과 단절된 내용이 아니다.

3장이 "화평하게 하는 자들은 화평으로 심어 의의 열매를 거두느니라"로 끝났다. 이어지는 본문은 "너희 중에 싸움이 어디로부터 다툼이 어디로부터 나느냐"로 시작한다. 문맥을 보면 화평하게 하는 사람은 위로부터 난 지혜가 있는 사람이다. 이 내용을 연결하면 어떻게 될까? "위로부터 난 지혜가 있는 사람은 화평으로 심어 의의 열매를 거두는 법이다. 그런데 너희는 어떠냐? 너희 중에 싸움과 다툼이 있는 이유가 도대체 무엇 때문이냐?"라는 뜻이 된다.

대체 무슨 일로 싸우고 다퉜을까? 분쟁이 생기면 사람들은 옳고 그른 것을 가리려는 경향이 있다. 그런데 성경은 그런 것에 관심이 없다. 분쟁이 생기는 동기를 지적한다. 어떤 분쟁이든 간에 그 원인이 정욕에 있다는 것이다. 원인이 외부에 있지 않고 내부에 있다.

스트레스를 받지 않으려면 어떻게 하면 될까? 모든 일이 원하는 대로 풀려야 하는 것이 아니다. 스트레스를 받지 않을 만큼 마음이 넉넉하면 된다. 분쟁도 마찬가지다. 분쟁이 없으려면 주변 환경이 자기한테 맞춰져야 하는 것이 아니다. 자기한테 있는 정욕을 철저하게 다스려야 한다.

4:2) 너희는 욕심을 내어도 얻지 못하여 살인하며 시기하여도 능히 취하지 못하므로 다투고 싸우는도다 너희가 얻지 못함은 구하지 아니하기 때문이요

뭔가 앞뒤가 안 맞는 것 같다. 본문을 직역하면 "욕심을 부려도 갖지 못하고 죽이고 시기하여도 능히 얻지 못한다. 전쟁을 하고 싸워도 얻지 못한다. 구하지 않기 때문이다."가 된다. 자기가 원하는 것을 얻기 위해서 욕심을 부리고 심지어 죽이고 시기하고 전쟁을 하고 싸우기도 하는데 얻지 못한다는 것이다. 그렇다고 해서 실제로 살인을 한다는 얘기는 아닐 것이다. 설마 교인들 사이에 분쟁이 있다고 해서 죽이기까지야 하겠는가? 분쟁과 다툼을 전쟁의 이미지로 설명하는 것이다. 전쟁터에서는 죽이는 일이 다반사로 벌어진다. 자기의 정욕을 위해서 다투고 싸우는 일이 그 정도로 심각한 죄라는 것이다.

우리는 죄에 둔감하기 때문에 죄의 심각성을 제대로 깨닫지 못하지만 성경은 다르다. 죄의 심각성을 그대로 얘기한다. 우리는 이웃을 사랑하지 않는 것이 죄라는 사실조차 실감하지 못한다. 성경 원칙에 따르면 가장 큰 계명을 범하는 것인데도 별로 자책이 없다. 야고보가 욕심을 부리고 죽이고 시기하고 전쟁하고 싸운다고 말한 것이 절대 과장이 아니다. 영적인 사실을 그대로 말한 것이다.

예수님 말씀 중에 "옛 사람에게 말한바 살인하지 말라 누구든지 살인하면 심판을 받게 되리라 하였다는 것을 너희가 들었으나 나는 너희에게 이르노니 형제에게 노하는 자마다 심판을 받게 되고 형제를 대하여 라가라 하는 자는 공회에 잡혀가게 되고 미련한 놈이라 하는 자는 지옥 불에 들어가게 되리라"라는 말씀이 있다. 꼭 사람을 죽여야만 살인이 아니다. 노를 발하거나 비방하는 것도 살인과 마찬가지다. 예수님이 과장법을 쓰신 것이 아니다. 천국 백성이 어떤 사람인지 말씀하신 것이다. 분노가 극단적으로 나타난 것이 살인이다. 살인과 분노가 동일선에 있는 사건이다.

세상을 살다 보면 자기 능력으로 안 되는 일을 만난다. 자기 욕구를 채우기 위해서 악착같이 애를 썼는데도 원하는 것을 얻지 못할 수 있다. 그런데 본문은 달리 말한다. 욕심을 내고 살인하고 시기하고 다투고 싸워도 얻지 못하는 이유가 구하지 않기 때문이라는 것이다. 그러면 얘기가 어떻게 될까? 욕심을 내고 살인하고 시기하고 다투고 싸운 것이 원하는 것을 구하는 행위가 아니라는 뜻이다.

돈이 많다고 행복한 것이 아니라는 사실을 모르는 사람은 없다. 그런데 알기만 한다. 죄다 '돈', '돈' 하면서 살아간다. 모든 관심이 돈에 있다. 그런 세태를 보면서 "사람들이 행복하지 못한 이유는 구하지 않기 때문이다"라고 할 수 있을 것이다. 본문도 그런 식이다.

이런 말을 들으면 〈야고보서〉 독자들이 뭐라고 할까? 자기들의 잘못을 인정할까? "어? 그런가?" 하며 고개를 갸웃거리는 사람도 있겠지만 "무슨 말입니까? 우리는 분명히 구했습니다."라며 반발하는 사람도 있지 않을까? 그래서 3절로 이어진다.

4:3〉 구하여도 받지 못함은 정욕으로 쓰려고 잘못 구하기 때문이라

대체 무엇을 구했는데 못 받았을까? 우리는 모른다. 하지만 짐작할 수 있다. 3장이 "화평하게 하는 자들은 화평으로 심어 의의 열매를 거두느니라"로 끝났다. 아마 화평을 구했을 것이다.

화평을 누리려면 남과 경쟁해서 이겨야 하는 줄 아는 사람이 있었다. 남보다 많이 가지고 남보다 높은 지위에 올라야 하는 줄 알았다. 하지만 욕심을 내어도 얻지 못해서 살인하고 시기해도 능히 얻지 못해서 다투고 싸웠다. 그래서 "화평은 그런 식으로 얻어지는 것이 아니다. 경쟁을 통해서 얻어지는 것이 아니라 하나님으로 말미암는 것이다."라는 뜻으로 "너희가 얻지 못함은 구하지 아니하기 때문이요"라고 했다.

그렇다고 해서 하나님께 구하기만 하면 되는가 하면 그렇지 않다. 화평을 왜 구하는지 따져야 한다. 정욕으로 쓰려고 구한다면 하나님께서 들어주실 이유가 없다.

지난 2002년에 로또복권이 발행되었다. 지금은 제도를 고쳐서 그렇지 않은데 처음에는 1등 당첨금이 200억에 달했다. 그 무렵에는 로또복권 당첨되게 기도해 달라는 부탁도 더러 받았다. 번호를 찍어 달라는 사람도 있었다. 믿는 사람은 그런 것을 하는 게 아니라고 하면 으레 돌아오는 답이 있었다. "왜요? 십일조 하면 되잖아요? 건축헌금도 할게요."

사람들이 구하여도 받지 못하는 것은 정욕으로 쓰려고 잘못 구하기 때문이라고 했다. 그러면 어떻게 해야 할까? 우선 정욕에 근거한 것을 구하는 행위를 그쳐야 한다. 그리고 어떤 것을 구하는 것이 하나님 보시기에 옳은지 알아서 그것을 구해야 한다. 요컨대 구하는 대상을 바꿔야 한다. 하나님께서 관심 두지 않는 것을 구해봐야 소용없다. 하나님께서 관심 두실 만한 것을 구해야 한다.

그런데 그렇게 하지 않는다. 구하는 것은 그대로인 채 정욕으로 구하는 것이 아니라고 할 만한 이유를 만들어서 갖다 붙인다. 로또복권에 당첨되면 십일조도 하고 건축헌금도 한다는 얘기가 그런 식이다. 쓸데없는 일에 기웃거리는 것이 하나님 보시기에 옳지 않은 줄 알아서 관심사를 바꾸면 간단한데 그럴 마음은 도무지 없다. 자기 정욕을 이루는 것이 하나님께도 좋은 일이라고 우겨서라도 원하는 것을 얻으려고 한다.

지금의 국정원을 예전에는 중앙정보부라고 했다. 한때 중앙정보부장을 지내며 나는 새도 떨어뜨리던 사람이 있었다. 세상이 바뀌자, 부정축재자로 몰려 조사를 받게 되었다. 그때 떡을 만지다 보니 손에 떡고물이 묻었을 뿐이라는 말을 해서 세간이 떠들썩했던 적이 있다. 그런 말을 곧이들을 사람이 누가 있을까? 떡을 만지다 떡고물이 묻었는지, 떡고물을 묻히려고 떡을 만졌는지 아는 사람은 다 안다.

그 사람한테 충고를 할 기회가 주어진다고 하자. 뭐라고 하면 좋을까? 말을 지어내도 좀 성의껏 지어내라고 하면 될까? 그런데 간단한 문제가 아니다. 본인이 모를 수 있기 때문이다. 자기는 정말로 아무런 사심 없이 떡을 만졌는데 나중에 보니 떡고물이 묻어 있더라고 하면 뭐라고 해야 할까?

사업을 시작하는 어떤 신자가 있다. 주변에 기도를 부탁한다. "제가 이 사업을 통해서 꼭 물질로 하나님께 영광 돌릴 수 있게 기도해 주십시오." 대체 원하는 것이 무엇일까? 정말로 하나님께 영광 돌리고 싶은 것일까, 그 국물을 탐하는 것일까? "왜요? 돈도 많이 벌고 헌금도 많이 하면 좋잖아요?"라고 반문할 수도 있을 것 같다. 그런 사람한테 둘 중 하나만 택하라고 하면 무엇을 택할까? 정말로 사업을 통해서 하나님께 영광을 돌리고 싶은 순수한 마음이 가득하면 머뭇거릴 이유가 없다.

4:4) 간음한 여인들아 세상과 벗 된 것이 하나님과 원수 됨을 알지 못하느냐 그런즉 누구든지 세상과 벗이 되고자 하는 자는 스스로 하나님과 원수 되는 것이니라

"너희가 구해도 받지 못하는 것은 정욕으로 쓰려고 잘못 구하기 때문이다"라고 하면, "제 욕심만 차리려는 것이 아닙니다. 주시기만 하면 반드시 하나님 나라를 위해서 유용하게 쓰겠습니다."라고 하는 사람이 있을 것이다. 그러면 그다음에 어떤 말이 나와야 할까? "좋다, 구체적인 계획을 들어보자. 하나님 나라를 위해서 무엇을 어떻게 쓰겠느냐?"라는 말이 나올 만하다. 그런데 성경은 상당히 매몰차다. "간음한 여인들아 세상과 벗 된 것이 하나님과 원수 됨을 알지 못하느냐"라고 못을 박는다. "정욕대로 쓰지 않고 제대로 쓰면 되지 않습니까?"라고 말할 여지를 주지 않는다. 변명하지 말라는 것이다. 성경은 우리 변명에 귀를 기울일 만큼 한가한 책이 아니다.

"간음한 여인들아"라고 했다고 해서 남자는 해당 사항 없는 것이 아니다. 신자를 여인이라고 한 것이다. 성경에서 가장 자주 지적하는 죄가 간음이다. 우리가 그리스도의 신부이기 때문이다. 구약시대에는 우상을 섬기는 것이 간음이었다면 지금은 세상을 탐하는 것이 간음이다. "간음한 여인들아"를 다른 말로 바꾸면 "세상을 기웃거리는 신자들아"가 된다.

간음은 아무나 하는 것이 아니다. 배우자가 있는 사람만 할 수 있다. 몸은 교회에 있는 채 세상을 기웃거려야 간음이지, 신앙을 아예 버리면 간음이 아니다. 흩어져 있는 열두 지파 중에 그런 사람이 있었던 모양이다. 물론 지금 우리를 향한 경고이기도 하다.

앞에서 아브라함 얘기가 나왔다. 사람이 의롭게 되는 것은 믿음이 아니라 행함이라고 하면서 아브라함이 이삭을 바친 예를 들었다. 그 일로 인해서 아브라함이 하나님의 벗이라 칭함받았다. 그런데 본문에서는 "간음한 여인들아 세상과 벗 된 것이 하나님과 원수 됨을 알지 못하느냐"라고 한다. 아브라함은 하나님과 벗이 되었는데 세상과 벗이 된다는 얘기는 아브라함 반대편이라는 뜻이다.

아브라함이 하나님의 벗이 되었다고 해서 모두가 우러를 만한 신분이 되었다는 뜻이 아니다. 신자의 신분이 그만큼 고귀하다는 뜻이다. 예수님이 제자들을 친구라고 했다. 친구 사이에 우열이 없는 것처럼 구원을 얻으면 예수님과 동급이 된다. 구원이 그만큼 놀라운 사건이다. 그런데 세상과 벗이 되면 어떻게 될까? 하나님의 벗이 되면 하나님과 동급인 것처럼 세상과 벗이 되면 세상과 동급이다. 천생 하나님과 원수일 수밖에 없다. 결국 심판 대상이다.

우선 세상과 벗이 되는 것이 어떤 것인지 확인할 필요가 있다. 예수님이 제자들한테 "너희는 내가 명하는 대로 행하면 곧 나의 친구라"라고 했다. 시키는 대로 하면 종이지, 왜 친구일까? 그런 얘기가 아니다. 본질적으로 존재하는 차이를 극복할 수 있는 유일한 방법이 순종이다. 성경에서 가장 강조하는 덕목이 순종인 이유가 여기에 있다. 제자들이 예수님께 철저하게 순종하면 제자들한테서 예수님 수준이 나온다. 제자들이 예수님과 동급이 된다.

마찬가지다. 세상과 벗이 된다는 얘기는 세상 풍조에 순응한다는 뜻이다. 세상이 옳다고 하는 일은 옳은 일로 여기고 세상이 그르다고 하는 일은 그른 일로 여긴다. 자기의 모든 행보를 세속적인 가치관에 내맡긴다. 세상과 그 사람 사이에 아무런 차이가 없다. 그래서 하나님과 원수다.

이것으로 설명이 모자란 모양이다. 〈야고보서〉 독자들이 행여 흘려들을까 싶어서 "그런즉 누구든지 세상과 벗이 되고자 하는 자는 스스로 하나님과 원수 되는 것이니라" 하고, 한 번 더 강조한다. '누구든지'에 주목할 필요가 있다. 어느 누구도 차별이나 예외가 없다는 뜻이다. 세상과 벗이 되고자 하는 사람이면 어느 누구도 예외 없이 스스로 하나님과 원수가 되려는 사람이다. 세상과 벗이 되고자 하면서도 하나님과 원수가 되지 않는 수는 없다.

이런 말을 왜 할까? 세상과 벗이 되려는 마음을 품고 있는 채로 여전히 하나님의 백성인 줄 착각하는 사람이 있기 때문이다. 세상을 살다 보면 이런저런 선택의 기회가 주어진다. 그럴 때마다 하나님이 기준이 아니라 세상이 기준이다. 어떻게 하는 것이 신앙적으로 옳은지를 따지는 것이 아니라 어떻게 하는 것이 자기한테 이익인지 따진다. 그러면서 자기가 신자인 줄 아는 것이 무슨 경우일까? "이럴 때는 별수 없지 않습니까?"라는 말이 개입할 여지가 아예 없는데도 그걸 모른다. 자기가 괜찮다고 생각하면 괜찮은 줄 안다.

어쩌면 그리 멀리 있는 얘기가 아닐 수 있다. 우리가 하나님께 어떤 것을 구할까? 구하는 것마다 세상에 속한 것이면서 그것이 마치 하나님을 위한 일인 양 그럴 듯한 말로 포장하는 것은 아닐까? 우리가 구하는 것이 이루어질 때마다 하나님 품에 안기게 될까, 세상 욕심을 이루게 될까?

차례대로 정리해보자. 행복하게 살고 싶어서 세상을 아등바등 사는 사람이 있다. 남보다 많은 돈, 남보다 높은 지위가 그 사람의 인생 목표다. 그런데 행복을 누리지는 못한다. 그런 사람한테 말한다. "너희가 얻지 못함은 구하지 아니하기 때문이요!"

그 말을 듣고 불현듯 정신을 차렸다. "그렇구나! 이 세상이 아니고 하나님께 구해야 하는구나!"라는 생각에 열심히 기도하기 시작했다. 돈 많이 벌게 해달라고 기도하고, 아들 좋은 대학 가게 해달라고 기도하고, 가족들 모두 건강하게 해달라고 기도한다. 그런데 응답이 없다. 자기는 분명히 구했는데 왜 안 주실까? 어느 날 전혀 다른 말을 듣는다. "구하여도 받지 못함은 정욕으로 쓰려고 잘못 구하기 때문이라!"

대체 어떻게 하라는 얘기일까? "아닙니다. 하나님, 저 혼자 잘 먹고 잘살려고 하는 것이 아닙니다. 제가 출세하면 헌금도 많이 하고 세상에서도 하나님의 영광을 드러내겠습니다." 하고, 아무리 우겨도 소용없다. 행복이 거룩의 부산물인 것을 알아야 한다. 행복에 힘쓸 것이 아니라 거룩에 힘써야 한다. 이 세상을 기준으로 살지 말고 하나님을 기준으로 살아야 한다. 거기에 진정한 복이 있다. 우리가 하나님의 피조물이고 하나님이 이 세상의 주인이기 때문이다. 설마 "너희는 먼저 그의 나라와 그의 의를 구하라 그리하면 이 모든 것을 너희에게 더하시리라"라는 말씀이 괜한 공염불이라고 생각하는 사람은 없을 것이다.

우리 소원이 무엇일까? 하나님의 벗이 되는 것일까, 세상의 벗이 되는 것일까? 하나님께 잘 보이고 싶은가, 세상에 잘 보이고 싶은가? 질문을 바꿔보자. 우리가 하나님과 원수일까, 세상과 원수일까? 혹시 하나님과 원수라는 말도 듣기 싫지만 세상과 원수라는 말도 듣기 싫지는 않은가?

이 세상에서 열심히 구하던 것을 하나님께 구하는 것은 쉽다. 교회에 처음 온 사람은 누구나 그렇게 한다. 그런데 소원 자체를 바꾸는 것은 쉽지 않다. 하나님이 어떤 분이고 자기가 누구인지 바로 알아야 가능하다. 하지만 바꿔야 한다. 우리 신앙이 거기에서 시작된다. 그런 사람이 그리스도 안에 있는 새로운 피조물이고 물과 성령으로 거듭난 사람이다.

명심해야 한다. 우리는 이 세상 풍조에 순응하며 살아도 괜찮은 사람들이 아니다. 오직 하나님께만 순종해야 하는 사람들이다. 우리한테 이 세상이 중요한 이유는 얻어먹을 것이 있기 때문이 아니라 신앙을 나타낼 수 있는 유일한 곳이기 때문이다. 이 세상이 아니면 우리가 어디에 가서 신자 행세를 하겠는가? 우리가 그런 세상에 살고 있다. 각자한테 주어진 모든 날 동안 신자로 살아야 한다. 신자가 아닌 순간이 단 한순간도 없어야 한다. 우리는 철저하게 하나님께 속한 사람들이다.

4:5) 너희는 하나님이 우리 속에 거하게 하신 성령이 시기하기까지 사모한다 하신 말씀을 헛된 줄로 생각하느냐

고등학생 때 성경을 읽다가 "질투하시는 하나님"이라는 말에 의아했던 기억이 있다. 질투라는 단어가 하나님께는 도무지 어울리지 않는다고 생각했던 것이다. 그때만 해도 질투가 특별한 사이에서만 성립하는 감정인 것을 몰랐다.

수년 전에 KBS2에서 〈태양의 후예〉라는 드라마를 방영했다. 남자 주인공 유시진과 서대영은 같은 부대에 근무하는 군인이다. 유시진의 애인이 강모연이고 서대영의 애인이 윤명주다. 한번은 걸 그룹이 위문 공연을 왔다. 모든 군인이 열광할 것은 당연하다. 유시진과 서대영도 예외가 아니었다. 마침 그 모습이 TV에 잡혔고, 강모연과 윤명주가 알게 된다. 그다음에 어떻게 되었을까? 당연히 둘 다 곤욕을 치른다. 유시진은 강모연에게, 서대영은 윤명주에게 단단히 혼난다.

둘이 무슨 잘못을 했을까? 양다리를 걸친 것이 아니다. 마음을 빼앗긴 것도 아니다. 그냥 걸 그룹의 공연을 보면서 다른 부대원들과 같이 열광했다. 남들이 보기에는 평범한 일이다. 하지만 강모연, 윤명주한테는 있을 수 없는 일이었다.

그들의 성격이 유별나게 까다로운 것이 아니다. 사랑을 하면 남들한테는 별일이 아닌 것도 별일이 된다. 하나님이 질투하신다는 말이 그런 뜻이다. 우리 시선이 단 한순간이라도 하나님을 향하지 않으면 하나님은 그것을 못 견디신다. 우리 생각에는 대수롭지 않은 일인데도 하나님께는 못 견딜 일이 얼마든지 있을 수 있다.

〈야고보서〉 독자 중에 세상과 벗이 되려는 사람이 있었다. 하나님이 질투하시는 하나님인 것을 몰라서 그랬을까? 그럴 수는 없다. 그러면 그렇게 기록된 성경 말씀을 헛된 것으로 생각해서 그런 것일까? 그것도 말이 되지 않는다.

아담, 하와가 선악과를 먹었다. 먹지 말라고 하신 하나님 말씀을 잊어버렸을까? 아니면 하나님께서 괜히 실없는 말씀을 하신 것으로 치부했을까? 둘 다 아닐 것이다. 선악과를 먹고 싶은 욕망이 그만큼 컸다. 요컨대 아담,

하와는 선악과를 먹지 말라고 하신 말씀을 진지하게 새겼어야 했다.

세상과 벗이 되려는 마음을 품은 사람들도 마찬가지다. 그들은 하나님이 질투하시는 분이라는 성경 말씀을 한 번 더 곱씹어야 한다. 그 말씀은 절대 헛된 말씀일 수 없다. 그렇다고 해서 하나님 눈치 때문에 세상이 주는 재미를 억지로 포기해야 하는 것이 아니다. 하나님은 더욱 큰 은혜를 주신다. 세상이 주는 재미와는 차원이 다른 은혜다.

4:6) 그러나 더욱 큰 은혜를 주시나니 그러므로 일렀으되 하나님이 교만한 자를 물리치시고 겸손한 자에게 은혜를 주신다 하였느니라

하나님은 교만한 자를 물리치시고 겸손한 자에게 은혜를 주시는 분이다. 교만한 사람은 어떤 사람이고 겸손한 사람은 어떤 사람일까? 교만은 나쁜 것이고 겸손은 좋은 것이라는 사실을 모르는 사람은 없다. 설마 하나님이 교만한 자를 용인하시고 겸손한 자를 징계하실까? 하나님이 교만한 자를 물리치시고 겸손한 자에게 은혜를 주실 것은 당연하다. 그런 당연한 말씀이 왜 나올까? 이 말씀이 세상과 벗이 되려는 마음을 품으면 안 된다는 말씀과 어떻게 연결될까?

어떤 사람이 사업을 시작했다. 새벽마다 사업 잘되게 해달라고 기도한다. 그런데 앞에서 구하여도 받지 못함은 정욕으로 쓰려고 잘못 구하기 때문이라고 했다. 그 말을 들으면 어떻게 반응할까? "아! 그렇구나. 내가 공연한 욕심을 품었구나. 사업이 잘되게 해달라고 기도할 게 아니라 사업을 하나님 보시기에 바르게 하게 해달라고 기도해야 하는구나." 하고 자기를 돌이킬까? 혹시 "저 혼자 잘 먹고 잘살려는 것이 아닙니다. 사업이 잘되면 헌금도 많이 하겠습니다."라고 하지는 않을까? 하나님 말씀 앞에서 자기를 고치면 겸손한 사람이다. 하지만 핑계를 대면 교만한 사람이다. 하나님 말씀 앞에서도 자기 뜻을 굴복하지 않겠다는 심산이기 때문이다.

성경에서 말하는 겸손과 교만은 바른생활 덕목이 아니다. 얼마나 처신을 조심하느냐, 얼마나 잘난 체 하느냐의 문제도 아니다. 자기를 하나님보다 높이느냐, 낮추느냐의 문제다. 물론 노골적으로 자기를 하나님보다 높이는 사람은 없다. 그런 마음은 주로 불순종으로 나타난다.

하나님께서 사울한테 아멜렉에 속한 것은 남김없이 진멸하라고 하셨다. 그런데 사울이 양과 소 중에서 좋은 것은 남기고 가치 없고 하찮은 것만 진멸했다. 사무엘이 영문을 묻자, 좋은 것은 하나님께 제사 지낼 때 쓰려고 남겼다고 했다. 마치 하나님을 위해서 그렇게 한 것 같다. 우리는 그 말을 곧이듣지 않지만 설령 사실이라고 해도 달라지는 것은 없다. 사울은 어쨌든 하나님 말씀에 순종하지 않은 사람이다. 사울의 문제가 거짓말에 있지 않고 불순종에 있다. 하나님 말씀보다 자기 생각이 옳다는 것이다. 순종이 제사보다 낫다는 유명한 말씀이 이때 나왔다.

예수님 말씀 중에 제자가 그 선생 같고 종이 그 상전 같으면 족하다는 말씀이 있다. 하나님만큼만 하면 됐지, 하나님보다 잘나야 할 이유가 없다. 왜 꼭 성경 말씀대로 해야 하느냐고 하면 뭐라고 해야 할까? 교만한 사람은 별수 없다.

4:7〉 그런즉 너희는 하나님께 복종할지어다 마귀를 대적하라 그리하면 너희를 피하리라

겸손은 신자의 속성이고 교만은 불신자의 속성이다. 그러면 교만한 자를 물리치시고 겸손한 자에게 은혜를 주시는 것은 하나님의 속성이다. 그래서 "그런즉 너희는 하나님께 복종할지어다"라고 한다. 하나님은 겸손한 자에게 은혜를 주시는 분이기 때문에 그런 은혜를 누리려면 겸손해야 한다. 겸손할수록 하나님의 은혜를 더 풍성하게 누릴 수 있을 것이다.

교만이 하나님에 대한 불순종으로 나타나는 것처럼 겸손은 하나님께 복종하는 것으로 나타난다. '복종하다'는 '휘포타쏘'를 번역한 말인데 '아래에' 라는 '휘포'와 '두다'라는 '타쏘'의 합성어다. 아래에 두는 것이 복종하는 것이다. 견디고 견디다가 마지못해서 굴복하는 것이 아니다. 자발적으로 더 큰 권세 밑에 들어가는 것이다.

고등학교 국어 교과서에 한용운의 시 〈복종〉이 있었던 것을 기억한다.

남들은 자유를 사랑한다지마는, 나는 복종을 좋아하여요.
자유를 모르는 것은 아니지만, 당신에게는 복종만 하고 싶어요.
복종하고 싶은데 복종하는 것은 아름다운 자유보다도 달콤합니다.
그것이 나의 행복입니다.

그러나 당신이 나더러 다른 사람을 복종하라면, 그것만은 복종할 수 없습니다.

다른 사람을 복종하려면 당신에게 복종할 수 없는 까닭입니다.

한용운이 복종하고 싶어 한 대상이 무엇일까? 학교에서는 조국일 수도 있고 불도일 수도 있다고 배웠지만 일단 조국이라고 하자. 조국에 복종하려면 일본에 복종할 수 없다. "당신이 나더러 다른 사람을 복종하라면, 그것만은 복종할 수 없습니다."라고 한 것처럼 그것만큼은 안 된다.

마찬가지다. 하나님께 복종할 마음이 있으면 세상에 복종하지 말아야 한다. 세상에 복종하는 순간 하나님께는 복종할 수 없게 된다. 앞에서 "누구든지 세상과 벗이 되고자 하는 자는 스스로 하나님과 원수가 되는 것이니라"라고 한 그대로다. 하나님과 벗인 상태를 유지하면서 세상과 벗이 되는 것이 아니다.

구약시대 이스라엘은 자기들이 하나님을 섬기면서 바알도 같이 섬긴다고 생각했다. 하지만 하나님은 그것을 인정하지 않으셨다. 바알을 섬기는 순간 하나님께 등을 돌린 것이다. 그래서 "그런즉 너희는 하나님께 복종할지어다 마귀를 대적하라 그리하면 너희를 피하리라"라고 한다. 하나님께 복종하려면 가장 먼저 할 일은 마귀를 대적하는 일이다.

방금 하나님이 교만한 자를 물리치시고 겸손한 자에게 은혜를 주신다는 말이 나왔다. 교만은 버려야 할 악덕이고 겸손은 바람직한 덕목이라는 일반적인 얘기가 아니었다. 교만과 겸손을 얘기할 만한 문맥이 있었다. 하나님 말씀 앞에서 핑계를 대면서 자기 정욕을 고집하면 교만한 것이고 하나님 말씀을 기준으로 자기를 고치면 겸손한 것이었다. 마귀를 대적하라는 말씀도 마찬가지다. 일반적인 말씀이 아니라 마귀를 대적하라고 하는 이유가 있어야 한다.

베드로가 "주는 그리스도시요 살아 계신 하나님의 아들이시니이다"라고 신앙을 고백했을 때 예수님이 크게 칭찬하셨다. 그런데 그것이 전부였다. 이어서 예수님이 고난받을 것을 말씀하시자, 베드로가 만류했다가 호된 꾸지람을 듣는다. 그때 예수님 말씀이 "사탄아 내 뒤로 물러가라 너는 나를 넘어지게 하는 자로다 네가 하나님의 일을 생각하지 아니하고 도리어 사람의 일을 생각하는도다"라고 기록되어 있다. 베드로가 졸지에 사탄으로 전락했다. 하나님의 일을 생각하지 않고 사람의 일을 생각했기 때문이다.

본문에서는 왜 마귀를 대적하라고 할까? 문맥을 보면 알 수 있다. 세상과 벗이 되고자 하는 사람은 스스로 하나님과 원수가 되는 것을 택하는 사람이라고 했다. 그처럼 세상과 벗이 되려는 마음, 하나님과 원수 되려는 마음이 어디에서 왔을까?

앞에서 한 입으로 찬송과 저주가 나오는 것이 마땅하지 않다고 했다. 하나님을 찬송하던 입으로 다른 사람한테 상스러운 욕설을 퍼붓는 것은 옳지 않다는 뜻이 아니다. 상스러운 욕설을 하는 것이 옳지 않다는 것을 모르는 사람이 어디 있겠는가? 굳이 하나님을 찬송하는 일과 대조할 이유가 없다.

어떤 사람이 하나님을 찬송한다. 그런데 하는 말을 들어 보면 그렇지 않다. 어떻게 하면 신앙이 좋아지는지는 말하지 않고 어떻게 하면 세상을 잘 살 수 있는지만 말한다. 그 사람 말대로 하면 점점 하나님 품에 안기는 것이 아니라 점점 세상 중심에 간다. 뭔가 이상하다. 하나님을 찬송했으면 그

194   Let's Go 야고보서

가 하는 모든 말도 하나님을 높이는 말이어야 한다. 그런데 오히려 신앙을 방해하는 말을 하는 수가 있다. 그것이 한 입으로 찬송과 저주가 나오는 것이다.

우리가 하는 말이나 듣는 말을 떠올려 보자. 우리 대화의 기준이 신앙일까, 세상일까? 누군가 "꼭 그렇게까지 할 필요는 없다"라고 했다고 하자. 어떻게 할 필요가 없다는 뜻일까? 하나님을 열심히 섬길 필요가 없다는 뜻일까, 지나치게 세상 욕심을 부릴 필요가 없다는 뜻일까? "남들도 다 그렇게 한다"라는 말은 어떨까? 그렇게 하는 것이 어떻게 하는 것일까? 신앙 원칙에 따라 행한다는 뜻일까, 세속적인 방편으로 행한다는 뜻일까? 그런 조언을 들으면 하나님 품에 안기게 될까, 세상 중심에 서게 될까?

우리는 구원 얻은 하나님의 백성이다. 아브라함이 하나님의 벗인 것처럼 우리 역시 그렇다. 그런데도 여전히 세상과 벗이 되고 싶은 마음이 있을 수 있다. 그런 마음을 부추기면 그게 마귀가 하는 일이다. 그때의 마귀가 자신일 수도 있고 타인일 수도 있지만 어쨌든 대적해야 한다. 조금이라도 타협의 여지를 두면 안 된다.

4:8) 하나님을 가까이하라 그리하면 너희를 가까이하시리라 죄인들아 손을 깨끗이 하라 두 마음을 품은 자들아 마음을 성결하게 하라

어떻게 하면 하나님께 벌을 받지 않는 한도 안에서 세상과 벗이 될 수 있을까, 어떻게 하면 하나님을 이용해서 세상 욕심을 이룰 수 있을까 하는 것은 우리가 신경 쓸 문제가 아니다. 정작 신경 써야 할 문제가 따로 있다. 하나님을 섬기는 문제다. 하나님께 더 가까이 다가가야 한다. 우리가 하나님을 가까이하면 하나님도 우리를 가까이하신다. "하나님을 가까이하라 그리하면 너희를 가까이하시리라"에는 숨어 있는 말이 있다. "세상을 아무리 가까이해도 세상은 너희를 가까이하지 않지만"이다.

삼손이 들릴라의 무릎을 베고 누워서 자기 힘의 비밀을 털어놓는다. 그렇게 하면 들릴라의 사랑을 얻을 수 있는 줄 알았다. 자기가 아무리 들릴라를 사랑해도 들릴라는 자기를 사랑하지 않는 것을 까맣게 몰랐다. 그러면 삼손이 배신당한 것일까? 그렇지 않다. 들릴라는 시종일관 자기 모습 그대로였는데 삼손 혼자 엉뚱한 기대를 한 것이다. 설령 우리가 세상을 사랑한다고 해도 세상은 우리를 사랑하지 않는다. 그래서 세상을 가까이할 게 아니라 하나님을 가까이해야 한다.

하나님을 가까이하려면 어떻게 해야 할까? 이어지는 내용이 "죄인들아 손을 깨끗이 하라 두 마음을 품은 자들아 마음을 성결하게 하라"이다. 죄인은 손을 깨끗하게 해야 하고 두 마음을 품은 사람은 마음을 성결하게 해야 하는 것이 아니다. 같은 내용을 다른 표현으로 반복한 것이다. 죄인이 곧 두 마음을 품은 사람이고 손을 깨끗하게 하는 것이 곧 마음을 성결하게 하는 것이다.

앞에서 "간음한 여인들아 세상과 벗 된 것이 하나님과 원수 됨을 알지 못하느냐"라고 했다. 간음을 한다는 얘기는 배우자가 있다는 뜻이다. 배우자를 아예 버리면 간음이 아니다. 두 마음을 품는 것도 그렇다. 하나님을 버리고 세상으로 가면 두 마음이 아니다. 하나님을 사랑한다고 하면서 세상에 미련이 있으니 두 마음이다.

사실 이것이 모든 신자한테 있는 문제일 것이다. 작정하고 신앙을 버리지는 않는다. 단지 세상을 곁눈질한다. 이스라엘이 홍해를 건너 애굽을 등진 것처럼 신자는 이미 세상을 등진 사람이다. 이 세상은 믿을 만한 곳이 아닌 것도 안다. 그런데도 여전히 미련이 있으니 참 딱한 노릇이다.

그러면 어떻게 해야 할까? 하나님이 그런 현실을 이해해주셔야 할까? 성경에는 "그래, 알았다. 정 그렇다면…"이라는 말이 없다.

4:9-10〉 슬퍼하며 애통하며 울지어다 너희 웃음을 애통으로, 너희 즐거움을 근심으로 바꿀지어다 주 앞에서 낮추라 그리하면 주께서 너희를 높이시리라

자기한테 있는 두 마음을 하나님께 인정받을 수는 없다. 공연히 잔머리 굴릴 생각 말고 슬퍼하고 애통하고 울어야 한다. 자기 정욕이 이루어지지 않는 것을 안타까워할 게 아니라 자기한테 아직도 세상을 탐하는 마음이 있는 것을 안타까워해야 한다. 혹시 안타깝게 여겨지지 않으면 안타깝게 여겨지지 않는 사실을 안타깝게 여겨야 한다. 그 사실을 놓고 슬퍼하며 애통하며 울어야 한다.

그러면 "너희 웃음을 애통으로, 너희 즐거움을 근심으로 바꿀지어다"는 무슨 영문일까? 성경에는 항상 기뻐하라는 말씀도 있는데 모순 아닌가? 그런 얘기가 아니다. 성경에서는 아무런 분별없이 세상을 사는 미련한 사람의 특성으로 웃음과 향락을 꼽는다(잠 10:23, 전 7:4, 6). 예수님 말씀 중에도 "화 있을진저 너희 지금 웃는 자여 너희가 애통하며 울리로다"라는 말씀이 있다. 세상과 벗이 되려는 마음이 있는 것이 얼마나 심각한 문제인지 알아서 얼른 돌이켜야 한다.

결국 "슬퍼하며 애통하며 울지어다 너희 웃음을 애통으로, 너희 즐거움을 근심으로 바꿀지어다"는 회개에 대한 촉구다. 지금처럼 살면 안 된다. 세상과 벗 될 생각을 하지 말고 하나님의 은혜를 기대해야 한다. 하나님은 겸손한 자한테 은혜를 주신다. 그런 은혜를 받기 위해서 하나님께 복종해야 한다. 그래서 "주 앞에서 낮추라 그리하면 주께서 너희를 높이시리라"라고 한다.

우리가 하나님 앞에서 낮추기만 하면 하나님은 얼마든지 우리를 높여주신다. 그래서 더욱 큰 은혜를 주신다고 한 것이다. 온갖 좋은 것이 세상에 있는데도 우리 속에 거하게 하신 성령이 시기하기까지 사모한다고 하신 말씀 때문에 마지못해서 하나님을 섬기는 것이 아니다. 이런 은혜가 있기 때문에 더욱 하나님을 섬기는 것이다.

우리의 만족이 어디에 있을까? 이 세상일까, 하나님일까? C. S. 루이스가 한 말이 있다. "이 세상이 우리한테 만족을 주지 못하는 것은 우리가 이 세상이 아닌 다른 세상에 적합하도록 만들어졌기 때문이다." 아우구스티누스도 말했다. "하나님은 우리를 하나님을 향하여 살도록 지으셨습니다. 그래서 우리가 하나님을 향하여 살기 전에는 안식이 없습니다." 요컨대 우리는 태도를 분명히 해야 한다. 하나님의 벗으로 살 것인지, 세상의 벗으로 살

것인지 양자택일을 해야 한다. 우리의 만족은 오직 하나님께만 있다. 그 사실을 바로 아는 사람이 복된 사람이다.

4:11〉 형제들아 서로 비방하지 말라 형제를 비방하는 자나 형제를 판단하는 자는 곧 율법을 비방하고 율법을 판단하는 것이라 네가 만일 율법을 판단하면 율법의 준행자가 아니요 재판관이로다

오래전에 "참새 시리즈"가 유행한 적이 있다. 참새 열 마리가 전깃줄에 나란히 앉아 있다. 포수가 총으로 쐈는데 가장 끝에 앉아 있던 참새가 맞았다. 왜 그랬을까? 누가 맞는지 보려고 고개를 내밀었다가 맞았다고 한다.

대학생 시절, 데이트를 하다가 이 얘기를 아내한테 물은 적이 있다. 아내가 잠시 생각하더니 "누가 맞는지 보려고 하다가?" 하고, 답을 맞혔다. 나는 그런 우스갯소리를 많이 아는 편이지만 아내는 그렇지 않다. 아내가 답을 맞힌 것이 상당히 의외였다. 어떻게 알았는지 물었다가 재미있는 답을 들었다. 학교에서 "앞으로나란히!" 하면, 줄을 맞출 생각을 하는 것이 아니라 누가 삐뚤어졌는지 보려고 고개를 내미는 아이들이 있다는 것이었다. 당시 아내가 초등학교 교사였다.

앞에서 세상과 벗이 되고자 하는 마음을 경계했다. 그에 대한 결론이 "주 앞에서 낮추라 그리하면 주께서 너희를 높이시리라"였다. 직설적으로 얘기하면 "세상을 기웃거릴 궁리 그만하고 신앙생활 제대로 해라. 그것이 너희한테 복이다."라는 뜻이다. 사람들이 이런 말을 들으면 어떤 반응을 보일까? 전부 "아멘" 하고 한마음으로 받아들일까?

아이들한테 "앞으로나란히!"라고 하면, 줄 맞출 생각을 하는 것이 아니라 누가 삐뚤어졌는지 보려고 고개를 내미는 아이들이 있다고 했다. 그 아이 눈에는 누가 줄을 잘못 맞췄는지 보일 것이다. 그러면 자기가 맞춰야 하는 줄은 저절로 잘 맞춘 것으로 인정될까?

세상을 기웃거리지 말고 신앙생활을 제대로 하라는 말을 들었으면 그대로 하면 된다. 그런데 누가 그 말씀대로 하지 않는지 지적하려는 사람이 있었던 모양이다. 다른 사람을 지적하면 자기는 저절로 옳은 사람이 되는 줄 착각한 것일까? 그래서 본문은 "형제들아 서로 비방하지 말라"로 시작한다.

나는 운동 신경이 참 둔하다. 학교 다닐 적에는 체육이 가장 취약 과목이었다. 달리기를 하면 으레 꼴찌였다. 그런데 초등학교 1학년 때 딱 한 번 3등을 한 적이 있다. 남학생 두 명, 여학생 두 명이 뛰었는데 같이 뛰던 여학생 한 명이 중간에 넘어졌다. 그 덕에 처음이자 마지막으로 3등을 해보았다.

우리가 사는 세상에서는 이런 것이 통한다. 꼭 자기가 잘해야 하는 것이 아니다. 상대방이 못해도 같은 효과를 누릴 수 있다. 자기가 시험을 잘 봐야만 성적이 오르는 것이 아니라 다른 사람들이 시험을 못 봐도 성적이 오른다.

그런 모습을 교회 안으로 옮기면 어떻게 될까? 신앙은 하나님과 자기의 1:1의 관계다. "주 앞에서 낮추라 그리하면 주께서 너희를 높이시리라"라는 말을 들었으면 그대로 하면 된다. 다른 사람은 어떻게 하는지 확인할 이유가 없다. 설령 어떤 사람이 주 앞에서 낮추지 않는다고 하자. 그 사실을 까

발리면 자기는 저절로 주 앞에서 낮추는 사람이 되는 것일까?

"그러면 잘못하거나 말거나 신경 쓰지 말고 그냥 있어야 합니까? 잘못한 사람한테 잘못했다고 하면 안 됩니까?"라는 의문이 생길 수 있다. 다윗이 밧세바를 범했을 때 나단이 책망했다. 아합이 나봇의 포도원을 빼앗았을 때 엘리야가 책망했다. 예수님은 서기관과 바리새인들에게 "뱀들아 독사의 새끼들아 너희가 어떻게 지옥의 판결을 피하겠느냐"라고 꾸짖기도 했다.

잘못한 사람한테 잘못했다고 하는 것은 잘못이 아니다. 하지만 비방하는 것은 다르다. '비방하다'에 해당하는 헬라어가 '카타랄레오'인데 '카타'는 영어로 하면 against이고 '랄레오'는 '말하다'이다. 거슬러 말하는 것, 대적해서 말하는 것이 '카타랄레오'이다. 어떻게 해서든지 상대방한테 홈집을 내고 싶은 것이다. 성경은 그것을 하지 말라고 한다. 형제를 비방하는 자나 형제를 판단하는 자는 곧 율법을 비방하고 율법을 판단하는 것이기 때문이다.

교육전도사 시절의 일이다. 교사 한 분이 지각한 학생들을 나무라는 말을 들었다. "예배 시간은 하나님과의 약속인데 늦으면 어떡해?" 그 옆을 지나치면서 속으로 생각했다. "저 아이들이 공감을 할까?"

예배에 늦었으니 잘못한 것은 맞다. 하지만 그 아이들 중에 하나님과 약속한 아이는 아무도 없다. 그렇다고 해서 야단맞는 처지에 자기는 하나님과 약속한 적 없다고 반박할 수도 없다. 어쨌든 속으로 억울했을 것이다. 잘못한 것은 맞지만 잘못에 비해서 너무 거창하게 지적하기 때문이다.

형제를 비방하는 자나 형제를 판단하는 자는 곧 율법을 비방하고 율법을 판단하는 것이라는 말은 어떤가? 형제를 비방하거나 판단하는 것이 바람직한 일은 아니다. 그렇다고 해서 율법을 비방하고 판단하는 것은 아니지 않을까? 형제와 율법이 동의어라도 된단 말인가?

본문에 형제라는 말이 세 번 나온다. 그런데 이어지는 12절에서는 이웃이라고 한다. 형제를 이웃으로 바꿔서 말한 것이다. 뭔가 의도가 있을 것이다. "네 이웃을 네 몸 같이 사랑하라" 하신 계명을 연상시키기 위해서다. 2:8에서는 그 계명을 최고의 법이라고 했다.

예수를 믿는 사람이라면 신앙이 가장 중요하다는 말에 다 동의할 것이다. 그러면 따져 보자. 신앙이 가장 중요하면 그다음으로 중요한 것은 무엇이고, 그다음으로 중요한 것은 무엇일까?

"세상에서는 돈이 가장 중요하다"라는 말로 바꿔볼까? 세상에 있는 모든 것을 중요한 순서대로 나열하면 돈이 가장 앞에 나온다는 뜻이 아니다. 이 세상 모든 것을 돈으로 따진다는 뜻이다. 돈이 가치의 척도다. 그래서 돈이 가장 중요하다. 신앙이 가장 중요하다는 말도 마찬가지다. 신앙은 다른 것에 비해서 상대적으로 중요한 것이 아니다. 모든 것의 기준이다. 이를테면 신앙은 피라미드의 꼭대기가 아니라 모빌의 중심이다.

이 얘기를 율법에 적용할 수 있다. 어떤 율법사가 예수님께 가장 큰 계명이 어떤 계명인지 물었을 때 예수님은 "하나님 사랑, 이웃 사랑"을 말씀했다. 하나님을 사랑하는 것이 가장 중요하고 이웃을 사랑하는 것이 그다음으로 중요하다는 뜻이 아니다. 하나님 사랑과 이웃 사랑이 같은 계명이다. 율법에는 이런 율법도 있고 저런 율법도 있는데 그중에 "하나님 사랑, 이웃 사랑"이 가장 중요한 것이 아니라 모든 율법이 "하나님 사랑, 이웃 사랑"을 설명한다. 율법으로 피라미드를 만들면 "하나님 사랑, 이웃 사랑"이 가장 높은 자리에 올라가는 것이 아니다. 율법으로 모빌을 만들면 "하나님 사랑, 이웃 사랑"이 그 중심이다. 야고보는 2:8에서 그것을 이웃 사랑으로 줄여서 말했다. 형제를 비방하는 자나 형제를 판단하는 자는 곧 율법을 비방하고 율법을 판단하는 것이라는 말이 그래서 가능하다.

율법이 우리한테 말하는 바가 이웃을 사랑하라는 것이다. 이웃을 사랑하는 것이 율법 그 자체다. 그런데 이웃을 비방하거나 판단하는 사람이 있다면 그 사람은 율법을 비방하고 율법을 판단하는 사람이다. 그 사람은 율법의 준행자가 아니라 재판관이다.

어떤 교회에서 담임목사 청빙 공고를 냈다. 당회나 청빙위원회에서 청빙 절차를 주관하게 된다. 서로 머리를 맞대고 제출 서류를 검토할 텐데, 제출 서류에는 목회 계획서도 있다. 그러면 자기들도 그 목회 계획에 포함되는 것을 알까? 혹시 자기들은 목회 대상이 아니라 목회 감독관인 줄 착각하지는 않을까? 정확한 것은 모르지만 충분히 가능한 상상이다.

율법은 다르다. "난 율법에 구애될 필요 없어. 남들이 제대로 지키는지 확인만 하면 돼."라고 할 사람은 없다. 누가 감히 하나님과 맞먹으려고 하겠는가?

어처구니없게도 성경은 그런 사람이 있다고 한다. 형제를 비방하는 사람이 바로 그런 사람이다. 선뜻 납득이 안 된다. 마치 예배 시간에 지각한 아이한테 "왜 하나님과 약속한 시간을 어기느냐?" 하고 다그치는 것 같다. 설마 형제를 비방했다고 해서 자기를 하나님의 자리에 올려놓을 심산이었을까? 그런데 성경의 지적이 그렇다. "예배에 지각하는 것은 하나님과 약속한 시간을 어기는 것이다"라는 말은 성경에 없어도 "형제를 비방하는 사람은 스스로 율법의 재판관 행세를 하려는 사람이다"라는 말은 성경에 있다. 형제를 비방하는 것이 그만큼 큰 잘못이다.

왜 큰 잘못일까? "주 앞에서 낮추라 그리하면 주께서 너희를 높이시리라"라는 말씀을 생각해보면 알 수 있다. 신앙은 하나님이 어떤 분이고 자기가 누구인지 아는 것에서 시작한다. 우리는 하나님께 철저하게 순종해야 하는 하나님의 피조물이고, 우리한테 혹 소망이 있다면 하나님의 은혜를 입는 것뿐이다. 그런데 "좋습니다. 제가 주님 앞에서는 낮추겠습니다. 하지만 저 사람보다는 제가 잘난 것을 알아주셔야 합니다."라고 하는 것이 무슨 경우일까? 주님 앞에서 낮추면 주님께서 높여주신다고 했다. 그런데 다른 사람을 끌어내려서라도 스스로 높아지려는 사람은 예수를 믿는 사람일까, 믿지 않는 사람일까?

네 이웃 사랑하기를 네 몸과 같이 하라고 한 것이 하나님이 정한 최고의 법이다. 그런데 그 이웃을 경쟁 상대로 여긴다면 하나님의 법에 대항하는 새로운 법이라도 만들 심산일까? 실제로 "세상은 그렇게 사는 것이 아니다"라는 말을 한두 번 들은 것이 아니다. 대체 어떻게 살라는 말일까? 하나님의 법이 아닌 다른 법을 누가 만들었을까?

4:12) 입법자와 재판관은 오직 한 분이시니 능히 구원하기도 하시며 멸하기도 하시느니라 너는 누구이기에 이웃을 판단하느냐

법을 만들고, 또 그 법에 따라 판단하는 것은 아무나 할 수 있는 일이 아니다. 오직 하나님 한 분만 가능하다.

꼭 예수를 믿어야 구원 얻는다고 하는 것은 너무 편협하고 독선적인 것 아니냐는 질문을 여러 번 받았다. 다른 종교에도 나름대로의 구원이 있다고 하면 공평한데 왜 기독교에만 구원이 있다고 하느냐는 것이다. 그것이 합리적인 것 같기도 하다. 교회 다니는 사람은 예수 믿어서 구원 얻고, 절에 다니는 사람은 불교 믿어서 극락 가고, 종교가 없는 사람은 착하게 살아서 천당 간다고 하면 논쟁을 벌일 일이 없다. 하지만 별수 없다. 하나님이 세상을 창조하셨기 때문이다. 구원이라는 것이 있으면 그 구원도 하나님께서 정하셨을 것이다. 그러니 예수를 믿어야 구원 얻는다. 고다마 싯달타가 세상을 창조했으면 고다마 싯달타가 세상의 주인인데 그게 아니다. 이 세상 주인은 오직 하나님 한 분이다.

율법도 마찬가지다. 오직 하나님만 입법자와 재판관이 될 수 있는 이유가 있다. 능히 구원하실 수도 있고 멸하실 수도 있는 분이 하나님뿐이기 때문이다.

출애굽기 20장에 십계명이 나온다. "하나님이 이 모든 말씀으로 말씀하여 이르시되 나는 너를 애굽 땅, 종 되었던 집에서 인도하여 낸 네 하나님 여호와니라 너는 나 외에는 다른 신들을 네게 두지 말라"로 시작한다. 십계명을 주시면서 먼저 하나님이 이스라엘을 구원한 사실을 말씀하신다. "이건 이렇게 해라 저건 저렇게 해라"라는 말은 아무나 할 수 있는 말이 아니다. 그런 말을 하려면 그럴 만한 자격이 있어야 한다. 그것이 구원이다. 구원을 베풀지 않았으면 계명을 말할 자격도 없다. 부모가 아이한테 공부하라고 닦달하는 것과 같은 맥락이다. 옆집 아저씨가 닦달하는 법은 없다.

특히 '능하다'는 말은 앞에서도 여러 번 나왔다. 하나님 말씀은 우리 영혼을 능히 구원하신다. 믿음이 있노라 하고 행함이 없으면 그 믿음은 능히 그 사람을 구원하지 못한다. 말에 실수가 없는 사람은 능히 온 몸도 굴레 씌운다. 사람은 혀를 능히 길들이지 못한다. 사람들이 다투고 싸우는 것은 욕심을 내어도 얻지 못하여 살인하며 시기하여도 능히 취하지 못하기 때문이다.

능한 것은 원래의 목적을 이루는 것이다. 능한 것과 능하지 못한 것은 하늘과 땅 차이다. 그런데 하나님은 능히 구원도 하시고 멸하기도 하시는 분이다. 입법자와 재판관이 될 자격이 있으시다. 구원 여부를 결정할 수 없으면 세상을 어떻게 살아야 하는지 말할 자격도 없다. "세상은 그렇게 살면 안 된다"라는 말은 아무나 할 수 있는 말이 아니다.

예전에 〈개그콘서트〉에 '행복 전도사'라는 별명을 가진 개그맨이 있었다. "다들 100평짜리 타워팰리스 두 채쯤은 가지고 계시잖아요? 100평 이하 집은 사람 사는 집이 아니잖아요? 그냥 개집이지. 이렇게 좋은 집에 사는 우리는 정말 행복한 겁니다." 그가 하는 말은 주로 이런 식이다. 물론 재미있으라고 하는 말이지만 숨겨진 전제가 있다. "우리가 행복하지 않은 것은 돈이 없기 때문입니다. 돈이 충분하면 누구나 행복할 수 있습니다."라는 전제다. 과연 그럴까?

칼 마르크스가 그의 책 〈경제와 철학 원고〉에서 이렇게 말했다. "나의 힘은 내가 가진 돈의 힘만큼 크다. 돈의 속성은 내 자신의 속성이자, 능력이다. …나는 못생겼지만 가장 아름다운 여자를 가질 수 있다. …내가 혐오스럽고 치욕스럽고 파렴치하고 어리석은 사람이라고 할지라도 돈은 존경받으며 돈의 소유자도 존경받는다. 돈은 최고로 좋은 것이며, 돈을 가진 사람도 그러하다. 게다가 돈은 내가 부정직한 사람이 될 수 있는 곤란함을 면하게 해준다. 그러므로 나는 정직하다고 인정도 받는다. 내가 어리석어도 돈이 만물을 움직이는 진짜 머리이니 돈을 가진 사람이 어찌 어리석을 수 있겠는가? …인간이 열망하는 모든 것을 돈으로 살 수 있으니 나는 인간의 모든 능력을 소유한 것이 아닌가? 그러므로 내 돈은 나의 모든 무능력을 능력으로 바꾸어주지 않는가?" 칼 마르크스가 이렇게 생각한다는 뜻이 아니다. 자본주의 병폐를 꼬집은 것이다.

이 세상을 살려면 돈이 중요하다는 법을 누가 만들었을까? 그 법을 따르려면 세상을 악착같이 살아야 한다. 하나라도 더 움켜쥐어야 하고 남과 경쟁해서 이겨야 한다. 무슨 수를 써서라도 남보다 잘나야 한다. 우리를 능히 구원도 하고 멸하기도 하는 분이 그런 법을 만들었으면 그 법이 옳다. 당연히 그렇게 살아야 한다.

그런데 그게 아니다. 입법자와 재판관은 오직 하나님 한 분이다. 왜 하나님만 입법자와 재판관이 되실 수 있는가 하면, 우리를 능히 구원하기도 하시고 멸하기도 하실 수 있는 분이기 때문이다. 이 세상을 어떻게 살아야 하는지 하나님이 정하신다. 하나님이 우리 생사화복의 근원이고 기준이다.

결국 앞에서 "형제들아 서로 비방하지 말라"라고 한 것은 "네 기준이 세상이냐, 하나님이냐?"를 묻는 것이다. 우리 기준은 당연히 하나님이다. 그런데 왜 비방을 하느냐 하면, 교회 안에 세상을 품고 들어왔기 때문이다. 몸은 교회에 있는데 가치관은 세속적이다. 그러면 하나님의 법이 아닌 다른 법이라도 만들 심산일까?

그래서 "너는 누구이기에 이웃을 판단하느냐?"라고 묻는다. 다른 말로 하면 "네가 하나님이냐?"라는 뜻이다. 설마 그런 질문에 "꼭 하나님만 하나님 하라는 법이 어디 있느냐? 내 인생에서는 내가 하나님이다."라고 할 사람은 없을 것이다. 하지만 말만 그렇게 하지 않으면 되는 것이 아니다. 실제로 그렇게 살아야 한다. 하나님의 법이 우리 삶의 기준이다. "이번 한 번만이다", "이런 경우에는 별수 없다", "앞으로 잘한다"라는 말은 우리가 쓸 수 있는 말이 아니다. 죄다 세상과 타협하는 말이기 때문이다.

중학생 때의 일이다. 질문이 없는 것을 타박하는 선생님이 계셨다. 질문이 없는 이유는 전부 알거나 전혀 모르거나 둘 중의 하나라고 했다. 전부 알거나 전혀 모르는 것이 질문을 하지 않아도 되는 일종의 자격인 셈이다. 남을 판단하는 것은 어떨까? 신앙이 완전한 사람은 남을 판단할 수 있다. 신앙에 관심이 없어도 남을 판단할 수 있다. 둘 다 해당 사항이 없으면 남을 판단하면 안 된다. 그럴 시간이 있으면 자기 신앙을 돌아보아야 한다. 남한테서 흠집을 찾을 것이 아니라 자기한테서 찾아야 한다.

아담, 하와가 선악과를 먹은 이유가 하나님처럼 되고 싶었기 때문이다. 거기에서 죄가 시작되었다. 그러면 구원은 우리가 하나님이 아닌 것을 아는 것에서 시작된다. 우리가 할 일은 하나님과 우리의 관계를 바로 정립하는 일이다. 어떻게 하면 안 되는가 하면, 입술로는 하나님을 찾으면서 세상을 기웃거리면 안 된다. 주 앞에서 낮추는 것이 우리의 당면 과제다. 우리는 하나님을 주인으로 모셔서 하나님의 법에 따라 살아가는 하나님의 피조물이다.

4:13〉 들으라 너희 중에 말하기를 오늘이나 내일이나 우리가 어떤 도시에 가서 거기서 일 년을 머물며 장사하여 이익을 보리라 하는 자들아

일자리는 시골보다 도시에 많다. 시골 사람이 돈을 벌고 오겠다며 도시로 갈 수 있다. 경우에 따라서는 다른 나라로 갈 수도 있다. 우리나라도 예전 중동 건설 붐 때 많은 인력이 중동으로 나갔다. 자기가 살던 터전을 떠나는 것은 대단한 결심이다. 천만 관객을 동원한 영화 〈국제시장〉에도 주인공 윤덕수가 독일 광부로 떠나는 내용이 나온다. 떠나지 않으면 안 될 만큼 사정이 절박했다.

본문에서 그런 경우를 떠올릴 수 있을 것 같다. 하지만 상황이 다르다. 〈야고보서〉는 흩어져 있는 열두 지파에게 보내는 편지다. 어차피 객지 생활을 하는 사람들이다. 고향을 떠나서 타향으로 이주하는 데에는 상당한 결단이 필요하지만 타향에서 타향으로 이주하는 것은 그렇지 않다. 적당한 계기만 있으면 얼마든지 떠날 수 있다.

앞에서 세상과 벗이 되려는 마음을 경계했다. 세상과 벗이 되려는 것은 일종의 간음이고, 스스로 하나님과 원수임을 자처하는 일이다. 그런 사람의 마음에 무엇이 있을까? 본문은 조만간 멀리 장삿길을 떠날 궁리를 하는 사람들한테만 해당되는 내용이 아니다. 흩어져 있는 열두 지파 중에 실제로 그런 사람이 얼마나 되겠는가? 하지만 "어디에 가서 무슨 일을 하면 돈이 벌린다더라"라는 말에 귀가 솔깃할 사람은 한둘이 아닐 것이다. 세상과 벗이 되려는 마음이 있으면 세상 욕심에 끌리게 마련이다. 그런 사람들을 겨냥한 말씀이다.

얼핏 의아할 수 있다. "그러면 아무 생각 없이 살라는 말입니까? 돈을 버는 것이 나쁜 일입니까?"라는 의문이 떠오를 수 있다. "다른 도시에 가서 일년 머물며 장사를 하는 중에도 신앙을 제대로 지키면 되는 것 아닙니까?"라고 하면 뭐라고 해야 할까?

어떤 대학생이 있다. 애인도 있다. 학교생활과 아르바이트가 바빠서 데이트는 주로 주말에 한다. 방학이 되었다. 아르바이트를 쉬고 친구들과 자전거로 전국 일주를 하기로 했다. 애인한테 그 말을 하면 뭐라고 할까? 아마 눈 동그랗게 뜨고 물을 것이다. "그럼 난?" 태연하게 대답한다. "걱정 마. 주말마다 와서 데이트하고 월요일에 다시 출발할게." 그러면 어떤 대답을 듣게 될까? 애인이 있다는 얘기가 주말에는 데이트를 한다는 뜻일까?

신앙이 있다는 얘기는 어떤가? 신앙이 있다는 얘기는 주일예배 안 빼먹고 십일조 안 떼먹는다는 뜻이 아니다. 하나님이 누구이고 자기가 누구인지 안다는 뜻이다. 신앙이 있는 사람은 삶의 이유와 목적이 달라진 사람이다.

기독교는 다른 종교와 차이가 많다. 궁극적인 차이는 구원이 있느냐, 없느냐 하는 것이다. 다른 종교에서는 자기한테 있는 신적인 가능성을 극대화해서 구원에 이르려고 한다. 그럴 만한 이유가 있다. 절대자에게서 멀어진 것에서 죄를 찾기 때문이다. 그런 죄를 해결하려면 절대자의 자리에 올라가야 한다. 불교식으로 얘기하면 수행 정진에 힘써서 해탈성불해야 한다. 그것이 구원이다. 우리가 말하는 죄는 어떤가? 하나님에게서 멀어진 것에서 죄가 시작된 것이 아니라 오히려 하나님처럼 되려고 한 것에서 죄가 시작되었다. 그러면 자기가 하나님이 아닌 것을 바로 아는 것이 구원이다. 하나님과의 관계가 제대로 정립된 사람이 신자이고, 하나님과 바른 관계 안에서 지내는 것이 신앙생활이다.

4:14) 내일 일을 너희가 알지 못하는도다 너희 생명이 무엇이냐 너희는 잠깐 보이다가 없어지는 안개니라

내가 주일에 신는 구두는 아버지 유품이다. 23년째 신고 있다. 평일에는 신지 않고 주일에만 신는다. 아버지께서 신던 구두를 물려받은 게 아니라 한 번도 신지 않은 새 구두였다. 그럼 아버지는 신지도 못할 구두를 왜 사셨을까? 당신 몸 안에 어떤 암세포가 자라고 있는지 몰랐기 때문이다. 신던 구두가 떨어지면 신을 요량으로 새 구두를 사셨을 텐데 신던 구두가 다 떨어지기 전에 아버지께서 먼저 가셨다. 우리가 내일 일을 알지 못하는 것이 맞다.

또 우리 생명은 잠깐 보이다가 없어지는 안개다. 지인 중에 뇌졸중 때문에 반신불수가 된 분이 있다. 그분 딸 얘기에 따르면, 전날까지 멀쩡했는데 갑자기 쓰러져서 그렇게 되었다고 한다. 정말 그랬을까? 멀쩡하던 사람이 갑자기 그렇게 될 수는 없다. 속에서 이미 쓰러질 준비가 다 되어 있었는데 몰랐던 것이다.

얼마 전에도 안타까운 소식을 들었다. 후배 목사가 교통사고로 석 달째 의식이 없다는 것이다. 과속을 했는지, 운전 중에 깜빡 졸았는지 이유는 모른다. 아는 것은 예배 마치고 가다가 사고가 났다는 것뿐이다. 그가 예배를 인도할 때만 해도 그런 상상을 한 사람이 누가 있겠는가? 그런데 잠깐 사이에 그렇게 되고 말았다.

이런 사례가 설마 내 주변에만 있을까? 우리 생명은 정말로 안개와 같다. 내일 일을 장담할 수 있는 사람이 아무도 없다.

4:15-16) 너희가 도리어 말하기를 주의 뜻이면 우리가 살기도 하고 이것이나 저것을 하리라 할 것이거늘 이제도 너희가 허탄한 자랑을 하니 그러한 자랑은 다 악한 것이라

아무리 그렇다고 해도 다른 도시에 가서 일 년을 머물며 장사할 계획도 세우지 못할까? 내 주변에는 다른 나라로 유학을 다녀온 사람이 수두룩하다. 새해가 되면 연간계획을 세우기도 한다. 전부 잘못된 사람들일까?

내일 당장 어떻게 될지 모르면서 일 년 계획을 세우는 것은 주제넘은 일이라는 얘기가 아니다. 신자라면 신앙생활 잘할 생각을 해야지, 왜 돈 벌 궁리를 하느냐는 얘기도 아니다. 본문은 다른 도시에 가서 일 년을 머물며 장사해서 돈을 벌겠다는 생각을 대표적인 허탄한 자랑이라고 한다. 주의 뜻을 생각하지 않은 처사이기 때문이다.

그러면 어떻게 해야 한다는 말일까? 다른 도시에 가서 장사할 계획을 세우기 전에 그것이 주의 뜻인지 기도 먼저 했어야 한다는 뜻일까? 기도를 하면 하늘에서 "좋다, 가거라. 그것이 내 뜻이다."라고 하든지 "안 된다. 다른 도시에 갈 생각 말고 그냥 있어라."라는 음성이라도 들릴까?

"주의 뜻"은 상당히 자주 오용되곤 한다. 엉뚱한 곳에 "주의 뜻"이라는 말을 갖다 붙이는 경우가 왕왕 있다. "주의 뜻이 어디에 있는지 모르겠습니다"라는 말은 "이런 경우에는 어떻게 하는 것이 신앙적으로 옳은지 모르겠습니다"라는 뜻이어야 한다. 그런데 십중팔구 "어떻게 하는 것이 저한테 유리한지 모르겠습니다"라는 뜻으로 쓰인다. 실제로 그런 질문을 받은 적이 있다. 대학 졸업을 앞둔 청년이 졸업하고 취업을 해야 할지, 대학원에 진학해야 할지, 전공을 바꿔서 편입을 해야 할지, 어떻게 하는 것이 주의 뜻인지 모르겠다는 말을 했다. 내가 대답했다. "취업을 하든지 대학원에 가든지 편입을 하든지 네가 신앙생활 제대로 하는 것이 주의 뜻이다."

문제는 그런 식의 주의 뜻은 딱히 궁금하지 않다는 사실이다. 어떻게 해야 자기한테 유리할지가 궁금하지, 어떻게 하는 것이 신앙적으로 옳은지는 궁금하지 않다. 그러면 주의 뜻이라는 말을 쓰면 안 된다. 곧이곧대로 "내가 어떤 선택을 해야 앞길이 평탄할지 모르겠습니다"라고 하면 그만이다. 그런데도 "내가 어떻게 하는 것이 주의 뜻인지 모르겠습니다"라고 하면, 괜히 신앙적인 고민을 하는 것 같은 착각을 즐길 수 있다. 사실은 주의 뜻에 관심이 있는 것이 아니라 자기의 세속적인 형통에 관심이 있는 것인데도 말을 그렇게 하면 훨씬 그럴 듯하게 보인다.

그러면 본문에서는 왜 주의 뜻을 말하는 것일까? 주의 뜻은 이미 앞에서 나왔다. 하나님은 자기의 뜻을 따라 진리의 말씀으로 우리를 낳으셨다. 〈야고보서〉 독자들이 곧 주의 뜻이다. 그들은 진리의 말씀으로 태어났다. 그들 속에 하나님 말씀이 심겨져 있다. 하나님은 그들을 믿음에 부요하게 하셨고 약속하신 나라를 상속으로 받게 했다. 즉 그들을 믿음에 부요하게 하시고 약속한 나라를 상속으로 받게 하신 것이 주의 뜻이다. 그러면 그 나라를 상속받을 준비를 해야 한다. 모든 관심이 거기에 있어야 한다.

또 비유로 그들에게 말하여 이르시되 한 부자가 그 밭에 소출이 풍성하매 심중에 생각하여 이르되 내가 곡식 쌓아 둘 곳이 없으니 어찌할까 하고 또 이르되 내가 이렇게 하리라 내 곳간을 헐고 더 크게 짓고 내 모든 곡식과 물건을 거기 쌓아 두리라 또 내가 내 영혼에게 이르되 영혼아 여러 해 쓸 물건을 많이 쌓아 두었으니 평안히 쉬고 먹고 마시고 즐거워하자 하리라 하되 하나님은 이르시되 어리석은 자여 오늘 밤에 네 영혼을 도로 찾으리니 그러면 네 준비한 것이 누구의 것이 되겠느냐 하셨으니 자기를 위하여 재물을 쌓아 두고 하나님께 대하여 부요하지 못한 자가 이와 같으니라(눅 12:16-21)

흔히 어리석은 부자 비유라고 한다. 부자의 잘못이 무엇일까? 재산이 많은 것은 잘못이 아니다. 소출이 풍성한 것도 잘못일 수 없다. 풍성한 소출 때문에 창고가 좁으면 당연히 더 크게 지어야 한다. 그런데 "어리석은 자여 오늘 밤에 네 영혼을 도로 찾으리니 그러면 네 준비한 것이 누구의 것이 되겠느냐?"라는 한마디에 다 끝나고 말았다.

"네 영혼을 도로 찾으리니"라고 했으니 어리석은 부자한테 있는 영혼의 주인이 하나님이라는 뜻이다. 자기 영혼의 주인이 자기가 아니다. 어리석은 부자가 그것을 몰랐다. 어리석은 부자가 어떤 사람인가 하면, 자기를 위하여 재물을 쌓아 두고 하나님께 대하여 부요하지 못한 사람이다. 그래서 어리석다고 한 것이다. 표현을 바꿔볼까? 어떤 사람이 어리석은 사람인가 하면, 자기 딴에는 인생을 성실하게 산다면서 하나님이 자기 주인인 것을 모르는 사람이 어리석은 사람이다. 늘 세상일로만 분주하다. 유진 피터슨 목사에 따르면 바쁜 것은 헌신의 표시가 아니라 배신의 표시라고 한다.

야고보는 그런 사람을 "오늘이나 내일이나 우리가 어떤 도시에 가서 거기서 일 년을 머물며 장사하여 이익을 보리라"라고 하는 사람으로 비유한다. 장사를 하려면 계산에 밝아야 한다. 사람이 온 세상을 얻고도 자기 생명을 잃으면 무슨 유익이 있을까? 진리의 말씀으로 태어나서 영원한 나라를 상속받은 귀한 생명을 잠깐 보이다가 없어지는 안개와 맞바꾸는 사람은 어떤가? 장사꾼으로 치면 정말 무능한 장사꾼이다. 자기한테 무엇이 이익이고 무엇이 손해인지 모르면 별수 없다.

옛날에 에서가 그랬다. 팥죽 한 그릇에 기꺼이 장자권을 넘겼다. 그때 에서가 무슨 생각을 했을까? "지금 당장은 배가 고프니까 야곱 얘기대로 한다만 야곱도 참 걱정이다. 아무짝에도 쓸데없는 장자권이나 탐내면서 세상을 어떻게 살 심산일까? 나중에 틈을 봐서 알아듣게 얘기해줘야지."라는 생각을 하지 않았을까? 에서 생각에는 야곱이 한심할 수 있다. 야곱처럼 허술해서는 세상을 못 산다. "이제도 너희가 허탄한 자랑을 하니 그러한 자랑은 다 악한 것이라"라고 한 그대로다. 팥죽 한 그릇에 장자권을 판 것보다 팥죽 두 그릇에 판 것이 더 큰 자랑이 된다. 주의 뜻을 기준으로 세상을 살아야 할 귀한 시간을 그런 일로 낭비한다.

누가 그렇게 한다는 얘기일까? 불신자들이 세상을 그렇게 산다는 얘기가 아니다. 〈야고보서〉 독자들 중에 그런 사람이 있었다. "어디에 가서 무슨 일을 하면 돈이 벌린다더라"라는 말에는 귀가 솔깃하면서 "하나님께서 이렇게 하는 것을 원하십니다"라는 말에는 신경 쓸 겨를이 없는 사람이 그 시대에만 있었으면 좋겠다.

대체 무엇이 문제일까? 에서의 경우를 보면 알 수 있다. 배는 지금 고픈데 장자권은 나중 일이다. 나중 일이야 어떻게 되든지 당장 배가 고픈 것을 어떻게 하란 말인가?

하나님께서 진리의 말씀으로 우리를 낳으신 것은 안다. 우리 속에는 하나님의 말씀이 심어져 있다. 하나님께서 약속하신 나라를 상속으로 받게 한 것도 안다. 그것이 우리를 향한 하나님의 뜻이다. 하지만 그것을 지금 당장 현찰로 바꿀 수 있는 것은 아니지 않은가? 진리의 말씀이니 약속하신 나라니 하는 것보다 현찰이 더 급한 것을 어떻게 할까?

돈이 있으면 교회에서도 행세할 수 있다. 금가락지를 끼고 아름다운 옷을 입은 사람과 남루한 옷을 입은 가난한 사람은 받는 대접이 다른 것을 앞에서 확인했다. 그래서 오늘이나 내일이나 어떤 도시에 가서 거기서 일 년을 머물며 장사하여 이익을 볼 마음을 먹는다. 그러면 하나님은 어떤 분일까? 하나님은 자기가 장사를 잘할 수 있게 도와주시는 분이다. 장사가 잘되면 헌금도 많이 할 테니 서로 좋지 않은가?

일리 있는 말 같은데 엄청난 함정이 있다. 우리가 하나님께 순종해야 할까, 하나님이 우리한테 순종해야 할까? 그런 생각이 있으면 하나님의 뜻에 따라 움직이기는 애당초 틀린 노릇이다. 하나님이 자기 뜻대로 움직여야 한다. 그러면 누가 하나님이고 누가 피조물일까? 〈해와 달이 된 오누이〉 동화에 나오는 호랑이가 떡 하나 주면 안 잡아먹겠다고 한 것처럼 자기 말 잘 들으면 계속 교회 다녀주겠다고 할 참인가?

4:17〉 그러므로 사람이 선을 행할 줄 알고도 행하지 아니하면 죄니라

문맥을 무시한 채 본문만 생각하면 어려울 게 없다. "쓰레기를 버리는 것만 잘못이 아니라 버려진 쓰레기를 줍지 않는 것도 잘못이다", "약한 사람을 괴롭히는 것만 잘못이 아니라 돕지 않는 것도 잘못이다"처럼 적용할 수 있다. 하지만 문맥을 따지면 그렇지 않다. 이런 말이 왜 나와야 할까?

단서가 '그러므로'에 있다. 그러므로는 인과 관계를 나타내는 접속부사다. 그러므로 앞에서 말한 내용 때문에 사람이 선을 행할 줄 알고도 행하지 않으면 죄다.

성경을 읽을 때 아무 생각 없이 읽으면 안 된다. 앞뒤 내용이 논리적으로 연결되는지 따지면서 읽어야 한다. 표현은 불경스럽지만 성경은 시비조로 읽을 필요가 있다. 무조건 "지당하신 말씀"으로 알고 넘어갈 것이 아니라 그 지당하신 말씀을 왜 하는지 확인해야 한다.

우선 선이 무엇인지 알아야 한다. 선이 무엇일까? 막연하게 착한 일을 말하는 것이 아니다. 천생 앞에서 답을 찾아야 한다. 사지선다형으로 찾아볼까? ① 13절 ② 14절 ③ 15절 ④ 16절 중 어디에 답이 있을까? 15절에서 "너희가 도리어 말하기를 주의 뜻이면 우리가 살기도 하고 이것이나 저것을 하리라 할 것이거늘"이라고 했다. 즉 주의 뜻대로 행하는 것이 선이다. 사람이 주의 뜻대로 행해야 하는 것을 알면서도 행하지 않으면 죄일 수밖에 없다.

하나님께서 자기의 뜻을 따라 진리의 말씀으로 우리를 낳으신 것은 안다. 하나님의 뜻이 우리한테 있는 것도 안다. 우리는 장차 약속한 나라를 상속으로 받을 것이다. 우리의 모든 행보가 거기에 맞춰져야 한다. 그렇지 않으면 죄다. 몰라서 못하는 것은 별수 없지만 알면서도 안 하는 것은 용납이 안 된다.

그러면 〈야고보서〉 독자들은 무엇을 했을까? 그들은 자기들이 무엇을 해야 하는지 안다. 하나님께서 자기들한테 무엇을 기대하시는지도 안다. 그런데 왜 아는 대로 행하지 않았느냐 하면, 오늘이나 내일이나 어떤 도시에 가서 일 년을 머물며 장사하여 이익을 볼 생각 때문이다. 그들이 뭐라고 변명할까? "일 년 동안만 그렇습니다. 장사해서 돈 많이 벌면 이전보다 더 열심히 하나님을 섬기겠습니다."라고 할 것이다. 노골적으로 옮기면 "선을 행할 줄 알고도 행하지 않으면 죄인 줄은 알지만 지금 당장 선을 행할 여유가 없는 것을 어떻게 합니까?"라는 뜻이고 선을 행할 여유가 없다는 애기는 죄를 택하겠다는 뜻이다.

〈야고보서〉 독자들만의 문제가 아니다. 우리 중에 하나님의 뜻을 모르는 사람은 없다. 문제는 그것이 세상 욕심과 충돌한다는 사실이다. 성경은 그것을 허탄한 자랑이라고 하는데 어떻게 된 영문인지 하나님의 뜻보다 더 중요하다. 그래서 나중에 잘한다는 핑계로 하나님의 뜻을 짐짓 외면한다. 나중에 잘하기로 했으니까 지금은 잘하지 않아도 괜찮다고 혼자 우긴다.

길지 않은 인생이다. 얼마 전에 해가 바뀐 것 같은데 벌써 7월이다. 며칠 있으면 또 제야의 종소리가 들릴 것이다. 이 일, 저 일 다 챙기기에는 주어진 시간이 너무 짧다. 하나님 뜻 안에 있는 일만 하자. 우리는 허탄한 자랑으로 채워도 괜찮을 만큼 하찮은 인생을 사는 사람들이 아니다. 사람이 선을 행할 줄 알고도 행하지 않으면 죄라고 했다. 사람이 선을 행할 줄 알아서 행하면 그것이 의다. 우리 인생은 의로만 가득해야 한다.

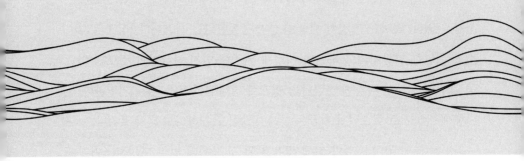

5장 우리의 추수

5:1) 들으라 부한 자들아 너희에게 임할 고생으로 말미암아 울고 통곡하라

설교 첫머리에서 말한다. "오늘 설교는 먹고살 만큼 충분히 재산을 모아 둔 분들을 위한 것입니다." 그러면 설교를 들을 사람이 얼마나 될까? 본문이 그런 식이다. "들으라 부한 자들아"라는 말로 시작했다. 〈야고보서〉 수신자는 흩어져 있는 열두 지파다. 그들 중에 부한 사람도 없지 않았겠지만 그래봐야 얼마나 되었을까? 대부분은 힘겹게 사는 사람들일 텐데 그들은 듣지 않아도 되는 내용일까?

앞에서도 '들으라'가 나왔다. "오늘이나 내일이나 우리가 어떤 도시에 가서 일 년을 머물며 장사하여 이익을 보리라"라고 하는 사람들한테 '들으라'라고 했다. 그들이 어떤 사람들일까? 조만간 장삿길을 떠날 구체적인 계획을 세우는 사람들이 아니다. 세상과 벗이 되려는 마음을 가진 사람들이다. 하나님의 뜻에는 관심이 없는 채 어떻게 하면 남부럽지 않게 살 수 있을까 하는 생각으로 골똘한 사람들이고, 신앙생활을 제대로 하려면 어떻게 해야 하는지에는 관심이 없으면서 세상에서 남보다 잘나려면 어떻게 해야 하는지에만 관심이 있는 사람들이다. 그런 사람들 인생이 자기들 생각대로 풀리면 전부 "부한 자"가 될 것이다. "부한 자"가 되는 것이 그들의 로망이다.

잠깐 가슴에 손을 얹고 생각해보자. 우리 인생이 우리 계획대로 풀리면 우리가 어떤 사람이 될까? 예수님을 쏙 빼닮은 사람이 될까, 남들이 다 부러워할 만큼 출세한 사람이 될까? 우리 평소 관심은 어디에 있고, 어떤 마음으로 세상을 살고 있을까?

이승엽 선수가 지난 2003년에 56개의 홈런으로 아시아 신기록을 세웠다. 그 무렵에는 홈런 볼을 잡기 위해서 내야보다 외야의 자리가 먼저 차기도 했고, 야구장에 매미채가 등장하는 진풍경이 벌어지기도 했다. 신기록 홈런 공을 잡아서 팔면 몇 억을 받는다는 말도 있었다. 그즈음에 나도 야구장에 간 적이 있다. 경기를 보기에는 외야석보다 내야석이 훨씬 좋다. 나는 포수 뒤쪽에 앉았다. 거기 앉으면 경기장이 한눈에 다 들어온다. 멀리 외야에 매미채를 든 사람들이 보였다. 홈런 볼을 잡았으면 좋겠다는 생각은 나도 했다. 하지만 외야석에 앉아서 불편하게 야구를 볼 마음은 없었다. 그러면 홈런 볼을 잡고 싶은 마음이 있는 것일까, 없는 것일까?

우리 인생이 우리 계획대로 풀리면 우리가 예수님을 닮은 사람이 될까, 모두가 부러워할 만큼 잘나가는 사람이 될까? 예수님을 닮은 사람이 되었으면 좋겠다고 대답하면서 마음은 세상에 가 있는 것은 아닐까? 포수 뒤쪽에 앉으면 홈런 볼을 잡을 확률이 없는 것처럼 마음이 이 세상에 있으면 예수님을 닮게 될 확률은 전혀 없다.

돈을 기준으로 세상을 사는 사람을 교훈하려면 돈은 많지만 인생이 망가진 사람을 예로 들어야 한다. 결국 본문은 오늘이나 내일이나 어떤 도시에 가서 거기서 일 년을 머물며 장사하여 이익을 보려는 마음으로 가득한 사람들한테 "이런 사람이 되고 싶으냐? 너희가 원하는 인생의 실체가 이런 것이다."를 말하는 내용이다.

그들이 원하는 인생의 실체가 어떤 것일까? "들으라 부한 자들아 너희에게 임할 고생으로 말미암아 울고 통곡하라"라고 했으니, 조만간 고생이 닥칠 인생이고 곧 통곡해야 할 인생이다. 아직은 고생스럽지 않다. 하지만 이내 고생스럽게 된다. 그래서 미리 통곡하라는 것이다. 회개를 촉구하는 얘기가 아니라 장차 재앙이 닥친다고 경고하는 얘기다.

무슨 잘못을 해서 그럴까?

5:2-3) 너희 재물은 썩었고 너희 옷은 좀먹었으며 너희 금과 은은 녹이 슬었으니 이 녹이 너희에게 증거가 되며 불 같이 너희 살을 먹으리라 너희가 말세에 재물을 쌓았도다

실제 상황을 말하는 것이 아니다. 부한 자들이 정말로 썩은 재물, 좀먹은 옷, 녹슨 금과 은을 보관할 리는 없다. 특히 금과 은이 녹슨다는 얘기는 말이 안 된다. 부한 자들한테 있는 멀쩡한 재물과 멀쩡한 옷, 멀쩡한 금은을 썩었다, 좀먹었다, 녹슬었다고 하는 것이다.

〈요한계시록〉은 사도 요한이 소아시아에 있는 일곱 교회에 보낸 편지다. 일곱 교회는 에베소교회, 서머나교회, 버가모교회, 두아디라교회, 사데교회, 빌라델비아교회, 라오디게아교회를 말한다. 특히 사데교회에 이런 말을 한다. "내가 네 행위를 아노니 네가 살았다 하는 이름은 가졌으나 죽은 자로다."

사데교회는 자기들 생각으로는 살아 있다. 하지만 주님은 죽었다고 하신다. 그러면 그럴 만한 이유가 있을 것이다. 부한 자들의 재물과 옷, 금과 은도 마찬가지다. 부한 자들한테는 자긍심의 근원이다. 재물은 보기만 해도 배가 부르고 옷을 입고 나가면 부러움에 찬 시선을 즐길 수 있다. 가지고 있는 금과 은의 분량은 자기 인생의 성공 정도를 말해준다. 그런데 하나님은 그것이 전부 썩고 좀먹고 녹슬었다고 하신다.

"너희 금과 은은 녹이 슬었으니" 다음에 "이 녹이 너희에게 증거가 되며"라고 했다. 금과 은을 증거로 얘기하지 않고 금과 은에 있는 녹을 증거로 얘기한다. 금과 은이 많을수록 실패의 분량이 커지는 셈이다.

어떤 사람이 중고차 시장에 갔다. 괜찮아 보이는 차가 있어서 여기저기를 살펴보는데 한쪽 구석에 녹슨 게 보인다. 이때의 녹은 차 상태에 대한 증거가 된다. 하지만 금과 은에 슨 녹은 금과 은의 상태에 대한 증거가 아니다. 그 주인의 정신 상태에 대한 증거다. 칼빈이 한 말이 있다. "하나님은 녹을 위해 금을 주시지 않았고 좀을 위해 옷을 주시지 않았다."

하나님께서 금을 주신 이유는 녹슬게 두라는 것이 아니다. 그런데 녹슬게 두었으면 그에 따른 보응을 받아야 한다. 그래서 "불 같이 너희 살을 먹으리라"라고 한 것이다. 녹이 금과 은을 먹은 것처럼 불이 그 사람 살을 먹을 것이다.

불은 성경 여러 곳에서 지옥 형벌을 비유한다. 대체 무슨 잘못을 해서 그럴까? 지옥은 아무나 가는 곳이 아니다. 예수를 안 믿는 사람들이 가는 곳이다. 그런데 왜 지옥 형벌을 얘기할까? 야고보서 수신자 중에 예수를 안 믿는 사람이라도 있었을까? 요즘말로 바꾸면, 교회 안에 불신자라도 있는 것일까?

그들의 궁극적인 잘못은 말세에 재물을 쌓은 것이다. 말세라는 말이 왜 나올까? 말세만 아니면 재물을 쌓아도 괜찮다는 뜻일까? 어쨌든 말세에 재물을 쌓는 것은 신자가 할 일이 아닌 것이 분명하다.

나치 독일에서 국민계몽선전부 장관을 지낸 괴벨스라는 사람이 있다. 라디오와 TV로 정치 선전을 했는데 어찌나 말솜씨가 빼어났던지 그의 연설을 들은 사람들은 패전 상황에서도 승리를 확신할 정도였다. 히틀러가 스스로 목숨을 끊은 것이 1945년 4월 30일인데 그 직전인 4월 17일에 행한 연설이 있다. "제군들이여! 100년 후 이 끔찍한 날들을 소재로 멋진 영화가 만들어진다면 여러분은 어떤 배역을 맡길 원하는가? 여러분이 화면에 나올 때 관객들에게 조롱의 휘파람 소리를 듣지 않으려면 지금 어떻게 처신해야 할지 잘 알리라 믿는다." 괴벨스의 말이 사실이라고 가정하자. 이런 말을 들었으면서도 100년 후에 조롱 들을 일을 하는 사람이 있다면, 그런 사람이 말세에 재물을 쌓는 사람에 해당한다.

부교역자 때 일이다. 외부 강사가 와서 부활 신앙에 대한 설교를 한 적이 있다. 우리한테 가장 중요한 것이 부활 신앙을 갖는 일이라고 설교 시간 내내 역설했다. 그런데 한 분이 설교를 제대로 안 들었던 모양이다. 옆 사람한테 하는 말을 지나가다가 들었다. "이다음에 부활하는 걸 모르는 사람이 어디 있다고 그래? 예수 믿는 사람이라면 부활 신앙은 기본적으로 다 있는 것 아냐?"

부활 신앙이 있다는 얘기는 그런 뜻이 아니다. 이다음에 부활한다는 사실을 아느냐, 모르느냐에 대한 얘기가 아니라 그 사실을 기준으로 살고 있느냐에 대한 얘기다. 부활 신앙이 있는 사람은 부활을 기준으로 산다. 지금 가치 있는 일이 가치 있는 일이 아니라 부활한 다음에도 가치 있는 일이 가치 있는 일이다. 그분은 부활 신앙을 오해했지만 예수 믿는 사람이라면 부활 신앙은 기본적으로 다 있게 마련이라는 말은 곱씹을 만하다. 부활 신앙이 없으면 예수를 믿는 사람이라고 할 수 없기 때문이다.

이 얘기를 다른 말로 "기독교 신앙은 종말론적이어야 한다"라고도 할 수 있다. 우리한테 신앙이 있으면 그 신앙은 반드시 종말론적이어야 한다. 사람에 따라서 종말론적으로 믿을 수도 있고, 다르게 믿을 수도 있는 것이 아니라 종말론적으로 믿지 않으면 예수를 믿는 것이 아니다.

어떤 사람이 있다. 자기 입으로는 예수를 믿는다고 한다. 그런데 종말이 기준이 아니다. 그러면 뭐가 기준일까? 종말이 기준이 아니면 천생 현세가 기준이게 마련이다. 현세가 기준인 신앙을 기복신앙이라고 한다. 기복신앙도 신앙 축에 끼워줘야 한다면 몽고반점도 중국집으로 끼워줘야 할 것이다.

예수 믿고 복받는 것이 뭐가 나쁘냐고 하면 안 된다. "예수 믿고 복받자"라는 말에는 치명적인 맹점이 있다. 예수를 믿는 믿음이 수단이 되고 복이 목적이 되기 때문이다. 신앙을 수단으로 삼는 사람이 신자일까? 신앙은 언제나 목적이고 원칙이라야지, 수단이나 방법일 수 없다. 우리는 신앙을 발판 삼아서 뭔가를 얻어내야 하는 사람들이 아니라 신앙 안에서 살아야 하는 사람들이다.

어느 정도 식견이 있는 사람이라면 기복신앙을 유치하게 생각하게 마련이다. 그것으로는 부족하다. 종말론적인 신앙을 가져야 한다. "기복신앙은 저도 싫어요. 그건 틀린 거잖아요."라고 하면서 실상은 기복신앙에서 벗어나지 못한 사람을 한두 번 본 게 아니다. 신앙이 종말론적이 아니면 어차피 구할 것은 세상에서 잘되는 것뿐이기 때문이다.

5:4-5) 보라 너희 밭에서 추수한 품꾼에게 주지 아니한 삯이 소리 지르며 그 추수한 자의 우는 소리가 만군의 주의 귀에 들렸느니라 너희가 땅에서 사치하고 방종하여 살육의 날에 너희 마음을 살찌게 하였도다

부한 자들의 문제가 무엇인가 하면, 말세에 재물을 쌓은 것이다. 재물을 많이 쌓아 두면 오늘도 잘 먹고 잘살고, 내일도 잘 먹고 잘살고, 모레도 잘 먹고 잘살 수 있을 줄 알았을 것이다. 요컨대 신앙이 종말론적이 아니었다. 그들이 쌓은 것이 재물이 아니라 자기들한테 돌아올 형벌인 셈이다. 종말의 관점에서 현재를 사는 것이 신앙인데 마음에 하나님이 없는 사람이 무슨 수로 그렇게 살까?

그들의 관심이 어디에 있을까? 4절에 "보라 너희 밭에서 추수한 품꾼에게 주지 아니한 삯이 소리 지르며 그 추수한 자의 우는 소리가 만군의 주의 귀에 들렸느니라"라고 되어 있다. 언제부터인지 '갑질'이라는 말이 들린다. 그렇다고 해서 갑질이 근래에 생긴 병폐는 아니다. 용어가 근래에 생겼을 뿐이다. 〈창세기〉에도 갑질이 나온다. 야곱이 라반의 갑질 때문에 톡톡히 고생을 한다. 야고보 당시에도 갑질을 하는 사람이 있었다.

노동자 하루 품삯이 한 데나리온이다. 가장이 한 데나리온을 벌어 와야 식구들이 끼니를 거르지 않는다. 어떤 품꾼이 하루 종일 땀을 흘리며 수확을 했다. 그런데 품삯을 못 받으면 온 가족이 꼼짝없이 굶어야 한다. 그때 수확한 것이 보리나 밀일 수도 있고 포도나 무화과일 수도 있다. 먹을 걸 수확하고 굶는 게 무슨 경우일까? 온종일 주방에서 음식을 만들게 하고 굶기는 게 말이 될까?

하지만 알 바 아니다. 그들이 신경 쓰는 일은 따로 있다. 땅에서 사치하고 방종하여 살육의 날에 자기 마음을 살찌게 하는 일이다. 죄다 거기에만 혈안이 되어 있다.

"살육의 날"이라는 표현에 주목할 필요가 있다. 구약에서 살육의 날은 여호와께서 원수들을 심판하시는 날이다(사 34:6, 렘 46:10). 나는 시골에서 자랐다. 집집마다 돼지를 키웠다. 돼지를 키우는 이유는 딱 하나, 잔칫날에 잡기 위한 것이다. 부한 자들이 이 세상에서 마음껏 자기 배를 불리는 이유는 마지막 날에 제대로 심판을 받기 위한 것이다.

〈삼국지연의〉에 동탁이라는 난신이 나온다. 황제를 겁박해서 조정을 마음대로 유린하고 백성들한테 학정을 베풀다가 죽는다. 백성들이 그를 얼마나 미워했는지 시신의 배꼽에 심지를 박아서 불을 붙였다. 몸이 워낙 비둔했기 때문에 그 불이 사흘 밤낮 동안 꺼지지 않았다고 한다. 부한 자들이 그렇게 될 것이다. 자기를 살찌운 만큼 살육도 크게 당할 것이다.

5:6) 너희는 의인을 정죄하고 죽였으나 그는 너희에게 대항하지 아니하였느니라

부한 자들이 애꿎은 사람을 죽이기까지 한 모양이다. 그런데 그 사람은 대항하지 않고 죽었다고 한다.

뭔가 이상하다. 자기 욕심대로 세상을 산다고 해서 살인까지 저지르는 사람이 과연 있을까? 아무래도 부한 자들의 잘못을 과장해서 말하는 것 같은 느낌이 든다. 4절만 해도 그랬다. 부한 자들 중에는 품삯을 제대로 주지 않는 악덕 지주도 있었을 것이다. 그렇다고 해서 모든 부한 자들이 다 그랬을까? 물론 이때의 부한 자는 단지 소유하고 있는 재산이 많은 사람이 아니라 세상과 벗이 되려는 마음으로 살아가는 사람들이다. "오늘이나 내일이나 우리가 어떤 도시에 가서 일 년을 머물며 장사하여 이익을 보리라"라는 말을 주고받는 사람들이 부러워하는 롤 모델이다. 아무리 그래도 모든 부한 자가 다 품삯을 안 주었을까? 몇몇 사람이 그렇게 한 것을 전체가 그렇게 한 것으로 일반화하지 않았을까?

의인을 정죄하고 죽였다는 얘기는 어떨까? 법이 모든 사람한테 공평하게 적용되지는 않는다. 품삯을 달라고 찾아온 사람한테 오히려 죄를 뒤집어씌우는 일도 있었을 수 있다. 그렇다고 해서 품삯을 받을 권리가 있는 사람은 다 의인일까? 품삯을 안 주려는 악덕 지주보다 상대적으로 의로울 수는 있다. 하지만 성경은 아무한테나 의인이라는 말을 쓰는 책이 아니다. 사람이 어떻게 하면 하나님 앞에서 의로울 수 있는지를 말하는 것이 성경의 가장 큰 관심이다.

이상한 점은 또 있다. 죽는 순간까지 대항하지 않는 사람은 대체 어떤 사람일까? 지렁이도 밟히면 꿈틀대고 쥐도 궁지에 몰리면 고양이를 무는 법인데 아무 잘못 없이 죽는 것이 억울하지도 않을까? 힘이 없으면 어지간한 손해는 감수하는 것이 속 편할 수 있다. 하지만 죽는 것은 얘기가 다르다. 죽을 때 죽더라도 발악은 하는 것이 정상 아닐까?

그것만이 아니다. "너희는 의인을 정죄하고 죽였으나"에서 의인이 단수다. 살인을 저지른 사람은 복수인데 죽은 사람은 한 사람인 것이 말이 될까?

그러면 대충 감이 잡힌다. "너희는 의인을 정죄하고 죽였으나 그는 너희에게 대항하지 아니하였느니라"라는 말은 예수님을 떠올리게 하는 표현이다. 결국 야고보는 "그런 너희 죄 때문에 예수님이 돌아가신 것 아니냐?"를 말하고 싶은 것이다. "그런데도 여전히 그렇게 살 셈이냐?"라는 말을 보탤 수도 있다. 구약에 빗대면 "종으로 있던 애굽에서 나왔으면서 여전히 애굽을 그리워하는 것이 말이 되느냐?"가 될 것이다.

본문은 부자들을 정죄하는 내용이 아니다. 이 세상을 살다 보면 부자로 살 수도 있고 가난하게 살 수도 있다. 둘의 가치에 아무런 차이가 없다. 적어도 신앙적인 안목으로는 그렇다. 정작 문제가 되는 것은 오늘이나 내일이나 어떤 도시에 가서 장사해서 이익을 볼 생각에 사로잡혀서 자기가 신자라는 사실을 잊어버리는 것이다.

미국 최초의 단편소설 작가로 불리는 워싱턴 어빙이 한 말이 있다. "위대한 사람들은 목적을 갖고 그 외의 사람들은 소원을 갖는다." 우리는 이 말을 "신자는 목적을 갖고 불신자는 소원을 갖는다"로 고쳐 읽으면 될 것이다. 신자의 목적은 당연히 하나님의 영광이고 불신자의 소원은 자기 욕심이다.

특별한 신자는 목적을 갖고 평범한 신자는 소원을 갖는 것으로 착각하면 절대 안 된다. 그러면 하나님 뜻대로 세상을 사는 일이 몇몇 신앙 엘리트한테만 해당 사항이 있게 된다. 자기는 세상과 벗이 되어도 괜찮은 줄 안다. 예수 이름으로 간절히 세상 욕심을 구하고, 신자로 살 마음도 없으면서 태연하게 신자라고 한다. 심지어 자기가 신자로 살고 있지 않다는 사실도 모른다.

진지하게 생각해 보자. 매일매일의 우리 발걸음이 어디를 향하고 있을까? 우리 발걸음을 계속 연장하면 도달하는 곳이 하늘에 있을까, 땅에 있을까? 누군가 우리가 하는 것을 잘 보고 그대로 따라하면 하나님께 인도될까, 세상으로 인도될까? 늘 세상을 따라 살면서 하나님을 말하는 사람은 포수 뒤쪽에 앉아서 홈런 볼을 잡았으면 좋겠다고 하는 사람이다. 하나님께로 가고 싶으면 정말로 하나님 쪽으로 가고 있어야 한다. 우리는 하나님 뜻 안에서 살아가는 하나님의 백성이다.

5:7-8) 그러므로 형제들아 주께서 강림하시기까지 길이 참으라 보라 농부가 땅에서 나는 귀한 열매를 바라고 길이 참아 이른 비와 늦은 비를 기다리나니 너희도 길이 참고 마음을 굳건하게 하라 주의 강림이 가까우니라

〈야고보서〉의 수신자는 흩어져 있는 열두 지파다. 불신자들이 아니라 신자들이다. 그들 중에 세상과 벗이 되려는 사람들이 있었다. 왜 그랬을까? 지금도 충분히 먹고살 만하지만 그래도 더 잘 먹고 잘살고 싶었기 때문일까, 아니면 예수를 믿는 것이 그만큼 고단했기 때문일까? 성경에는 그에 대한 기록이 없다. 하지만 충분히 짐작할 수 있다. 마냥 신앙을 고집하다가는 도무지 살 수 없을 것 같았기 때문일 것이다. 예수를 믿는 보상이 즉각적으로 주어지면 좋을 텐데 그런 게 없다. 자칫하다가는 세상에서 낙오되기 십상이니 자기 앞가림은 자기가 해야 한다. 신앙 때문에 인생을 포기할 수는 없지 않은가?

그래서 "그러므로 형제들아 주께서 강림하시기까지 길이 참으라"라고 한다. 피상적으로 읽으면 오해의 소지가 있다. "주님 재림하셔서 세상을 심판하시면 모든 것이 끝나니 그때까지 참으라는 뜻이로구나"라고 생각하기 십상이다. 물론 주님이 재림하시면 모든 것이 끝난다. 더 이상 인내할 것도 없고 신앙을 지키느라 손해를 감수할 것도 없다. 그런데 이어지는 말이 "보라 농부가 땅에서 나는 귀한 열매를 바라고 길이 참아 이른 비와 늦은 비를 기다리나니"이다.

팔레스타인 지방은 우기, 건기 구분이 있다. 건기에는 비가 내리지 않고 우기에만 비가 내린다. 10-11월에 내리는 비를 이른 비라고 하고 3-4월에 내리는 비를 늦은 비라고 한다. 이른 비와 늦은 비의 순서가 바뀐 것 같은데 농사 때문이다. 이른 비는 파종 전에 내리고 늦은 비는 수확 전에 내린다.

농부가 기다리는 것이 무엇일까? 궁극적으로 바라는 것은 땅에서 나는 귀한 열매지만 기다리는 것은 이른 비와 늦은 비다. "농부가 길이 참아 수확을 기다리는 것처럼 너희들도 주께서 강림하기기까지 길이 참으라"라고 했으면, 주님 재림하셔서 모든 것을 심판하실 때까지 참으라는 뜻이다. 그런데 농부가 일차적으로 기다리는 것은 이른 비와 늦은 비다. 그 이른 비와 늦은 비가 수확으로 연결될 것이다. 그러니 주님 재림 때까지 마냥 기다리라는 뜻이 아니다. 때를 따라 돕는 은혜를 기다리라는 뜻이다. 그런 은혜를 힘입어 지내다 보면 언젠가 재림을 맞게 될 것이다.

초록빛이 감도는 것은 하나도 남지 않는 건기를 지나는 동안에는 비가 올 기미조차 보이지 않는다. 하지만 때가 되면 이른 비가 내리고 다시 때가 되면 늦은 비가 내리는 것을 경험을 통해서 알고 있다. 그래서 "너희도 길이 참고 마음을 굳건하게 하라 주의 강림이 가까우니라"라고 한다.

밭에 파종된 씨앗은 아주 버려진 것이 아니다. 이른 비와 늦은 비에 힘입어 언젠가 열매를 맺는다. 우리의 삶도 그렇다. 주님 재림하시면 이 세상 모든 것이 심판을 받겠지만 주님의 임재는 그전에도 얼마든지 다양하게 체험할 수 있다.

그러면 세상과 벗이 되려는 사람은 어떤 사람일까? 예수님 말씀 중에 "공중 나는 새를 보라 들의 백합화를 보라"라는 말씀이 있다. 공중의 새는 심지도 않고 거두지도 않지만 하늘 아버지께서 기르신다. 오늘 있다가 내일 아궁이에 던져지는 들풀도 하나님께서 입히신다. 공중의 새나 들의 백합은 하나님과 부자지간이 아니다. 창조주와 피조물의 관계다. 그런데도 하나님이 돌보신다. 하물며 하나님과 부자지간인 우리를 돌보시지 않겠는가?

결국 세상과 벗이 되려는 사람은 "난 하나님 못 믿는다. 내 인생은 내가 알아서 하겠다."라는 사람이다. 주님이 은혜를 주시면 물론 반가운 일이다. 하지만 세상과 간음해서 챙긴 화대도 유용하게 쓰인다. 주님의 은혜가 원하는 순간마다 주어지면 왜 세상에 눈을 돌리겠는가만 그게 아니니 별수 없다고 생각한다.

플로랜스 채드윅이라는 여자가 있었다. 영국 해협을 헤엄쳐서 왕복한 수영 선수다. 영국 해협은 폭이 가장 좁은 곳이 34km다. LA에서 멀지 않은 카타리나섬에서부터 캘리포니아 해변까지 헤엄쳐서 건너기도 했다. 그런데 첫 번째 시도에 성공한 것이 아니다. 1952년 7월 4일에 한 번 실패했다. 많은 사람들의 관심이 집중된 가운데 차가운 물속을 꼬박 16시간 동안 헤엄쳤다. 그런데 마침 짙은 안개가 몰려왔다. 플로랜스는 그런 안개 속에서 사력을 다했지만 점점 힘이 달렸다. 아쉽지만 다음 기회를 기약하며 기권을 선언하고 뒤따라오던 구조선에 몸을 실었다. 몸을 싣고 보니 해변까지는 불과 500m밖에 남지 않은 곳이었다.

두 달이 지났다. 플로랜스가 다시 도전했다. 바닷물은 두 달 전보다 더 차가웠고 안개도 더 짙게 끼었다. 해변 전체를 안개가 덮고 있었다. 그런데도 무난하게 성공했다.

기권한 다음에 목표가 겨우 500m밖에 남지 않은 것을 알았을 때 얼마나 억울했을까? 주님의 때가 가까운 것도 모르고 세상과 타협한 사람이 그와 같을 것이다. 아마 그런 사람은 신앙을 지키는 것이 무슨 소용이냐고 투덜대기도 했을 것이다. 자기가 주님께 순종해야 하는 것은 모르고 주님이 자기 뜻대로 움직여야 하는 줄 알면 별 도리가 없다. 그래서 9절로 이어진다.

5:9-10〉 형제들아 서로 원망하지 말라 그리하여야 심판을 면하리라 보라 심판주가 문밖에 서 계시니라 형제들아 주의 이름으로 말한 선지자들을 고난과 오래 참음의 본으로 삼으라

성경은 우리한테 항상 기뻐하라고 하고 범사에 감사하라고 한다. 원망하는 것은 옳지 않다. 하지만 본문에서 원망하지 말라고 하는 것은 그런 일반적인 얘기가 아니다. 주의 강림까지 길이 참고 마음을 굳건하게 해야 하는 상황에서 나온 얘기다.

늘 좋은 일만 생기고 매사가 자기 뜻대로 되면 왜 남을 원망하겠는가? 주의 강림까지 길이 참고 마음을 굳건하게 하면서 하루하루를 살다보면 때로는 남을 원망할 수도 있을 텐데 그것을 하지 말라는 것이다.

원망하는 사람 입장에서 생각해 볼까? 공연히 원망하는 법은 없다. 뭔가 원망할 만한 일이 있을 것이다. 그런데 본문은 원망해도 괜찮은 경우는 거론하지 않는다. 원망하지 말라는 말이 전부다. 그렇게 해야 심판을 면한다는 것이다.

원망할 만한 일이 있어서 원망했는데 왜 심판을 받을까? 그것도 "심판주가 문밖에 서 계시니라" 하고, 굉장한 긴장감을 유발시킨다. 행여 심판받지 않도록 신경 단단히 쓰라는 것이다. 어쨌든 우리가 알 수 있는 사실이 있다. 성경은 어떤 일이 원망할 만한 일인지에 대한 우리의 판단을 인정하지 않는다는 사실이다. 우리 생각에는 원망할 만한 일인데 성경은 그렇게 하면 큰일 난다고 한다.

그러면 어떻게 해야 할까? 심판주가 문밖에 서 계시다면 자칫 한마디라도 실수하면 안 된다. 그렇다고 무조건 입 다물고 가만히 있어야 할까? 앞에서 우리는 다 말에 실수가 많다고 하면서 말에 실수가 없으면 온전한 사람이라는 내용을 확인했다. 말에 실수가 없는 사람은 하루 종일 한마디도 안 하는 사람이 아니라 할 말과 안 할 말을 제대로 분별하는 사람이다.

심판주가 문밖에 서 계시니 원망을 하면 안 된다. 자칫 심판받을 수 있다. 그러면 속으로 부글부글 끓어도 무조건 입만 다물고 있으면 되느냐 하면 그렇지 않다. 긍정적인 쪽으로 진도가 나가야 한다. 주의 이름으로 말한 선지자들을 고난과 오래 참음의 본으로 삼아야 한다.

엘리야가 이세벨의 위협 때문에 브엘세바까지 도망간 적이 있다. 아합왕 때의 미가야는 시드기야한테 뺨을 맞고 옥에 갇히기도 했고, 이사야는 삼 년 동안 벗은 발과 벗은 몸으로 다녔다. 예레미야는 멸망을 선포했다가 민족을 배신했다는 원망을 들었고 다니엘은 사자 굴에 들어가기도 했다. 이런 내용을 모르는 사람은 없다. 하지만 아는 것에 그치면 안 된다. 이 모든 선지자들을 모델로 삼아야 한다. 선지자들은 특별한 사람이니까 그렇게 하나님을 섬겨야 하지만 우리는 대충 섬겨도 괜찮은 것이 아니다.

도널드 밀러와 존 맥머리가 공저한 〈하나님의 빈자리〉라는 책이 있다. 그 책에 도널드 밀러가 우연히 비행기 조종사들의 대화를 엿들은 얘기가 나온다. 시카고에서 포틀랜드로 비행기를 타고 가던 중에 무심코 팔걸이에 있는 구멍에 해드폰을 꽂았더니 라디오를 통해 조종사들의 무선 통신 내용이 들린 것이다. 조종사들이 무슨 말을 하는지 호기심이 생겼다. 해커라도 된 듯한 기분으로 엿들었는데, 비행기가 지나는 항로의 날씨에 대한 내용이 전부였다. 그 비행기가 지나는 항로를 한 시간쯤 전에 통과한 비행기와 교신하면서 어떤 종류의 기류를 만났는지 확인하는 것이었다.

선지자들은 특별한 사람이 아니다. 우리가 경험해야 할 일을 앞에서 경험한 사람들이다. 우리가 그들을 先知者라고 하는 것처럼 그들은 우리를 後知者라고 할 것이다. 주의 강림을 기다리는 동안 서로 원망할 것이 아니라 길이 참고 마음을 굳건하게 해서 우리가 알고 있는 선지자들을 고난과 오래 참음의 본으로 삼아야 한다. 선지자와 우리 사이에 신앙을 나타내는 시기에는 차이가 있어도 나타나는 신앙 열심에는 아무런 차이가 없어야 한다.

5:11) 보라 인내하는 자를 우리가 복되다 하나니 너희가 욥의 인내를 들었고 주께서 주신 결말을 보았거니와 주는 가장 자비하시고 긍휼히 여기시는

이시니라

욥에 대해서 피상적으로 알고 있으면 쉽게 동의할 수 있다. "욥은 고난 중에도 하나님을 원망하지 않고 신앙을 지킨 사람이니까 그런 욥의 인내를 배우라는 뜻이로구나"라고 생각할 것이다. 직접 〈욥기〉를 꼼꼼하게 읽어본 사람은 어떨까? "욥이 언제 그랬어? 처음에 잠깐 괜찮았지만 나중에는 계속 불평하다가 하나님을 만나고서 결국 회개했는데…" 하고 의아하게 여기지 않을까?

흔히 욥은 하루아침에 재산과 자식들을 다 잃었지만 하나님을 원망하지 않고 오히려 찬송한 사람이라고 한다. 맞는 말이다. 욥 1:21에 "내가 모태에서 알몸으로 나왔사온즉 또한 알몸이 그리로 돌아가올지라 주신 이도 여호와시요 거두신 이도 여호와시오니 여호와의 이름이 찬송을 받으실지니이다"라고 되어 있다. 그런데 〈욥기〉는 1장으로 끝나지 않는다. 42장까지 있다. 1장에서 멋있게 신앙을 고백한 욥이 세 친구와 대화를 시작하자, 전혀 다른 모습을 보인다. 계속 자기의 억울함을 호소하며 하나님을 원망한다. 하나님이 하나님 노릇을 제대로 하면 자기한테 이런 일이 있을 수 없다는 것이다. 그러다가 나중에 하나님을 만나서 회개하고, 결국 복을 받는다는 것이 〈욥기〉의 줄거리다.

하나님이 욥을 창고에 가뒀다. 욥은 자기한테 무슨 잘못이 있느냐고 바락바락 악을 쓰고 창고 문을 걷어차면서 소리를 지른다. 하나님이 일주일 만에 창고 문을 열어주시면서 말씀하신다. "욥아, 네가 그 어두운 데서 일주

일이나 참고 견뎠구나. 정말 대단하다. 어떻게 그리 인내심이 강하냐? 과연 모두의 본이 될 만하다."

욥의 인내를 말하는 것이 이런 식이다. 욥은 인내한 적이 없다. 계속 불평했다. 그런데 욥의 인내를 배우라고 한다. 의아하기는 하지만 한편으로는 다행이다. 욥이 지고지순한 사람이면 그런 욥을 흉내 낼 엄두를 못 낼 텐데 그게 아니기 때문이다. 그토록 불경스럽게 하나님을 원망했던 욥이 괜찮은 수준이면 우리도 충분히 괜찮은 수준이 될 수 있지 않을까?

어떤 사람이 출근을 한다. 휘파람 불면서 상쾌하게 출근하지 않는다. 피곤한 발걸음을 억지로 옮긴다. 할 수만 있으면 당장이라도 때려치우고 싶은데 목구멍이 포도청이라 그렇게 하지 못하는 신세가 처량하기만 하다. 그렇게 근무하다 보니 25년 근속 포상을 받았다. 주변에서는 인내심이 대단하다고 치켜세운다. 자기도 그동안 결혼해서 가정도 꾸렸고 자녀 교육도 시켰다.

욥의 인내가 이런 식이다. 자기가 원한 것도 아니고 기꺼이 감당한 것도 아니다. 피할 재간이 없어서 억지로 감당했다. 그러다가 하나님을 만났고 복도 받았다. 아닌 게 아니라 "너희가 욥의 인내를 들었고 주께서 주신 결말을 보았거니와"라고 한다. "너희가 욥의 인내를 들었고 욥의 결말을 보았거니와"가 아니다. 인내는 욥이 했는데 결말은 욥이 만든 것이 아니라 주께서 주셨다. 욥한테 그런 결말을 주신 주가 어떤 분인가 하면, 가장 자비하시고 긍휼히 여기시는 분이시다.

욥한테 나타난 결말이 욥의 인내의 결과가 아니라 주께서 자비와 긍휼을 베푸신 결과다. 욥의 인내는 그가 받은 결말에 비하면 턱없이 구차하고 초라하고 비루하고 천박하고 옹색하고 왜소하고 삿되고 미천하고 상스럽고 빈약하고 볼품없다. 하지만 주께서는 그것을 문제 삼지 않으신다. 욥이 행한 대로가 아니라 주의 자비와 긍휼대로 보응하신다. 그리고 그것을 마치 욥이 인내한 것처럼 말씀하신다.

욥이 잘한 일이라고는 딱 하나, 불평과 불만이 가득했지만 그것을 하나님께 토로했다는 사실이다. 요즘말로 하면, 불평과 불만이 있다는 이유로 세상으로 달려가지 않았다. 어쨌든 교회에 붙어 있었다. "속으로 늘 투덜거리면서도 25년 근속했더니 집을 장만했더라"라는 식이다.

"아니? 방금 원망하지 말라고 했는데…"라는 의문이 떠오를 수 있다. 앞에서는 서로 원망하지 말라고 했는데 욥은 하나님을 원망했다. 우리끼리 원망하는 것은 안 된다. 원망할 일이 있으면 하나님께 하자. 단, 조건이 있다. 하나님을 원망한다는 핑계로 세상으로 도망가면 안 된다. 하나님을 원망하되, 원망만 하자.

가정주부들로 생각해보자. 설마 남편을 원망할 일이 없을까? 하지만 남편을 원망한다는 핑계로 외간남자를 만나러 가지는 않는다. 원망만 한다. 원망은 하되 살림은 그대로 산다. 우리의 문제는 하나님을 원망하는 것이 아니다. 하나님을 원망한다는 핑계로 세상으로 도망가는 것이다. 어쩌면 세상으로 도망갈 핑계를 만드는 것인지 모른다.

5:12) 내 형제들아 무엇보다도 맹세하지 말지니 하늘로나 땅으로나 아무다른 것으로도 맹세하지 말고 오직 너희가 그렇다고 생각하는 것은 그렇다하고 아니라고 생각하는 것은 아니라 하여 정죄받음을 면하라

이런 말이 왜 나와야 할까? 맹세를 하는 것 자체가 잘못일 수는 없다. 맹세하는 장면은 성경에도 여러 차례 나온다. 야곱이 벧엘에서 맹세한 사건은 특히 유명하다. 지금도 혼인예식 때 신랑, 신부가 서약을 한다. 그런데도 이런 말을 하는 것은 뭔가 사연이 있을 것이다.

차근차근 따져 보자. "길이 참으라. 인내를 배우라. 주님께서 갚아 주신다."라는 내용에 이어 "맹세하지 말라"가 나왔다. 우리의 책임은 길이 참는 것이다. 인내하는 자가 복된 줄 알아서 인내하는 것이다. 그것을 맹세로 대신하면 안 된다. 지금의 불신앙을 합리화할 때 가장 많이 동원하는 핑계가 앞으로 잘한다는 것이다. 그것을 하지 말라는 뜻이다. 앞으로 잘하기로 맹세하면 지금 당장은 잘하지 않아도 괜찮은 것이 아니다.

누군가 옆에서 "그것은 길이 참는 것을 포기하는 것 아닙니까?"라는 묻는다고 하자. 그렇다고 생각하면 그렇다고 하고 아니라고 생각하면 아니라고 하면 그만이다. 어쨌든 길이 참고 인내하는 것이 우리 책임이다. '예'나 '아니오'로 간단하게 답할 수 있다. 그런 것을 괜히 "비록 지금은 그렇지만 지금만 그렇고 앞으로 여차여차해서…" 하고, 이유를 갖다 붙일 것 없다.

행함이 없는 믿음은 죽은 믿음이라고 했다. 아무리 믿는다고 바락바락 악을 써도 행함이 나타나지 않으면 무효다. 정말로 믿음이 있으면 행함으로 나타나게 마련이다. 주께서 강림하시기까지 길이 참는 것은 어떤가? 어금니 앙다물면서 맹세했다고 해서 참은 것으로 인정되는 법은 없다. 자기가 직접 참고 인내해야 한다. 신앙생활은 각오로 때우는 것이 아니라 몸으로 직접 감당하는 것이다. 앞으로 잘하겠다는 맹세는 아무 의미 없다. 지금 잘하고 있어야 한다. 외상으로 달아 놓는 신앙은 신앙이 아니다. 신앙은 현재진행형일 때만 의미를 갖는다. 우리 신앙도 언제나 현재진행형으로 나타나야 한다.

5:13) 너희 중에 고난당하는 자가 있느냐 그는 기도할 것이요 즐거워하는 자가 있느냐 그는 찬송할지니라

우리가 믿는 종교가 기독교인 것을 생각하지 않으면 오해하기 십상이다. "세상을 살다가 힘든 일이 있으면 기도하라는 얘기로구나"라고 할 수 있기 때문이다. 그런 기도라면 기독교 신자가 아니라도 하지 않을까? 만일 우리가 그렇게 기도한다면 기독교의 가치가 무엇일까? 힘든 일을 면제받는 것이 기독교의 가치일까? 성경에 자기 십자가를 지라는 말씀은 있어도 세상을 편하게 살게 해준다는 말씀은 없다. 무엇보다 성경에서 말하는 고난은 세상을 사는 어려움이 아니다. 세상을 살면서 누구나 겪는 고난이 아니라 신자이기 때문에 겪는 고난이다.

앞에서 "형제들아 주의 이름으로 말한 선지자들을 고난과 오래 참음의 본으로 삼으라"라고 했다. 선지자들이 고난받은 것처럼 고난을 받으라는 것이다. 방금 고난을 받으라고 했는데 이어서 고난을 당하면 기도하라는 말이 나온다. 결국 고난을 면하게 해달라는 기도가 아니다. 그러면 뭐라고 기도해야 할까? 고난을 감당할 수 있게 해달라고 기도해야 한다. 혹시 고난의 분량이 선지자들에 미치지 못하면 그 분량을 채워달라고 기도할 수도 있고, 고난을 통해서 더욱 하나님의 사람으로 변모되게 해달라고 기도할 수도 있다.

혹시 마음에 안 드는가? 그런 기도는 하기 싫은가? 그럼 수험생의 경우로 바꿔보자. 수험 생활은 힘들게 마련이다. 또 힘든 것이 정상이다. 그런데 허구한 날 힘들지 않게 해달라고 기도하면 뭐라고 해야 할까? 그럴 시간 있으면 공부나 하라고 머리통을 쥐어박아야 하지 않을까?

"너희 중에 고난당하는 자가 있느냐 그는 기도할 것이요"라는 말씀을 보면서 "이 세상 살다가 힘든 일이 있으면 기도해서 해결하라는 뜻이로구나"라고 생각한 사람은 지금 이 말에 "어? 그런 뜻 아니었어? 잘못 생각했네." 하는 것으로 넘어가면 안 된다. 소스라치게 놀라야 한다. 집에 가서 이불 뒤집어쓰고 통회 자복해야 한다. 우리는 대체 언제면 철이 들까? 신앙이 있다고 하면서도 그 신앙으로 세상에서 덕을 볼 궁리만 하지, 신앙을 가꿀 생각을 안 한다. 영혼을 정결하게 하는 일에는 관심이 없고 몸뚱이를 편하게 하는 일에만 관심이 있다. 그러면 어떤 문제가 생기는가 하면, 신앙을 목적이 아닌 수단으로 여기게 된다. 신앙은 언제나 목적이고 원칙이어야 한다. 신앙을 수단이나 방법으로 여긴다면 그 사람은 신자가 아니다.

수험생한테 어려움이 없으려면 대학 입시에 관심이 없으면 된다. 신자한테 고난이 없다는 얘기도 마찬가지다. 신앙을 지키는 일에 관심이 없으면 고난이 있을 턱이 없다. 바람에 나는 겨처럼 사는데 무슨 고난이 있겠는가? 세상 사람들한테도 다 있는 고난이라면 몰라도 신자 고유의 고난은 없다. 그러면 그 사람은 신자일까, 아닐까? 우리한테는 고난이 있는 것이 문제가 아니라 오히려 고난이 없는 것이 문제다. 신자로 살아가는 한, 고난은 당연히 있다. 그리고 그 고난을 견딜 수 있게 해달라고 기도해야 한다. 고난을 핑계로 신앙을 포기하지 않게 해달라고 기도해야 하고, 그 고난이 신앙 유익으로 귀결되게 해달라고 기도해야 한다.

또 "즐거워하는 자가 있느냐 그는 찬송할지니라"라고 했다. 왜 꼭 찬송을 해야 할까? 즐거워하는 자는 기도하면 안 될까? 기분이 좋으면 콧노래를 흥얼거릴 수 있다. 하지만 찬송은 노래와 다르다. 흔히 찬송을 곡조가 있는 기도라고 한다. 노래는 자기의 감정에 초점이 있는 반면 찬송은 하나님께 초점이 있다.

어느 날 갑자기 일억 원이 생기면 사람들이 가장 먼저 무슨 생각을 할까? "집에서 쓰던 요강이 알고 봤더니 고려청자였더라", "길에서 가방을 주웠는데 귀중한 서류가 들어 있었고 주인이 사례로 일억 원을 주더라"라는 말도 안 되는 이유로 일억 원이 생겼다고 하자. 그러면 차를 바꿀 생각을 할 수도 있고 이사를 갈 생각을 할 수도 있다. 주식 동향을 알아볼 수도 있고 온 가족이 유럽으로 여행을 갈 계획을 세울 수도 있다. 혹시 십일조는 당연한 것이고 감사헌금을 얼마나 할지 생각하는 사람은 없을까?

평소 헌금에 대한 원칙이 있으면 관계없다. 예컨대 수입이 있으면 십일조

를 하고, 감사헌금과 건축헌금과 선교헌금을 십일조만큼 한다는 식의 원칙
이 있으면 관계없지만 그런 원칙이 없으면 감사헌금을 얼마나 해야 할지
고민되지 않을까? 내가 현실을 너무 모르는 말을 하고 있을까? 혹시 여러분
이 신앙을 모르는 것은 아닐까? 돈이 생기는 것은 상상만 해도 즐거운데 헌
금은 상상만 해도 짜증나는가? 그러면 목사가 헌금 얘기를 하지 말기를 바
라지 말고 얼른 회개해야 한다. 늦으면 안 된다.

누가복음 17장에 열 명의 나병환자가 예수님을 만난 얘기가 나온다. 예수
님은 제사장한테 가서 몸을 보이라고 했고, 그들은 가는 도중에 깨끗함을
받았다. 그런데 열 명 중에 한 명만 예수님께 와서 감사했다. 예수님이 "열
사람이 다 깨끗함을 받지 아니하였느냐 그 아홉은 어디 있느냐" 하시며 탄
식하셨다. 화장실 들어갈 때 마음 다르고 나올 때 마음 다르다고 한 그대로
다. 병이 있을 때는 예수님을 찾았는데 다 나았으니 찾을 이유가 없어졌다.
그래서 "좋은 일이 있느냐? 그러면 그게 누구 덕인지 알고 있느냐?"라는 뜻
으로 "즐거워하는 자가 있느냐 그는 찬송할지니라"라고 하는 것이다.

백수 시절, 취업을 위해서 간절히 기도하더니 취직한 다음에 신앙에서 멀
어진 사람이 한둘이 아니다. 내가 그 말을 했더니 누군가 그랬다. "세상이
원래 그런 거예요." 세상이 원래 그런 것이라면 별수 없다. 하지만 신앙이
원래 그런 것이면 어떻게 해야 할까?

꼭 기억하기 바란다. 힘들고 어려운 환경에서 예수님을 찾는 것은 신앙
축에 들어가지 않을 수 있다. 어려움을 모면하기에 급급한 것인지, 정말로
주님을 의지하는 것인지 누가 알겠는가? 하지만 자기한테 유리한 일이 있

을 때 주님을 찾는 것은 신앙이 분명하다.

5:14-15〉 너희 중에 병든 자가 있느냐 그는 교회의 장로들을 청할 것이요 그들은 주의 이름으로 기름을 바르며 그를 위하여 기도할지니라 믿음의 기도는 병든 자를 구원하리니 주께서 그를 일으키시리라 혹시 죄를 범하였을지라도 사하심을 받으리라

왜 직접 기도하지 않고 장로들을 청해서 기도를 부탁할까? 어쨌든 장로한테 병 고치는 능력이 있는 것으로 오해하면 안 된다. 병 고치는 능력이 혹시 있다면 장로한테 있지 않고 기도에 있다.

장로는 '프레스뷔테로스'를 번역한 말이다. 유대인들이 간음 중에 잡힌 여자를 예수님께 데리고 왔을 때 예수님이 죄 없는 자가 먼저 돌로 치라고 했다. 그러자 양심에 가책을 느껴 어른으로 시작하여 젊은이까지 한 사람씩 자리를 피하고 말았다. 이때 어른이 프레스뷔테로스다. 장로를 청하라는 얘기는 교회의 중직자를 청하라는 뜻이 아니라 나이 많은 사람을 청하라는 뜻이다.

왜 나이 많은 사람을 청할까? 아마 다른 사람보다 오래 믿었기 때문일 것이다. 신앙은 연륜과 관계있어야 한다. 자기보다 오래 믿은 사람한테는 당연히 배울 것이 있어야 한다. 나이를 먹으면 나잇값을 해야 하는 것처럼 오래 믿었으면 오래 믿은 값을 해야 한다. "주변에 보고 배울 사람이 없는데요?"라고 할 수도 있다. 그것은 자기 책임이 아니다. 하지만 자기가 보고 배울 사람이 되지 못한다면 그것은 자기 책임이다.

막 6:12-13에 "제자들이 나가서 회개하라 전파하고 많은 귀신을 쫓아내며 많은 병자에게 기름을 발라 고치더라"라고 되어 있다. 당시에는 병자에게 기름을 바르는 것이 치유를 위한 절차였던 모양이다. 어쩌면 병자가 하나님의 특별한 관심을 위해 성별되었음을 뜻하는 것일 수도 있다.

그런데 이어지는 말이 "믿음의 기도는 병든 자를 구원하리니 주께서 그를 일으키시리라"이다. "믿음의 기도는 병든 자를 낫게 하리니 주께서 그를 치료하시리라"가 아니다. 게다가 "혹시 죄를 범하였을지라도 사하심을 받으리라"라고 했다. 병든 자가 장로를 청한 것은 치유를 위한 것 아닐까? 하지만 성경의 관심은 다르다. 치유보다 죄 사함에 비중을 둔다. 당시는 병의 원인이 죄에 있다고 생각했기 때문이다. 병이 문제가 아니라 죄가 문제다.

그렇다고 해서 죄 사함만 말하는 것은 아니다. 이어지는 16절에서 다시 치유를 말한다.

5:16) 그러므로 너희 죄를 서로 고백하며 병이 낫기를 위하여 서로 기도하라 의인의 간구는 역사하는 힘이 큼이니라

애초에는 병든 자한테 교회의 장로를 청하라고 했다. 그렇다고 해서 그 사람만 죄가 있는 것이 아니다. 욥의 세 친구가 욥을 몰아세우는 것처럼 하지 않고, 각자가 서로 죄를 고백한다. 개인의 치유를 넘어서 공동체의 성결을 구한다.

신학생 시절에 친구들끼리 기도원에 간 적이 있다. 기도 제목을 나누며 기도하는데 한 친구가 말했다. "의인의 간구는 역사하는 힘이 크다고 했습니다. 우리 중에 누가 의인인지는 모릅니다. 하나님께서 누구의 간구에 응답하시든지 응답하실 줄 믿고 간구합시다."

그 친구가 인용한 구절이 본문이다. 그럼 의인이 아니면 어떻게 될까? 신자는 신자인데 하나님이 기도를 잘 안 들어주실까? 하나님은 아무나 구원하시지 않는다. 의인만 구원하신다. 의인이 아니면 지옥 간다. 결국 의인의 간구는 역사하는 힘이 크다는 얘기는 하나님께서 특별히 기도를 더 잘 들어주시는 신자가 따로 있다는 뜻이 아니다. 그리스도 안에 있는 우리가 어느 만큼 놀라운 특권을 누리고 있는지 아느냐는 뜻이다.

이런 설명은 별로 실감이 안 날 수 있다. 우리한테는 기도해서 응답받아 본 경험보다 응답받지 못한 경험이 훨씬 많다.

5:17-18〉 엘리야는 우리와 성정이 같은 사람이로되 그가 비가 오지 않기를 간절히 기도한즉 삼 년 육 개월 동안 땅에 비가 오지 아니하고 다시 기도하니 하늘이 비를 주고 땅이 열매를 맺었느니라

아무리 기도해도 효과가 없어서 급기야 기도를 포기한 사람 명단을 작성하면 전화번호부로 한 권이다. 그래서 엘리야를 예로 드는데 비단 엘리야만이 아니다. 성경에 나오는 사람 중에 우리와 성정이 다른 사람은 아무도 없다. 심지어 예수님조차도 완전한 사람으로 이 세상에 오셨다. 특별한 사람, 예외적인 사람으로 오신 것이 아니라 우리와 똑같은 사람으로 오셨다. 성경에 나오는 사람은 아브라함, 요셉, 모세, 다윗, 다니엘, 베드로, 바울 할 것 없이 전부 우리와 성정이 똑같다.

엘리야 하면 으레 갈멜산 전투가 떠오른다. 엘리야가 가뭄을 예언하자, 하늘에서 비와 이슬이 그쳤다. 삼 년이 지났을 때 하나님께서 말씀하신다. 비를 내릴 테니 아합을 만나라는 것이다. 엘리야가 아합한테 바알 선지자 사백오십 명과 아세라 선지자 사백 명을 갈멜산으로 모이게 하라고 하고, 그렇게 해서 갈멜산 전투가 벌어진다. 각자 제물을 쌓고 자기가 섬기는 신을 불러서 어느 신이 응답하는지 보자는 것이다. 바알 선지자들이 먼저 시작한다. 그런데 아침부터 낮까지 아무리 부르짖어도 응답이 없다. 엘리야 차례. 엘리야가 제단을 쌓고 여호와를 부르자, 불이 내려서 번제물을 태운다. 모든 이스라엘이 보는 앞에서 여호와가 참 신인 것이 증명되었다. 그것으로 끝나지 않는다. 이스라엘에 당장 필요한 것은 불이 아니라 물이었다. 그래서 엘리야가 기도하자 큰비가 내린다.

본문에서 그 내용을 인용하는데 갈멜산에 불이 내린 얘기는 빼고 그 앞뒤에 있는 얘기만 한다. 엘리야가 비가 오지 않기를 간절히 기도하니 비가 안 왔고, 다시 기도하니 하늘이 비를 주고 땅이 열매를 맺었다는 것이다. 〈열왕기〉에는 비가 왔다는 얘기만 있는데 땅이 열매를 맺었다는 내용이 추가되었다. 물론 가뭄 때문에 농사를 짓지 못하다가 비가 왔으니 농사를 지을수 있게 되었고, 당연히 열매도 맺었겠지만 그것 때문이 아니다. 7절에서 "그러므로 형제들아 주께서 강림하시기까지 길이 참으라 보라 농부가 땅에서 나는 귀한 열매를 바라고 길이 참아 이른 비와 늦은 비를 기다리나니"라고 했기 때문이다. 비가 내리기를 기도한 엘리야나 비를 기다리는 농부나 다를 바가 없다. 그처럼 고난 중에 인내하면서 기다리라는 것이다.

그래도 뭔가 석연치 않다. 우리가 언제 엘리야처럼 그런 거창한 제목을 놓고 기도했나? 그저 자기 앞가림을 조금만 해주면 그걸로 만족한다. 하늘에서 불이 내리는 것은 기대도 안 한다. 장사가 조금만 잘되게 해주고, 애 성적이 조금만 오르게 해주고, 집에 우환이 없게 해주는 것은 엘리야한테 해주신 것에 비하면 별로 어려운 일도 아니지 않은가? 그런 기도는 안 들어주시면서 "엘리야를 봐라. 너희와 똑같은 사람인데 여차여차하지 않았느냐?"라고 하니 수긍이 되기는 고사하고 더욱 남의 일만 같다.

사람들이 하는 대부분의 기도에 응답이 없는 이유가 있다. 기도를 오해해서 그렇다. 많은 사람들이 기도를 자기가 원하는 것을 얻어 내는 방법인 줄 안다. 엘리야의 경우를 보자. 왕상 18:1에 "많은 날이 지나고 제 삼 년에 여호와의 말씀이 엘리야에게 임하여 이르시되 너는 가서 아합에게 보이라 내가 비를 지면에 내리리라"라고 되어 있다. 하나님은 비를 내릴 계획이 없었는데 엘리야가 기도를 해서 비가 내린 것이 아니다. 비를 내리겠다는 하나님의 말씀이 먼저 있었다. 비가 오지 않기를 기도한 것에도 하나님과 교감이 있었을 것이다. 즉 엘리야가 하나님을 마음대로 부린 것이 아니라 하나님 말씀에 순종했다. 자기가 원하는 기도를 하지 않고 하나님께서 원하시는 기도를 했다.

전에 청년회 성경 공부 중에 이 얘기를 했더니 한 청년이 말했다.

"그게 뭐예요? 그런 기도를 누가 해요?"

"그럼 어떤 기도할래?"

"그냥 제가 알아서 저한테 필요한 거, 제가 원하는 거…"

"그러니까 하나님이 뭘 원하시는지에 관심 없다는 얘기네?"

"……"

"넌 하나님이 뭘 원하시는지에 관심이 없는데 하나님은 네가 원하는 것에 관심 있어야 할까?"

여러분이 하나님이라면 어떻게 하겠는가? 그런 사람의 기도도 기도로 인정하겠는가? "나는 하나님께 관심 없다. 하지만 하나님은 나한테 관심 가져야 한다."라는 것이 말이 될까? 기도는 하늘을 움직여서 땅의 일을 이루는 것이 아니다. 하늘의 뜻을 위해서 땅을 움직이는 것이다.

많은 사람이 기도를 열심의 문제로 생각한다. 자기가 원하는 것을 얻어 내는 방법으로 오해하기 때문이다. 하지만 기도는 열심 이전에 내용이 먼저다. 무엇을 기도하는지 따져야 한다. 우리가 진정 소원하는 것이 무엇일까? 기도가 이루어지면 우리가 하나님께 가까이 가게 될까, 세상으로 나가게 될까? 우리가 더 성결하게 될까, 세상에서 잘나가는 사람이 될까?

5:19-20〉 내 형제들아 너희 중에 미혹되어 진리를 떠난 자를 누가 돌아서게 하면 너희가 알 것은 죄인을 미혹된 길에서 돌아서게 하는 자가 그의 영혼을 사망에서 구원할 것이며 허다한 죄를 덮을 것임이라

그러면 〈야고보서〉 독자들은 무엇을 해야 할까? 고난 중에는 그 고난을 통해서 자기가 더 성결해지도록 기도하고, 즐거운 일이 있을 때는 그 일이 하나님으로 말미암은 줄 알아서 하나님을 찬양하고, 혹시 병든 자가 있으면 장로들을 청하고, 이때 장로들은 서로 죄를 고백하면서 기도하는 것으로 공동체의 정결을 도모하되 우리가 기도할 수 있다는 사실이 얼마나 큰 특권인지 알아서 인내를 가지고 기도하면 될까? 물론 그렇게 하면 된다. 그런데 〈야고보서〉 독자들은 흩어져 있는 열두 지파다. 세상을 살면서 신앙을 지키는 일이 절대 만만하지 않다. 이런 마지막 당부를 듣기 전에 이미 세상의 벗이 된 사람도 있을 수 있다.

그래서 본문으로 글을 맺는다. 앞에서 하나님께서 진리의 말씀으로 우리를 낳으셨다고 했다. 그러면 "진리를 떠난 자"는 진리의 말씀으로 태어났으면서도 진리가 아닌 곳에서 방황하는 사람이다. 자신의 영적 정체성을 포기한 사람이다. 그 사람이 누구인지 모르지만 잠깐 상상해 보자. 그 사람도 자기가 영적 정체성을 포기한 것을 인정할까? 아마 아닐 것이다. 신앙을 지키지는 않으면서 스스로 신자라고 하는 사람이 얼마든지 있다. 자기가 자기를 신자라고 생각하면 하나님도 자기를 신자로 인정하는 줄 아는 모양이다.

성경은 그렇게 말하지 않는다. 그런 사람이 있으면 돌아서게 하라고 한다. 그것은 그의 영혼을 사망에서 구원하는 일이고, 그렇게 해야 그의 허다한 죄가 덮어진다는 것이다. 진리를 떠난 사실을 잠깐만 용인하자고 하는 것이 아니라 굉장히 진지하고 시급하게 말한다. 문제는 진리를 떠난 사람이 그것을 모른다는 사실이다. 그래서 진리 안에 있는 사람들한테 당부하는 것이다. 그런 사람을 돌아오게 하는 것보다 더 급한 다른 일이 있을 수 없다.

이 말을 하는 야고보의 심정이 느껴지는가? 혹시 느껴지지 않으면 우리는 진리 안에 있는 사람일까, 진리를 떠난 사람일까? 야고보가 마지막으로 당부한다. "신앙을 지키는 것은 어렵다. 하지만 반드시 지켜야 한다. 너희만 지키면 안 된다. 혹시 신앙을 떠나는 사람이 있지나 않은지 늘 살펴야 한다. 이 복된 길에서 아무도 낙오하면 안 된다." 우리 모두가 반응해야 할 음성이다. 어느 만큼 반응하는지가 각자의 책임이다. 〈야고보서〉는 그 책임을 감당할 사람을 위한 책이다. 하나님의 선하신 인도하심이 그 책임을 성실하게 감당하는 모든 사람들에게 늘 함께하시기를 진실로 진실로 진실로 소망한다.

LET'S GO 야고보서

초판 1쇄 발행 2023. 08. 01.

지은이   강학종
펴낸이   방주석
펴낸곳   베드로서원
주 소   10252 경기도 고양시 일산동구 고봉로 776-92
전 화   031-976-8970
팩 스   031-976-8971
이메일   peterhouse@daum.net
등 록   2010년 1월 18일
창립일   1988년 6월 3일
ISBN   979-11-91921-20-5   03230
책값은 뒤표지에 있습니다.

베드로서원은 문서라는 도구로 한국교회가 복음의 본질을 회복하고

마을 목회와 선교적 교회로 나아가는 데 기여하고자 최선을 다합니다.

나의 힘이신 여호와여 내가 주를 사랑하나이다(시 18:1)